全国特殊师范教育专业课规划教材

全国特殊师范教育专业课规划教材编委会 编

视觉障碍儿童教学法

主　编 翟海珍

副主编 要守文

天津教育出版社

TIANJIN EDUCATION PRESS

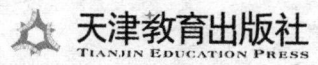

图书在版编目(CIP)数据

视觉障碍儿童教学法/翟海珍主编.
—天津:天津教育出版社,2007.8 (2013年4月重印)
(特殊教育)
ISBN 978-7-5309-4973-3

Ⅰ.视… Ⅱ.翟… Ⅲ.视觉障碍—儿童教育—教学法 Ⅳ.G761

中国版本图书馆 CIP 数据核字(2007)第 124004 号

视觉障碍儿童教学法

出版人	胡振泰
主　编	翟海珍
选题策划	张纪欣
责任编辑	张纪欣
封面设计	王　楠
版式设计	郭亚非
出版发行	天津教育出版社 天津市和平区西康路35号 邮政编码 300051
经　销	新华书店
印　刷	唐山天意印刷有限责任公司
版　次	2007 年 8 月第 1 版
印　次	2013 年 4 月第 2 次印刷
规　格	16 开(787×1092 毫米)
字　数	296 千字
印　张	17
插　页	1
定　价	25.00 元

全国特殊教育师范院校专业课教材编委会

编委会主任：刘全礼
常务副主任：梁纪恒　潘　一　谢　明　唐　健
　　　　　　王　辉　陈志平　毛荣建　要守文

编委会秘书：张行涛　蒋丰祥

编委会成员（按姓氏笔画为序）：
毛荣建（北京联合大学特殊教育学院特殊教育系）
王　辉（江苏南京特殊教育职业技术学院）
刘全礼（北京联合大学特殊教育学院特殊教育系）
孙中国（山东潍坊幼教特教师范学校）
张行涛（教育部北京师范大学基础教育课程研究中心）
李玉向（河南郑州师范专科学校特殊教育系）
李镇峰（贵州安顺师范学校）
肖　非（北京师范大学特殊教育系）
陈志平（北京乂方木铎教育科技公司、洛阳市政协委员）
要守文（山西阳泉职业技术学院师范分院山西特师）
唐　健（河北邯郸学院教育系）
贾　君（吉林省教育学院综合部特殊教育研究室）
梁纪恒（山东潍坊幼教特教师范学校）
盛永进（江苏南京特殊教育职业技术学院）
曾凡林（华东师范大学特殊教育系）
谢　明（江苏南京特殊教育职业技术学院）
潘　一（辽宁营口职业技术学院）

特殊教育师资培训工作需要大家关注
（代序言）

刘全礼

我国特殊教育的师资培训是伴随着我国特殊教育的发展而发展的。19世纪末叶，我国开始了现代意义上的特殊教育。但是，由于那时特殊教育的规模相对较小，还不可能出现大规模的专门的特殊教育的师资培训机构，自然也就谈不上大规模的师资培训工作了。

清末、民初以来，尽管国家开始关注、举办特殊教育学校，也进行了一些局部的或小规模的专门的特殊教育教师的培养工作，但由于灾难深重的中华民族一直处于战争和动乱的境地，特殊教育的师资培训也没机会大规模地发展。

1949年，中华人民共和国成立后，伴随着共和国各项事业轰轰烈烈的开展，特殊教育工作也呈现了前所未有的繁荣局面，特殊教育的师资培训工作开始提上政府相关部门的工作日程，并于当时举办了全国性质的特殊教育教师的培训班。在20世纪50年代后期，国家还派遣留学生到前苏联学习特殊教育，表现出国家对特殊教育工作的重视。

1978年以后，随着拨乱反正和对外开放政策的实施，特殊教育的各项工作才真正迎来了发展的春天。

1981年，黑龙江肇东师范学校开始招收专门的特殊教育的师资班，开了新时期特殊教育师资培训的先河；1983年，山东泰安师范学校也开始招收特殊教育师资班，并促成了1985年山东省昌乐特殊教育师范学校的建立；1984年，国家教育委员会在南京建立了我国第一所特殊教育师范学校——南京特殊教育师范学校；1986年，北京师范大学建立了我国第一个本科层次的特殊教育专业；之后，包括辽宁营口特殊教育师范学校在内的特殊教育师范学校或师范学校的特殊教育师资培训部相继建立，我国的特殊教育师资培训工作出现了第一个高潮。到20世纪80年代末、90年代初，我国仅中专层次的特殊教育的师资机构就达到了28所。

正是在这种好的局面下，当时国家教委颁布了特殊教育师范学校的教学计划，国家教育委员会师范司中师处还组织有关学校编写了特殊教育师范学校或特殊教育专业的21科专业课的教学大纲，并在20世纪90年代初、中期陆续编写了有关学科的教材。

我作为这些工作的参与者之一，见证了这一过程。同时，还有幸成为由北京师范大学教育系（现在的教育学院）朴永馨教授组织编写的、华夏出版社1991年出版的我国第一本特殊教育师范学校的专业基础课教材——《特殊教育概论》的作者，承担了其中的特殊教育教师章节的编写任务。

毫无疑问，从教育部到各个学校以及有关人员的这些工作，对我国特殊教育的师资培训做出了巨大的贡献。

然而，1999年以来，随着我国中专层次的师资培训机构纷纷升格为本科或专科机构，原先为中专学生编写的教材已经不能适应新的要求了。正是在这种需求下，我曾不揣冒昧，在总结自己十几年讲授特殊教育概论和思考特殊教育问题的基础上于2002年编写出了特殊教育专业本科生使用的专业基础课教材《特殊教育导论》（教育科学出版社2003年出版）。

但是，全国各地仍旧缺少各种相关的专业课教材。

几年前义方木铎公司的蒋丰祥先生了解到这个情况时，就曾建议我牵头全国的相关同志编写一套专业课教材。当时因为感觉自己没有能力完成这一工作，就没有动这个心思。

2006年春天，在与辽宁省特殊教育师范学校的潘校长会面时，她也提到同样的问题，我也是感觉自己没有这个能力，就没有敢应承这一事情。

2006年4月底，在山东潍坊见到山东潍坊幼教特师范学校的梁纪恒校长时，他与他的一些同事也谈到类似的问题，当时，感觉事态有些"严重"，就没有贸然做是否承担这个任务的决定。

回到北京之后，在与有关同志交换意见尤其是在蒋丰祥先生、张行涛博士的鼓励、支持下，决定6月或7月在北京召开一个教材的编写会议。这时我还只是抱着为大家提供一个说话的场所的朴素想法，没有想到其他。

然而，会议一开，情况就发生了很大的变化。在与会的新老朋友们的厚爱下，我不得不牵头做这个编写教材的重大工作。

也就是在这次会议上，大家决定成立编委会，成立教材编写的秘书处，并且制定了编写的计划和进程。

在秘书处的勤奋工作下，编写工作进展得非常顺利。8月15号前各位主编就拿出了编写大纲。[①]

我在对所有大纲粗略地阅读之后，在8月底全国特殊教育的一个会议上，参加会议的部分编委，包括河北唐健、南京王辉、潍坊李淑英、北京毛荣建、张行涛、蒋丰祥等人和我就收到的大纲进行了讨论，会后，由我集中大家的看法，提出了对大纲的意见和进一步的工作要求。

为了提高工作效率，编委会决定成熟一本（大纲）、编写一本，随之出版一本。

---

① 需要说明的是，在这之前，南京特殊教育职业技术学院、辽宁营口特殊教育师范学校（营口职业技术学院）以及北京联合大学特殊教育学院特殊教育系就有人牵头做有关工作，并且已经有了相当的成果。

值得说明的是,我虽为编委会主任,但工作是大家做的,成果是集体智慧的结晶,我只起了一个协调的作用,也只是对大纲和教材初稿提出了一些参考意见——例如2007年元月的教材初稿审定会上,对各教材提出了修改意见,但并没有时间仔细阅读各本教材,教材仍旧是由编委会和各书主编负责。

从时间上看,本套教材的编写是及时的。

按照规划,我们将陆续编完20余种专业课的教科书,同时,还将把一些与特殊教育师资培训有关的特殊教育的专著也纳入本系列,作为教学参考书。

应该说,这是我国新时期,乃至中国历史上高等特殊教育师资培训的第一套系统的专业课教材,是我国培养一线师资的老师们多年培养一线教师的实践经验的一次较大规模的、初步的经验总结。

从功能上说,我希望本套教材不仅能满足各特殊教育师资培训机构培养新师资——即职前培养的需要,也能满足特殊教育教师的继续教育的需要,还能满足普通师资培养机构新师资培养以及广大的中小学,乃至幼儿园教师的继续教育的需要。

实际上,在普通教育界开始注重并追求人的价值、开发人的价值的今天,我国特殊教育界率先开始的注重个别差异的想法与做法为普通教育实施上述理念提供了最为简洁的参照系。

例如,本人的《学业不良儿童教育学》《随班就读教育学》,即将出版的《因材施教教育学》和要修订的《个别教育计划的理论与实践》等著作就可能是一个解决普通教育问题的参照系,不仅是特殊教育师资培养所需要的,也可能是广大的普通教育工作者、科研、教研人员乃至所有的家长所需要的。

在历史上,特殊教育为普通教育的发展做出过巨大的贡献,蒙台梭利的幼儿教育方法、马卡连柯的思想教育体系都是源于特殊教育的实践。

因此,我们有理由相信,特殊教育能够影响,也应该影响乃至改造普通教育,尽管这种影响需要大家广泛的关注才能有效。

因为,今天的特殊教育已经不仅仅是盲、聋、弱智儿童的特殊教育了,而是所有有特殊教育需要的儿童的教育。在这种大特殊教育观下,任何一个人——包括智力超常儿童——在人生的某个阶段,都有可能有特殊教育的需要。

这样,也就有理由相信,本套丛书也能够在这个特殊教育影响普通教育的过程中发挥作用。

需要说明的是,由于时间仓促,加之编者的水平所限,丛书中不足甚至错误在所难免,渴望读者能够及时提出修改意见,以便修改,使之发挥更好的作用。

最后,要感谢各位同仁、尤其是教育部基础教育司谢敬仁先生,中国教育学会特殊教育分会、中国高等教育学会特殊教育分会的曲学利同志以及本书的编委会副主任陈志平先生、蒋丰祥先生、编委肖非先生、天津教育出版社的诸位编辑,是各位的努力才使得本套丛书得以顺利出版。

2006年9月16日初稿于北京马驹桥
2006年9月28日修改于北京师范大学塔四
2007年2月14日定稿于北京芍药居

前　言

　　这本《视觉障碍儿童教学法》在全国特师专业课教材编委会主任刘全礼教授的领导下,在编委会副主任要守文副教授的全力支持下,在全体参编人员的共同努力下,终于与读者见面了。

　　本教材是在特殊教育师范院校教材建设明显落后于特殊教育事业发展的背景下编写的。随着基础教育课程改革的进行,有关普通学校新课程改革的、适用于师范院校学生和相关教育师资培训的教材或参考资料纷纷与读者见面。然而,几乎与普通教育改革同步进行的、有关特殊教育师范院校学生和相关教育师资培训的教材或参考资料却很少出现,尤其是有关视觉障碍儿童教育师资培训的教材或参考资料更是难觅其踪。再者,因为新编盲校教材是以教育部制定的《全日制义务教育课程标准(实验稿)》为依据,以人民教育出版社编辑出版的《义务教育课程标准实验教科书》为蓝本,结合盲文特点和视觉障碍儿童的学习实际改编的,再加上《盲校课程标准》未及时出台,故全国盲教育工作者几乎都是参考《普通教育课程标准》并结合新课程的理念进行教学的。而且,视觉障碍儿童和正常儿童在身心发展和学习特点方面毕竟是有较大差异的,在新课程理念要求下,如果我们还以过去旧的视觉障碍儿童教学法和教材对特殊师范院校学生和相关人员进行教学和培训,显然与新课程理念的教学要求是背道而驰的。

　　这本书是适用于特殊教育师范院校学生和当前盲校教师岗前培训、在职培训及视障儿童随班就读教学的一本专业教材。编委会主任刘全礼教授特别强调,这本书一定要反映视觉障碍儿童教学中的特点,一定要结合新课程标准和新教材进行,一定要反映新课程的理念,这本书正是依据这些要求进行编写的。本教材坚持理论联系实际的原则,以让学生掌握视障儿童教学法的基本理论和基础知识、提高分析和解决问题的能力为目的,对本学科新的教学理念、方法、策略等做了适当的介绍。为提高学生的学习效果,在每章之前有本章的内容简介,每章的最后还有相关的思考题,大多章节后还附有范例分析。

　　本书各章节的编写任务分配：

　　赵建恒(山西省阳泉职业技术学院师范分院、山西省特殊教育师范学校)编写第一章和第三章的第四节；樊卫生(山西省阳泉职业技术学院师范分院、山西省特殊教育师范学校)编写第二章和第三章的第三节；翟海珍(山西省阳泉职业技术学院师范分院、山西省特殊教育师范学校)编写第三章的第一节,第四章,第五章,第六章,第九章,第十九章的第五节、第七节、

第八节；黄翠兰（山西省阳泉职业技术学院师范分院、山西省特殊教育师范学校）编写第十章，第十九章的第一节、第二节、第三节、第四节；王淑花（山西省阳泉职业技术学院师范分院、山西省特殊教育师范学校）编写第十一章、第十二章、第十三章、第十六章；吕桂芳（山西省阳泉职业技术学院师范分院、山西省特殊教育师范学校）编写第十七章、第十八章；郑青山（山西省阳泉职业技术学院师范分院、山西省特殊教育师范学校）编写第三章的第二节；李晓琴（山西平定实验小学）编写第八章的第三节和本章的范例分析；吴熹华（南京盲校）编写第七章；吴耀键（四川乐山盲校）编写第八章的第一节、第二节，第十九章的第六节；郭海英（河北邯郸特师）编写第十四章、第十五章。

全书由要守文、翟海珍老师统稿，王淑花老师参加了部分书稿的统稿工作。由编委会成员审稿，其中，编委会副主任要守文副教授在百忙之中对本书进行了多次审阅，提出了很多有价值的修改建议。在编写过程中，参考、引用、借鉴了国内一些特教专家、学者及同行的观点、思想、内容，在此表示感谢并希望得到谅解，同时得到了郑青山、田俏成、盛永进、张素静、苏秀玲等老师的帮助、指导，在此一并致谢。

尽管我们有编好这本书的强烈愿望，但由于有关参考资料甚少及作者经验和能力所限，也因时间仓促，本书的错误、疏漏和不足之处在所难免，我们真诚希望将来使用这本书的人和看到这本书的有关专家、一线教师提出宝贵意见、建议和批评，以便进一步完善。

编者
2007 年 3 月

特殊教育师资培训工作需要大家关注(代序言)/ 刘全礼
前言

第一篇 视觉障碍儿童教学法概论

第一章 视觉障碍儿童教学法的性质与任务 □ 001
第一节 视觉障碍儿童教学法的性质 □ 001
第二节 视觉障碍儿童教学法的任务 □ 004

第二章 学习视觉障碍儿童教学法的目的与意义 □ 006
第一节 学习视觉障碍儿童教学法的目的 □ 006
第二节 学习视觉障碍儿童教学法的意义 □ 008

第三章 盲校课程教学的组织与实施 □ 011
第一节 备课 □ 011
第二节 上课 □ 015
第三节 听课与评课 □ 017
第四节 说课 □ 022

第二篇 视觉障碍儿童语文教学法

第四章 盲校小学语文课程概述 □ 026
第一节 盲校小学语文课程的性质与作用 □ 026
第二节 盲校小学语文教材的特点 □ 027
第三节 视觉障碍儿童学习语文的特殊性 □ 030

第五章 盲字教学 □ 032
第一节 盲字教材的特点 □ 032
第二节 盲字点位教学 □ 037
第三节 盲字字母与拼音教学 □ 042
第四节 盲字声调教学 □ 048
第五节 盲字书写教学 □ 051

第六章　盲校小学语文阅读教学　053
第一节　盲校小学语文阅读教学的任务　053
第二节　阅读教学的过程、内容和基本策略　056
第三节　各种不同类型课文的教学　079
范例分析　083

第七章　盲校小学习作教学　087
第一节　习作与习作教学　087
第二节　写话与习作教学　089
第三节　习作的批改与讲评　094
范例分析　095

第八章　盲校小学口语交际教学　097
第一节　从听说训练到口语交际教学　097
第二节　"口语交际"及视觉障碍儿童口语交际的特点　098
第三节　口语交际教学的基本策略　099
范例分析　101

第九章　盲校小学语文"综合性学习"教学　104
第一节　盲校小学语文"综合性学习"概述　104
第二节　盲校小学语文"综合性学习"的内容和形式　105
第三节　盲校小学语文"综合性学习"的教学策略　108
范例分析　112

第十章　低视力儿童的汉字教学　115
第一节　低视力儿童汉字教学的内容　115
第二节　低视力儿童残余视力的保护工作　119
第三节　低视力儿童的汉字教学　121
范例分析　131

第三篇　视觉障碍儿童数学教学法

第十一章　盲校小学数学课程概述　135
　　第一节　盲校数学课程的地位和作用　135
　　第二节　盲校小学数学教材的特点　137

第十二章　视障儿童的数学学习　142
　　第一节　现代学习理论　142
　　第二节　视障儿童的数学学习　146

第十三章　盲校小学数与代数的教学　149
　　第一节　数与代数在小学数学中的地位
　　　　　　和作用　149
　　第二节　数的认识与运算的教学　150
　　第三节　常见量、式与方程、正反比例、探索
　　　　　　规律的教学　176
　　范例分析　183

第十四章　盲校小学空间与图形的教学　188
　　第一节　图形的认识及图形与变换的教学　188
　　第二节　测量及图形与位置的教学　192
　　范例分析　199

第十五章　盲校小学统计与概率的教学　203
　　第一节　盲校统计的教学　203
　　第二节　盲校概率的教学　204
　　范例分析　205

第十六章　盲校小学实践与综合应用的教学　209
　　第一节　实践与综合应用的作用　209
　　第二节　实践与综合应用的教学　210
　　范例分析　214

第四篇 视觉障碍儿童思想品德及其他学科教学法

第十七章 盲校小学思想品德概述 □ 218
第一节 盲校思想品德的教育作用 □ 218
第二节 视觉障碍儿童思想品德的特点 □ 220

第十八章 盲校小学思想品德的教学 □ 222
第一节 盲校思想品德的教学策略 □ 222
第二节 盲校思想品德教学应注意的问题 □ 225
范例分析 □ 228

第十九章 盲校小学其他学科教学法 □ 231
第一节 盲校小学自然课教学 □ 231
第二节 盲校小学社会课教学 □ 234
第三节 盲校小学认识初步与生活指导课教学 □ 238
第四节 盲校小学劳动课教学 □ 242
第五节 盲校小学音乐课教学 □ 246
第六节 盲校小学体育课教学 □ 248
第七节 盲校小学美工课教学 □ 250
第八节 盲校小学定向行走教学 □ 251

主要参考文献 □ 255

第一篇 视觉障碍儿童教学法概论

第一章 视觉障碍儿童教学法的性质与任务

本章先从教学法入手,让学生对教学法有全面概括的认识。视觉障碍儿童教学法是研究视觉障碍儿童教学规律和方法的科学。这是视觉障碍教学法的本质所在,也是本章的重点。了解其任务及内容,有利于激发师范院校学生学习本学科的积极性和自觉性,同时对全书内容及概貌了然于胸,便于对全书的掌握。

第一节 视觉障碍儿童教学法的性质

一、关于教学法

教学法是师生为达到教学目的而开展的教学活动的一切办法的总和。

从前人们把教学法称做"教授法"[①]。1919年,著名的教育家陶行知提出:"先生的责任不在教,而在教学,而在教学生学","教的法子必须根据学的法子",要教学合一,"学术发达,大半靠着这教学相长的精神"。因此,有必要把"教授法"改为"教学法"。陶行知的这一观点发表后,教育界普遍接受了这一观点。

教学法,既包括教师的教法,也包括学生的学法。是教师教与学生学相互协同以完成教学任务的方式方法,是教法与学法的统一。

教学过程的教学法,包括教师的教法和学生的学法,但不是两者的简单相加,也不能把教师的教法与学生的学法截然分开。教师的教法必然要通过学生的学法,从而体现教法的作用;而学生的学法,在教学过程中,实际上是在教师的指导下的学法,尽管有时学生的学习是以自学的形式进行的,但它不同于校外青年的自学,而是在教师直接或间接的教育影响下的学习活

---

① 参考文献:《中国现代语文百年事典》

动。所以，教学是师生结合在一起的互动活动，教学法是教法与学法的辩证统一。

教学法是研究教学规律和方法的科学。这里的"法"有两层含义：一是对教学规律的认识和研究，二是指教学的具体方式、方法、技能和技巧。以视觉障碍儿童语文教学法为例，视觉障碍儿童语文课教学法是教育课程的一个分支，介于语文课程和教育课程之间。它运用教育学、心理学的原理，研究视觉障碍儿童语文教学的现象，揭示视觉障碍儿童语文教学的规律和法则。它系统地阐述了视觉障碍儿童语文课程的性质、地位、教学目的、要求、原则、内容、过程、方法等重要问题，是特殊教育师范学校语文教师赖以组织课堂教学，进行听、说、读、写训练，开展课内外活动的理论依据和行动准则。

教学法与教学方法。严格地讲，两者有共同的一面但也有区别。我们说"教学法是师生为达到教学目的而开展的教学活动的一切活动办法的总和"。说它是"活动办法的总和"，是指教学法，应当是在一定的教学思想指导下的教学方式方法及组织形式等的总和，是实现教学目的的一系列教学活动方式方法的体系。通常所说的"暗示教学法"、"发现式教学法"等，既反映出这一教学法的活动形式、活动方法，也反映了这一教学法的教学思想、教学原则，是构成比较完整的有秩序活动方式方法的体系。

而"教学方法，是指教学活动中方法体系的个别部分"。如：练习法、演示法等。教学方法，常常是表现为教学活动的某一个侧面的一系列操作活动。有明显的操作性，它只是教学法的一个组成部分。

总之，教学是教师和学生进行的多种多样的活动，其目的都在于让学生掌握知识、技能和技巧，发展他们的智能，教给他们思维方法以及使他们受到思想品质的教育。教师和学生的全部活动都是采用某些方法实现的。教学方法通常规定教师和学生的工作方式，采用这些方式就能使学生掌握知识、技能和技巧，形成他们的世界观，发展他们的才能。

二、视觉障碍儿童教学法的性质

视障儿童教学法的性质是由其本身研究的教育对象和课程决定的。由于学习的主体是视障儿童，这就决定了教学过程有其特殊性。表现在：

（一）**视障儿童的认知受其直接经验范围狭窄的影响**。学习是经验的积累。一个人必须学习前人的经验，即间接经验，但是这种学习必须以他的直接经验为基础。视障儿童因丧失视觉通道，他的生活经历、活动范围就要减少，实践的机会少，经验就少。这对视障儿童的认知，不仅有量的影响，而且有质的影响。直接经验范围的狭窄以及因视觉障碍造成的直接经验的缺陷，影响概念的形成,从而影响间接经验的学习。这就决定视障儿童认知活动应突出直观性的特点,通过听觉、触觉、肤觉及嗅觉等多种感官通道感知客观事物。

（二）认知通道的特殊性决定盲校的教学法的特殊性。普通儿童的教学以视觉和听觉为主要传递通道,这决定了教材形式、教学设备都以视觉和听觉为主要传递方式。视觉与听觉恰当配合,大大地提高了传递的速度和效率。视障儿童视觉功能很差或完全丧失,教与学在传递通道上主要依靠听觉和触觉,辅之以其他感觉,则教学速度较普通儿童要慢。盲教材不如普通儿童教材那么便捷,教具有更大的特殊性。这些特殊性决定着其教学法的特殊性。鉴于此,视障儿童教学法是根据视障儿童的学习特点及学习规律,研究视障儿童语文、数学等学科教学理论和实践的课程。

三、视觉障碍儿童教学法的特点

（一）综合性

在学习和探索研究过程中,需要借助和运用多种相关课程的理论知识成果,特别是将盲童教育学、盲童心理学、语文、数学、常识等学科的有关理论知识,运用到盲校的教学实践中,在教学过程中,针对视障儿童学习的特点,结合各课教材,系统阐述教材与教法、教法与学法的关系。这是一个知识的交流、综合、融会的过程,也是各种知识具体运用的过程。这样使得本课程具有明显的综合性。

（二）实践性

本课程的基本出发点是对盲校教学中出现的一些客观现象作出科学的解释,从中找出一些科学化的途径和原理,从而更好地指导教学实践。如语文教学法就是具体研究怎样上好盲校语文课的,那么,它就要具体说明小学语文教学大纲,具体分析教材的内容,介绍教学的方式方法,使特殊教育师范院校学生及相关人员掌握盲校小学语文课的具体操作过程和操作方法,便于他们对这类儿童实施教育或辅导。所以,它具有很强的实践性。

（三）理论性

本课程并不是单纯地罗列一些教学方式方法,而是全面领会、深刻理解视障儿童教学的重要价值和基本要求,考虑特殊教育需要儿童在全面发展的基础上,认真地研究教学规律和教学原则,指导教学实践。不仅在课程理论上,而且还要教育使特殊教育师范院校学生及相关人员树立科学正确的特殊教育观和新的科学的特殊教育理念,使他们能够自觉地运用科学的认识论和方法论来指导特殊教育的教育和教学。同时,本课程还吸收和借鉴其他相关课程的理论和研究成果,因此,具有较强的理论性。

第二节　视觉障碍儿童教学法的任务

一、视觉障碍儿童教学法的任务

1. 使特殊教育师范院校学生掌握盲校小学教学的基本理论、一般规律和基本教学方法，以便将来较好地运用于盲校小学教学实践或家庭盲童教学、课外辅导等。

2. 使特殊教育师范院校学生具有从事盲校小学教学的能力，能根据课程标准、教材内容和视障儿童的实际情况，通过教学活动发展视障儿童的语文、数学等学科的能力；对低视力儿童要指导合理利用残余视力，并且能够组织和指导他们的课外活动，使他们的视觉缺陷得到最大限度的补偿，他们的潜能得到最大限度的发挥。同时了解视障儿童与普通儿童的差异，在比较中更深地理解特殊性，以推动视障儿童随班就读的开展和适应随班就读教学的需要。

3. 使特殊教育师范院校的学生及相关人员初步具备进行盲校语文、数学等学科教学研究的能力，能够学习和运用科学的研究方法，对教学实践进行总结和研究，对教法和学法进行探讨，善于学习、吸收先进的教学经验和教学理论，能自觉进行教学改革，不断提高教学质量。

4. 对学生进行爱岗敬业和愿为特殊教育事业献身的思想教育。

二、视觉障碍儿童教学法的内容

本书分四部分：

第一部分：主要是对视障儿童教学法进行概括论述。意在说明三个问题：（一）为什么要学习视障儿童教学法？（二）视障儿童教学法包含哪些内容？（三）视障儿童教学的组织和实施。

第二部分和第三部分：主要讲述视障儿童语文教学法和数学教学法的内容。着重讲述各项教学内容及具体操作方法。

第四部分：主要讲述视障儿童思想品德及其它学科教学法。

三、如何学好视觉障碍儿童教学法

一是提高学生学习视障儿童教学法这门课程的自觉性和积极性，使学习者学有兴趣，学有所得，确实懂得学好教学法与当好一名称职的教师之间的关系；二是改变以往教学法内容中偏重施教方法，忽视受教者自身的需要，切实解决教学法既要讲授教师如何上好课，又要揭示学生学习过程的规律问题。因此，特殊教育师范院校教学法课程需要处理和解决好教与学的关系，不是单方面的，而是双方面的，即：教学法任课教师与特殊教育师范院校学生的教学关系；未来教师与视障儿童的教学关系。重视这两个方面的关系，以此作为讲授教学法的出发点。教学法的任课教师首先要讲究教学方法。这不仅是教好这门课程的特殊要求，也是启迪师范院校学生学好这门课程的必备条件。实践表明，下述两点尤应注意：一是针对特殊教育师范院校学生的思想实际，讲清学习某部分内容的理论价值和现实作用，或以典型事例进行对比，引发思考，调动特殊教育师范院校学生的学习积极性；二是安排多种教学活动，组织实践运用，培养师范院校学生的独立工作能力。如，讲完理论课后要组织学生去盲校教育见习。之前，可指导学生先试写一份听课教材的教案，见习完后组织讨论，由每人将事先所拟的教案内容与执教老师讲课内容作一比较，运用已学的教学法理论分析说明所拟教案的优缺点，然后写出见习报告，再由教学法老师综合讲评。这种由理论到实践、从实践升华为理论的教学方法，看得见，摸得着，学得活，用得上，学生欢迎，效果显著。类似的方法在讲授其他章节内容时，也同样可以因地制宜，穿插一些。总之，要想方设法创造条件，让他们多接触实践，在实践中加深理论学习，提高应用能力。

思考题：

1. 视觉障碍儿童教学法的性质是什么？
2. 视觉障碍儿童教学法的任务是什么？

第二章 学习视觉障碍儿童教学法的目的与意义

本章主要讲述学习视觉障碍儿童教学法，有助于特殊教育师范院校学生及其相关人员全面正确理解视障儿童教育教学理论，学会正确选择和使用教学方法，同时也有助于培养其教育科研能力。

第一节 学习视觉障碍儿童教学法的目的

《视觉障碍儿童教学法》是特殊教育师范院校教育专业的一门专业基础课，在特殊教育师范院校课程体系中占有重要的位置。具体说来，学习视障儿童教学法的目的体现在：

一、正确理解视障儿童教学理论，遵循教学规律，指导教学实践

教学过程是教师和学生的共同活动。教学过程不应只是一个掌握知识的过程，还应是在教师指导下把知识转化为能力，并使学生身心得到发展的过程。视障儿童因不同程度的丧失了视觉功能，使他们对事物认识缺乏真实感，对知识的接受受到不同程度的限制，因此教师在教学过程中，应创造各种条件，充分利用听觉、触觉等其他感觉器官，来补偿他们的视觉缺陷，增强他们的感性认识。在教学过程中，传授知识和补偿缺陷是相互依赖和相互促进的。另外，视觉的损伤，限制了教师在教学过程中一些教学方法、手段的采用，因此，在教学方法、手段的使用上必须考虑视障儿童的特点，合理使用，充分发挥教师主导作用和学生的主体作用。

随着我国新一轮课程改革的推进，课程理念、教学观念等发生了很大的变化。作为教师，必须运用新课程理念来更新自己的思想观念，学会分析钻研课程标准、教材，并且能够根据视障儿童的心理特点和教育教学规律，来指导自己的教学实践。

二、掌握教学方法理论，学会选择教学方法

教学方法，对于全面完成教学任务，提高教学质量具有十分重要的意义。好的教学方法，能够充分调动学生的学习积极性，在不加重课业负担的情况下使学生获得牢固而系统的知识和技能，同时促进学生智力发展和品德提高；反之，不好的教学方法，引不起学生的学习兴趣，加重学生的学业负担，影响身心健康，学生掌握知识和技能的质量都不高，智力和品德方面长进不大。因此,如何选择和使用教学方法对于提高课堂教学质量来说是非常重要的。

学习视障儿童教学法,就是要使从事视障儿童教学工作的教师学会选择和运用教学方法,提高教学质量。如何学会正确选择每节课的教学方法呢?首先,要依据教学任务来选择教学方法。每一节课的教学任务不同,教学方法亦须区别对待。如新授课和复习课,教学方法的运用就有明显的区别,新授课要求教师采用多种形象直观的教学手段开展教学,使学生对所学内容留下鲜明、生动的印象;而复习课,则主要是对已学知识的复习、练习,达到加深印象,以至巩固的作用。其次,依据不同学科和教学内容选择教学方法。不同的学科性质和特点要求用不同的教学方法,如语文课注重学生听、说、读、写等能力培养,因而教学方法多用讲读法;而数学课注重学生运算能力的提高,则多用练习法。即使是同一学科的教材,由于具体教学内容的区别,仍然要求采用不同的教学方法。再次,要根据视障儿童的生理、心理特点来选择教学方法。视力障碍儿童的生理、心理在不断地发生变化,不能用一成不变的眼光看待他们。在教学方法上也必须随着学生生理与心理的发展而相应变化。

在教学过程中,教师要从实际出发,把各种教学方法配合起来,灵活使用,取得最优化的教学效果。

三、掌握视觉障碍儿童教学研究方法,培养教育科研能力

学习视障儿童教学法不仅可以掌握盲校教育教学工作的基本规律,学会合理选择和使用教学方法,提高教学质量,而且在学习过程中,学习者还会不断被激发"问题意识",尤其是随着新课程改革的深入,对教师的教学工作提出了许多新问题,新挑战,通过学习视障儿童教学法,可以学会基本的教学方法,去有意识地了解视障儿童的生理、心理特点,而且学习者在学习过程中要自觉运用新课程的理念去指导教学工作,学会分析问题、思考问题,大胆尝试、勇于探究。如新课程倡导"自主、合作、探究"学习,倡导教学过程是一种对话等先进的教学理念,都应积极去尝试运用在具体的教学工作中,把知识应用于实践。

第二节 学习视觉障碍儿童教学法的意义

一、视觉障碍儿童教育的意义

人的培养问题,是全社会共同关注的一个重要问题,因为它不仅关系到一个国家、一个社会的前途和命运,更直接关系到千家万户的切身利益。父母都希望自己的孩子健康、聪明,将来成为祖国建设的栋梁之材。但事实上,并不是每个家庭的美好愿望都能成为现实。有的孩子,因为先天或后天的各种因素影响,成了有残疾的儿童,这对其家庭来说是一个沉重的打击。父母们在经历了震惊、迟疑、求医、失望、默认等一系列复杂的过程之后,把目光最终转向了学校,希望学校教育能使他们的孩子得到较好的发展,成为一个对社会、对家庭有用的人才。而事实上,古今中外的许多教育事例也都证明:只要教育得法,视障儿童同样也能健康成长,也能为社会做出卓越的贡献。因此,我们从事特殊教育事业的教师必须树立坚定的职业信念,正确看待视障儿童,积极探索其教育教学规律,使每一个视障儿童都能得到较好的发展。可以说,视障儿童教育的发展对于提高全民族的素质,促进社会的文明进步,减轻家庭负担,都有着十分重要的意义。

(一)政治意义

我国是社会主义国家,不分民族、性别,每一个公民都有法定的平等权利。《中华人民共和国宪法》第四十五条特别规定:"国家和社会帮助安排盲、聋哑和其他有残疾的公民的劳动、生活和教育。"《中华人民共和国义务教育法》、《残疾人保障法》中也明确规定,"国家保障残疾人受教育的权利"、"对残疾儿童、少年实施义务教育"。视障儿童教育是实现这些平等权利的体现,是他们将来走向平等参与社会的途径。同时,视障儿童教育是我国社会主义教育的一个重要组成部分,视障儿童教育的发展程度如何,在某种程度上也成了衡量一个地区、一个国家是否发达文明的标志之一。通过视障儿童教育这一社会侧面,能使世界各国了解我国的教育、儿童保健、社会福利、现代科学技术等方面所反映出的社会主义制度的优越性,也体现出我们国家公民受教育的平等权利和社会主义国家对残疾人的关怀。

(二)社会意义

不论什么样的残疾人都会给父母和家庭带来痛苦,有的会成为父母终生的包袱。没有受教育的视障儿童也是这样,他们不仅对家庭是一个沉重的负担,同时也给社会带来不少问题。如果能使视障儿童进入特殊学校或其他特殊教育机构,针对他们的情况进行特殊的教育,使他们健康成长,学习知识，发展才能，充分发挥他们的社会价值，成为对社会有用的人，成为国家的建设者，就可以减轻社会和家庭的负担，使消极因素变成社会的积极力量。

（三）经济意义

视障儿童如果不经过教育，不掌握科学文化知识和基本劳动技能，就会成为社会的负担。目前，我国仍是一个发展中国家，国民经济虽然有了很大的发展，但总体经济发展水平还是远远不够的。所以，包括视障儿童在内的所有残疾人要想完全依靠国家资助与社会福利来生活是不大可能的。但是他们在接受教育后，掌握了一定的知识和技能，就可以成为创造社会财富的劳动者，不但能自食其力，减轻国家负担，还能为社会做出贡献。

（四）科学意义

发展视障儿童教育可以积累丰富的教育经验，推动我国特殊教育改革，促进特殊教育理论的发展。与此同时，视障儿童教育、教学的实践，还能检验相关学科的有关理论，提供新的观察和研究资料及新的研究课题，并为这些学科的发展提供依据。所以，视障儿童教育事业的发展，对于教育科学的发展具有不可忽略的意义。

二、学习视障儿童教学法的意义

（一）提高教育理论素养和专业技能，指导教学实践

视障儿童教学法以视障儿童教育实践为基础，并指导教育实践。学习视障儿童教学法的主要目的就是为了指导教学活动。目前，随着我国视障儿童教育事业的发展和我国教育改革的不断深化，视障儿童的教学理念、内容、形式等方面都发生了很大的变化，教育工作也比以往更复杂、更细致，对视障儿童教育工作的要求也越来越高。所以，要想把视障儿童教育工作做得更有成效，必须有一定的理论作指导。因此，从事视障儿童教学工作的教师必须认真学习和研究视障儿童教育理论，认识和掌握其教学规律，提高其教学水平。

学习视障儿童教学法可以掌握视障儿童的特点和规律，能够运用其教学理论指导自己的教学工作，使视障儿童能更快、更好地掌握知识，发展技能，促进其身心健康成长。同时也能使教师进一步提高教学水平，提高教学质量，避免工作中出现的狭隘经验主义，实现教学的科学化。

（二）提高研究视障儿童教学理论的兴趣，发展科研能力

提高教师的科研能力，是教师职业发展的必然需要。在信息化社会，终身学习的要求变得日趋明显。为了更好地认识教育教学工作、了解学生，教师必须增强教育科研意识，并通过教育科研工作促进自身的发展。

教学工作是一项很复杂的工程，它不仅是一门科学，同时也是一门艺术。尤其对于视障儿童的教学工作来说，更是难上加难。教师如果能够增强自我科研意识，积极参与教学科研，就会使教师有机会重新审视自己的工作，并通过研究开阔思路，提升教学能力。

视障儿童教学法是一门理论性和实践性很强的课程，通过学习，不仅可以掌握其教学工作的规律，而且也能从中发现当前教学工作中的问题，从而激发问题意识，积极探索当前教育改革尤其是特殊教育改革中出现的新问题、新思想，进一步丰富视障儿童教学理论，促进其教学研究的发展。

（三）进一步加深对视障儿童教育工作的认识，增强从事视障儿童教育工作的责任心和使命感

学习视障儿童教学法可以使我们更加深刻认识视障儿童教育工作的意义。当前，随着"科教兴国"战略的稳步推进，教育在国家发展中的地位和作用日益突出，视障儿童教育作为教育事业的一个重要组成部分，在我国的物质文明和精神文明建设中占有重要地位。学习视障儿童教学法有助于我们树立正确的视障儿童教学思想观点，指导自己的教育实践活动，提高工作的自觉性和预见性，从而增强从事视障儿童教育工作的事业心、责任心和使命感，献身特殊教育事业，促进特殊教育事业的发展。

思考题：
1. 为什么要学习视觉障碍儿童教学法？
2. 谈谈你对学习这门课程的认识和体会。

第三章 盲校课程教学的组织与实施

盲校的教学活动与普通小学的教学活动一样,包含上课、备课、说课、评课等教学环节。盲校的教师必须做好各个环节的具体工作,才能促进教学质量的提高,补偿视觉缺陷,使学生全面发展。

第一节 备 课

备好课才能上好课,备课是一项重要而又细致的工作。盲校各学科的教学工作都要求每个教师认真备课,这是提高盲校各学科教学质量的重要保证。

一、盲校教师备课的价值

(一)备课是上课的基础和前提,是提高课堂教学质量的重要保证

一节成功的课堂教学并非是偶然获得的,它在很大程度上取决于教师课前的认真备课。在备课上多付出一份精力,在教学中就会多收获一份成功。教学是十分复杂的艺术,只有备好课,才能处理好各个教学环节,才能在有限的时间里,启发、引导学生高效地进行学习,真正发挥教师的主导作用,高质量地完成教学任务。备课时,教师既要摸清学生的学习水平、学习习惯、吃透教材,还要考虑教学目的、原则和方法等必要的内容,这是教师取得教学的主动性,减少盲目性和随意性的保证。尤其是对于小学的、处于启蒙教育阶段的、面临较大的个体差异等客观情况的视障儿童来讲,盲校小学教师在备课时应更加努力。教师课前如果不做好充分的准备,就无法选择恰当的教学策略,就无法满足各类视障儿童学习需要及视觉缺陷的补偿,直接影响到课堂教学效果。

(二)有利于提高教师的教学业务水平

教师如果不备课,在教学过程中就会出现照本宣科的局面,就会让参考书或教材牵着鼻子走,课后就没有深刻的心得体会,更不会发现各方面存在的问题,教学业务水平就永远无法提高。另外,教师在备课时往往要通过各种手段和途径查阅各种资料信息,以弥补自己业务上的不足,这些也无疑会促进教师业务水平的提高。

二、备课的基本环节

备课的具体内容,主要包括钻研教材、了解学生、确定教学目标要求、选择教学策略、编写教学计划五个方面。

(一)钻研教材

钻研教材是备课的主要环节,也是备课的首要环节。

钻研教材一般包括:学习盲校各科课程计划,阅读并研究相应的《课程标准》,通读盲校各科教材,阅读参考资料。

1. 学习盲校各科课程计划

学习盲校各科课程计划,有利于加深了解盲校各学科在特殊教育中的地位和作用,正确理解盲校各学科的性质和任务,明确盲校各学段的主要培养目标,了解盲校的课程设置及各学科的基本要求和课时安排。

2. 阅读并研究相应的《课程标准》

阅读并研究相应的《课程标准》,可以使教师准确把握盲校各学科的性质与地位、课程的基本理念和课程标准的设计思路,明确盲校各学科总的教学目标、要求,可以具体了解各学段的教学目标、要求,还可以了解课程的实施建议等,这样教师就能明确教学改革的方向,端正教学指导思想,熟悉教材教法,在教学中做到有的放矢。

3. 深入钻研教材

通读盲校各科教材,首先,包括通读盲校各学科相应的整套教材,便于把握教材的全局,如,教材的体系、结构、编排特点等,这样就可以了解各册课本在整套教材中的地位及各册教材内容之间的联系。其次,要熟悉某一册教材的内容,了解其编写特点、要求等,才能确定章节、单元的教学目的和要求,才能制定好切实可行的教学计划。最后,要在前面基础上,深入钻研每个课时的教材内容,了解其教学内容的目标、要求、重点、难点等。

4. 阅读参考资料

参考资料包括与教材配套的教师专用教学参考书和相关的一些参考资料,它们可以为教师提供相关的教学策略和教学建议等,但作为教师不可完全依赖它们进行教学,使用参考资料的前提是充分钻研教学内容,要根据实际情况选取适用的,不能生搬硬套。

对于盲校教师来讲,最关键的是必须认真阅读钻研盲文教材,熟悉了解盲文教材的编排特点、意图,才能真正做好一名盲校教师。

(二)了解学生

了解学生一般包括了解学生已有的知识、兴趣、需要、智力发展水平及学习方法、习惯等,以便对教学中可能遇到的困难有所预测,便于有针对性地组织课堂教学工作。对于特殊教育学校来说，教学对象是有特殊需要的特殊儿童，要想满足他们的特殊需要，只有先了解他们有些什么特殊需要，这是特殊教育学校教师必须要做的。对盲校而言，要了解视障生的致残原因、残疾程度、现在的各方面情况等。了解了这些，才能有针对性地制定教学计划、选择教学策略，因人因材施教。

了解学生，不能只作一般的、粗略的、泛泛的了解。要在分析、研究的基础上，深入调查，准确掌握，这项工作包括了解学生的基本自然状况和就一个具体教学内容而言学生的具体情况。

学生基本的自然状况包括年龄、视障程度、原因和时间及其对智力的影响，学生的思想表现、生活和学习情况，学生的基础知识、基本技能掌握的情况，学生的学习兴趣和学习习惯，学生的智力发展情况等。就一个具体教学内容而言学生的具体情况主要指对具体教学内容来讲哪些是学生已经掌握的，哪些和学生学过的知识有联系，哪些和学生的生活实践、情感体验有联系，哪些是距离学生生活实际较远、难以理解的。只有掌握了学生，做到心中有数，才能够制订出比较恰当的教学要求，才能根据学生实际抓住重点、难点，分清主次，进行教学。

了解学生的基本途径有查阅档案、家访；在日常生活和学习活动中分析、观察、了解；了解的时间可以在学期开始集中了解和学习过程中分散了解。教师对所掌握的情况，要进行记录、统计、分析、研究，才能根据具体情况的发展变化，有目的地改进教学方法。

（三）确定教学目标要求

教学要求是教学目标的具体体现，教学要求的确定要全面、具体、重点突出。全面指要考虑到学生的全面发展。具体指教学的具体要求是什么，教学要达到的程度是什么，而且这些要求必须是可行的。重点突出指要考虑到教材内容及其与学生实际情况等的联系。

（四）选择教学策略

合理的、恰当的教学策略是顺利完成教学任务的重要保证，教师要根据教学目标要求、课程的性质和特点以及学生的年龄、认知规律等因素，恰当地选用教学策略。所选用的教学策略要能发挥教师的主导作用并突出学生的主体地位，要具有启发性，要灵活多样，要避免流于形式，而且，最重要的是要结合学科内容的特点、性质进行选择。对于盲校来说要切实考虑视觉障碍学生的缺陷状况及由此带来的学习困难，要有利于他们的学习和视觉缺陷的补偿，促进学生智力的发展。

（五）编写教学计划

教学计划是根据党和国家的教育方针和各学校、各专业的培养目标制定的教学指导性文件。编写教学计划是落实年级教学要求的必要步骤,是加强各学科教学的针对性、计划性的重要环节。因此,教师要编写出符合学生实际情况的教学计划。没有教学计划的指引,各学科、各年级的教学目标要求就难以达到,教学任务完成的情况就无法考证。

教学计划包括学期教学计划、单元教学计划和课堂教学计划。

1. 学期教学计划

学期教学计划是整个学期各科教学的整体规划,应该在每学期开学前就制定出来,内容一般包括:对学生基本情况的分析;本学期总的教学目标要求,要从班级的实际出发,切实考虑视障学生之间的差异,提出不同的要求;还有各组或单元及课题具体的教学时间、进度、要求、内容、所需的教具安排等;还应该包含教学改革的目标与措施。

2. 课堂教学计划

课堂教学计划又叫课时计划或教案,是学期教学计划的具体实施,是备课工作中最深入、最具体、最落实的一步。课堂教学计划的质量如何,直接影响到每节课的教学效果,必须认真对待。教案内容一般包括:班级、学科、课题、教学目标要求、教学的重点和难点、教具的准备、所选择的教学策略、板书设计、课堂或课后小结、教学过程、作业布置等。

三、备课的策略

1. 把握好备课过程中教师的主导作用,明确备课过程中学生的作用,是不可忽视的

《基础教育课程改革纲要》指出:"教师在教学中应与学生积极互动,共同发展。"这就明确告诉我们,备课不再是由教师单独来完成,不可忽视学生在备课过程中的作用。那么,应该如何理解学生在备课过程中的作用呢?学生在课前利用自己的知识和经验,结合将要学习的内容,积极主动探索知识间的联系及其发生和发展,并进行感知、思维和想象,为课堂教学的顺利进行提供了基础和帮助。这对于视觉障碍学生来说是非常重要的。

2. 要处理好教师与学生、学生与学生之间的关系

新课程背景下,"教师"和"学生"这两个概念发生了深刻的变化,教师不再像过去那样是单纯的传授者,而是教学活动的组织者、引导者、参与者、评价者,和学生之间是相对平等的关系;而学生也不再像过去那样是单纯的接受者,新课程理念下的学生是学习的主人。因此,教师和学生之间应该建立平等、和谐、民主的关系,教师应该尊重学生的人格、个性、差异等,教师应该和学生进行思想感情的交流,应该给每个学生平等的机会,教学中出现的问题应该和学生积极协商解决。

新课程理念指出,要加强学生间的交流,使他们在交流中碰撞、理解、感悟、激发灵感并进行创造。因此,教师在备课时要尽量给学生更多的交流互动机会。

3. 明确课堂教学的本质,灵活选择教学方法

新课程理念下,课堂教学的本质是组织学生学习,学习任务要适应学习者,教师要为学生服务,因此要灵活选择教学方法,在以教师为主导的前提下,要充分发挥学生的积极性、主动性、创造性。

在新课程理念下,教师的备课要打破过去的死框框,要切忌生搬硬套,备课一定要做到学生在心中,教材、课标、思路等在心中,要在遵循教育规律的前提下张扬学生的个性,促进学生的全面发展。要深挖教学资源,既要依托教材,又要突破教材;要大胆尝试,勇于创新。

4. 教学组织方式设计应具有开放性

打破教学形式的封闭化,实行教学形式的开放化,采用适应差异、注意个性的教学形式,以弥补班级教学的先天不足,这是现代教育发展的需要。教学方式的开放性可更多地采用问题教学法,并积极组织学生合作学习。甚至可以打破原有的空间形态,重新构建一种新的形态

第二节 上 课

上课是教师依据教案启发、引导学生进行对各科知识学习的过程,是整个教学工作组织与实施的中心环节;上课是备课的真正落实,是提高教学质量、完成教学任务的重要途径。盲校教师上好课的基本要求是:

一、明确教学目标,科学合理地组织教学内容

教学目标是上课的出发点,是引导学生完成教学任务的保证,教师在上课前就应简洁明了地告诉学生将要完成的教学目标是什么,便于调动学生学习的主动性和积极性,使学生能围绕教学目标有机地进行各种活动。教学时要突出重点,突破难点,保证教学内容的科学性和思想性。

二、灵活运用教学方法,合理设计教学过程

教学方法的灵活选择与运用是提高教学质量的重要保证,教学方法的选择和运用只有结合视障儿童的实际学习需要,才能充分调动他们的积极性、丰富他们的感性经验、充分调动他们的各种感觉器官的参与、满足他们的特殊学习需要、补偿他们的视觉缺陷,使合理设计教学过程成为可能。合理设计教学过程包括时间的分配、教学环节的自然过渡,教师主导作用的体

现、学生主体地位的凸现、教学步骤的安排等内容。合理设计教学过程,可以提高教学效率。

三、指导学生做好预习工作

预习是学生学习过程中的重要环节,适当的预习可以使学生在课前对将要学习的内容有一个大致的了解。学生带着问题听课,更能提高听课效率。布置预习必须考虑视障儿童的实际情况,根据他们的差异提出预习要求。

四、教师必须具备广博的科学文化知识和必要的专业知识水平

盲校的各学科知识之间既相互交叉,又相互渗透;既高度分化,又高度综合。教师只有具备广博的科学文化知识,才能更好地影响学生,促进学生的全面发展。视障生在学习过程中会有很多意想不到的困难和要求,教师如果没有广博的知识就很难满足他们的特殊学习需要;教师具备必要的专业知识水平是特殊儿童的特殊需要,是补偿他们的缺陷,促进他们发展的前提,教师的专业知识水平要扎实、精通,才能很好地处理各种问题。这是上好课的基础。没有教师对自己所教学科知识、技能的掌握,也就没有学生对知识的顺利掌握。盲校小学各科教师还必须具有较强的再学习能力和良好的学习习惯,以不断地补充自己、完善自己。

五、各科教师要有良好的口语表达能力

良好的口语表达能力是新时代、新课程对教师素质的基本要求,是提高教学效果的有力手段,是学生口语学习的典范。良好的口语表达能力在盲校各科教学中是非常重要的。视障儿童主要依靠听觉接受知识,因而教师的语言对视障儿童学习语言、发展思维、掌握知识技能等起着重要作用。一堂课成功与否,除目的明确、内容正确、组织得当、方法适合外,很大程度上取决于教师的语言。良好的口语表达能力是指科学、规范、简洁、清晰、形象、有感情。良好的口语表达能力能沟通师生之间的感情,把学生带入良好的学习情境,使其主动联系已有的知识和经验去学习新的知识和技能。

从另一角度讲,视障儿童长期依赖听觉进行感知,听知觉发展快,辨音和模仿能力强,再加上盲文是拼音文字,读得准才能理解正确,从而提高了对教师语言的要求。要使他们具有良好的口头语言表达能力,教师自己就应该先做到,才能言传身教。教师准确、生动、形象的语言对学生起着潜移默化的作用,可以提高他们的语言表达和运用能力。因此,盲校各科教师必须重视自己口头语言的训练和提高。备课和上课时,组织好自己的教学语言,

在用词、语音、语调、语速等方面要尽量做到恰到好处，才能达到预期的教学目的。

六、各科教师必须能正确熟练地读写盲文

每个盲校教师都必须学会盲文，每个教师要做到正确、熟练地读写盲文。现行盲校教材并非完全照搬普校教材，而是有目的地进行了取舍，现行盲校教材有自己的特色，盲校各个学科的教师在教学实践中都要接触盲字。教师要从盲文课本上了解视障儿童学习的难点，从他们的作业中分析了解其掌握知识技能的程度，要用盲文批改作业等。如果教师不熟悉盲文，就无法很好地和视障儿童沟通、交流，就无法真正了解其学习情况，无法在其练习时给以帮助和指导，无法提高教学质量，就无法胜任盲校教学。

七、各科教师必须正确运用直观性教学手段

直观性教学是视障儿童有效学习的重要手段。由于视觉缺陷，视障儿童感性经验非常贫乏，直观性教学手段可以为他们提供丰富的感性形象，补偿视觉缺陷，是提高教学质量、完成教学任务的重要保证。各个学科的教材内容都涉及到许多具体形象的事物，这就需要教师从视障儿童实际出发，采用各种形象化手段，使其在感性认识基础上加深对教材内容的理解。由于视觉缺陷程度和生活经验的不同，视障儿童之间个别差异比较大，这就需要教师了解他们，备课时客观地考虑其学习困难，在上课的过程中很好地运用直观手段弥补其感性经验的不足，形成事物的具体形象。当然，最关键的是教师必须掌握运用直观性教学手段的方法。

盲校教师在上课时要做到"手上有教材，心中有学生"，教案的设计要立足于学生的"学"，根据"障碍"启发，引导学生"学"，教师的作用是导学助读，使学生真正成为学习的主人，学得有兴趣、有信心、有方法、有实效，不仅掌握了知识，还开发了潜能，发展了智力，练就了技能，并且提升了文化素养、人格品位，使学生身心能够健康、全面地发展。

第三节　听课与评课

一、听课

（一）什么是听课

听课是教师或研究者凭借眼、耳、手等自身的感官及有关的辅助工具（记录本、调查表、录音录像设备等），直接地（也有间接地）从课堂情景中

获取相关的信息资料,从感性到理性的一种学习、评价及研究的教育教学方法。

听课是盲校教学的常规工作之一。通过听课,盲校教师可以达到相互交流、学习的目的,从而提升课堂教学研究的水平和质量。

(二)听课的要求

1. 要明确听课的目的、计划和要求

无论是听何种类型的课,在听课前,听课教师必须明确听课的目的和要求,否则,就可能得不到有效、真实的听课信息,就达不到听课的目的。

2. 要了解教材、学校和教师的基本情况

不同的学科、不同的教材有不同的教学内容、教学策略及教学要求,不同的学校、不同的教师、不同的学生会有不同的教学传统、教学特色、教学基础、教学风格、学习习惯及认知水平,听课教师应通过各种方式进行一些了解,增加听课的针对性及评价的客观性和公正性。

3. 要处理好听课者与被听课者的关系

听课者应抱着向别人学习的态度去听课,进入课堂后,听课者要高度集中注意力,做到认真听、仔细看、勤记录、多思考,不要漫不经心,不要干扰学生学习,不要干扰教师上课,要最大限度地减少外来听课者对课堂教学的影响,尽量使课堂教学以真实自然的面貌呈现。

4. 要不断地学习教育教学理论,了解有关学科的课改信息

掌握先进的教育教学理论是听好课的前提。听课教师应不断地关注和学习有关学科新的理论、方法和经验,了解课程改革新的政策形势、教学要求,获取新的信息、新的知识,思考新的问题,提出新的措施和要求,从而提高听课的品位,准确地发现授课教师课堂教学的优缺点,提高听课的针对性和有效性。

5. 要做到听、看、记、思有机结合

听课不仅是复杂的脑力劳动,而且是一种方法和技能。

听:(1)教师是否体现新课程的理念、方法和要求;(2)是否重点突出,详略得当;(3)语言是否流畅,表达是否清楚;(4)是否有知识性等错误;(5)是否有创新的地方;(6)教师的思维是否宽泛,学生的发言是否准确。

看:(1)看教师主导作用的发挥。如教态是否亲切自然,板书是否规范合理,教具(包括多媒体等)运用是否熟练,指导学生学习是否得法,处理课堂偶发问题是否灵活巧妙。(2)看学生主体作用的发挥。如课堂气氛是否活跃,学生是否参与教学过程,全体学生的积极性是否得到调动,学生正确的学习习惯是否养成,学生分析问题和解决问题的能力是否得到培养。

记：原则上听课记录应包括两个方面，一是教学实录，二是教学评点。

思：（1）教师为什么要这样处理教材，换个角度行不行，好不好；（2）对教师成功的地方和不足或出现错误的地方，要思其原因，并预测对视障儿童所产生的相关性影响；（3）如果是自己来上这节课，应该怎样上，进行换位思考；（4）如果我是视障儿童，我是否掌握和理解了教学内容；（5）新课程的理念、方法、要求等到底如何体现在日常课堂教学中，并内化为教师自觉的教学行为；（6）这节课是否是反映教师正常的教学实际水平，如果没有听课者，教师是否也会这样上等。

总之，应该根据听课目的和要求，有所侧重地将听、看、记、思的内容有机、灵活地结合起来。如教师讲和视障儿童发言时，就要以听为主，兼顾观察等。

6. 要认真地做好听课记录

做好听课记录是听课教师基本素质的体现，它反映了听课教师的品德、态度、能力等各个方面的基本素质。

在做听课记录时要做到：（1）听、记要分清主次。听课应该以听为主，要把注意力集中在听和思考上。（2）记录要有重点，要详略得当，对内容要选择，文字要精炼。一般要记教学过程、板书设计、教师的重点提问、学生的典型发言、师生的互动情况、有效的教学方法和手段、教学中的失误等。（3）一段时间后，对听课记录要进行整理，并进行理性的思考分析、归纳，总结出一些共性的东西，推广或提倡一些成功的经验和做法，提出一些改进的意见和要求。

7. 要积极参与评课，反馈意见要实事求是，以鼓励为主

评课时要积极参与，对教师的自评和听课教师的评价应认真地记录和思考，以便在自己的教学中借鉴并提高自己的教学能力。

听课后，要尽可能地同被听教师进行交流，要抱着虚心、诚恳的态度，热情主动地与教师交谈，进行研讨和交换看法。虽然也需要指出成功和不足或改进的地方，但交换意见时要抓住重点，多谈优点和经验，明确的问题不含糊，存在的问题不回避，要尽可能以平等商量的语气，以鼓励为主，在通常情况下，一般不是去做定性的分析和评价。

二、评课

评课也是盲校教学的一项重要工作。科学化的评课，对提高课堂教学质量、提升教师教育教学素养、进一步加强和深化教育教学改革有着很强的现实意义。《基础教育课程改革纲要》指出："改变课程评价过分强调甄别与选拔的功能，发挥评价促进学生发展、教师提高和改进教学实践的功能。"

(一) 什么是评课

评课，是指对课堂教学的成败得失及其原因做切实中肯的分析和评价，并且能够从教育理论的高度对一些现象做出正确的解释。科学正确的评课能较好发挥应有的功能。

(二) 评课的内容

学校工作以教学为中心，课堂教学是关键。评课首先要对课堂教学评价，即对课堂教学效果的评价，以及对构成课堂教学过程各要素（教师、学生、教学内容、教学方法等）作用的分析和评价。就是要评价课堂教学中的教与学、讲与练、主导与主体、学知识与学做人、学知识与提高能力、全面发展与因材施教、教学目标与绩效达成、教师专业发展等方面的评价。

(三) 评课的原则

评课时教师要掌握并遵循以下一些原则：

1. 实话实说原则。实话实说对于听评课教师来讲，是一种很重要的责任心问题。只有本着客观公正、实事求是的精神，评课才有实在的意义。这里面可能会出现"话重"的情况，所以实话实说也要讲究方法和策略，讲究谈话的艺术。

2. "心理零距离"原则。评课者要站在执教者与帮助促进者的角度去分析考虑问题，给执教者一个中肯的指导意见，特别是要用一种十分诚恳的态度去评课。让执教者在一种融洽的氛围中，在充满"轻松"的心理状态下感觉到你的善意，容易接受你的意见，这样才有助于执教者反思自己的教学，有助于教师教学水准的提高。

3. 突出重点原则。评课不要"眉毛胡子一把抓"，要能抓住重点部分详尽地谈，理论联系实际，哪些地方需要改进，哪些地方很有特色，让人一听颇有"柳暗花明又一村"的感觉。

4. 激励性原则。评课的最终目的是要激励执教者（特别是年轻的教师）尽快成长，成为课堂教学甚至是课程改革的中坚力量。

5. 因人而异原则。因执教者情况各异，课堂教学形式的不同，评价侧重点的不同，评课也要有一定的区别和特色。对于一些骨干教师要把要求拔高一些，抓住个性特点，挖掘教学特长，激发个人教学风格的形成。

6. 艺术性原则。评课也要讲究艺术，要掌握心理学理论，掌握"谈话"的策略，不以成败论英雄，而且要掌握评议的角度，从帮助、教育、促进的角度去考虑，把课评足，少议论人。

(四) 评课的形式

评课的形式有很多。要根据实际情况来确定评课的形式。

1. 个别面谈式。听课者与执教者面对面地单独交流，更容易进行双向沟通。既可以保护执教者的自尊心，探讨问题也更容易深入。当然，这只限于听课人数只有一两个人的情况下采取。

2. 小组评议式。人数较多往往采用小组评议的方式进行，特别是学校举行的一些展示课、研究课等。程序主要为：一是执教者说课，二是听者评议，三是领导、专家总评。

3. 书面材料式。评课要受时间、空间、人员、场所等多种因素的影响，有些不便在公共场合交谈的问题可以通过书面传达自己的见解，还可以填写举办者设计的评课表。

4. 调查问卷式。主要有三种形式，其一是学生学习效果调查表，二是听课者对课堂教学情况的评价表，三是教师自评表。这要根据评课者或组织的需要来决定。

5. 陈述答辩式。先由执教者陈述自己的上课设想、教学思路、教学方法、教学理念、教学特色、教学成败等问题，可有侧重地谈谈。接着就像辩论比赛一样，评课者提问，双方再各自阐述自己的观点，然后进行总结。最后，权威专家点评。

6. 点名评议式。这种评议方式有点像考试，由评课组织者或负责人采取点名的方式请参加评课者进行现场点评。

7. 师生评议式。这是体现教学民主的一种评议方式。执教者评议学生学习态度、学习效果、学习方式、合作情况和技能掌握情况等，多肯定积极因素，少批评。学生则主要评议教师上课的精神面貌、自己学习的情况，有没有没搞懂的知识等方面。

8. 专家会诊式。邀请专家对执教者的课进行会诊，更容易帮助教师扬长避短，尽快迈上课堂教学的轨道，尽快成长起来。由于专家看问题比较准确，比较深入，能够有理有据，所以专家会诊更有说服力。

9. 自我剖析式。这是重要的一环。在听取了别人的评价后，执教者要及时进行反省性的修改、优化，进行二度设计。特别是在反思时要根据自己的不足，探究失误的原因并及时记录，以防止类似问题的出现。

综上所言，课堂教学评价是整个教育教学评价系统的一个十分重要的组成部分，评课必须是教学、教研工作过程中的一项经常开展的活动，它将促进同事之间互相学习、共同研讨的良好风气的形成；有助于学校领导更好地诊断、检查教学质量。其重点不在于评价教师的讲授水平，也不在于鉴定某一节课的教学结果，而是要诊断教师在课堂教学中存在的问题与不足，以此来促进教师的个体发展需求，促进学生综合素质的提升。

第四节 说 课

说课是一种教学研究活动,有广义和狭义之分。广义的说课是指教师以口头语言表达为主,以教育科学理论和教材为依据,针对每节课的具体特点,以教师为对象,对其进行培养和培训的组织形式。是有计划、有目的、有组织地促进教师深入备课、提高教师素质进而提高教学质量的教研活动。狭义的说课是指以教师的口头语言表达为主,以教育科学理论和教材为依据,针对每节课的具体特点,以教师为对象,在备课和上课之间所进行的教学研究活动。

一、说课的特点

(一)说课具有寻因性。说课不仅要说出"怎么教",还要说清"为什么这么教",要让听者知其然,还要知其所以然。说课要求教师从教材、教法、学法、教学程序四个方面分别阐述。而且特别强调要说出每一部分内容为什么这么教,即运用教育学、心理学等教育理论知识去阐明道理。

(二)说课具有灵活性。说课不受时间、空间、人数的限制,好组织、好开展。说课人数可多可少,地点可以自由选择,时间可长可短,很好安排。因为它有很多灵活性,越来越受到人们的欢迎。

(三)说课具有科研性。说课中的一个个"为什么",使教师摒弃"拿来"主义、照本宣科等不良习惯,积极学习理论,更新教学观念,深入钻研教材,学习教材教法,运用心得教学方法改进教学。另外,由于教师说课面对的是评委或同行,通过评议和交流,及时获得反馈意见,纠正不当和错误之处,避免教学中的随意性、盲目性,使教学程序的设计符合教学原则,更为合理,更为科学。

(四)说课具有示范性。一次的好说课,教者对教材理解的独到之处、对教材处理的巧妙之想、教学过程的精心安排,对每一位听者都会有很大的启发和帮助。老教师的经验,青年教师的新意,专家的科学理论,通过说课活动的备、说、评而融合在一起,这种示范性是任何教研活动都替代不了的。

二、说课的内容

(一)说教材

1. 说教学目标的确定。教学目标是教学设计时该课教学所要达到的目标,它对课堂教学活动起宏观控制作用,也是教学后续评价的重要依据。说教学目标要一说目标的完整性,教学目标应包括知识目标、能力目标和思想三个方面的目标;二说目标的可行性,即教学目标要符合大纲的要求,切合学生实际;三说目标的可操作性,即目标要求要具体、明确,能直接用来指导、评价和检查该课的教学工作。

2. 说教材关键、教学重点、难点的确定及其依据。教材关键就是教材中的重点。它是教材内容表现出来的学科知识内在的联系或本质,是教材着力叙述的部分。其确定的依据主要是教材的前后联系与本课题的知识结构等。教学重点是教学过程中需要着力讲解或讲座的部分。其确定依据的解释要从教学目标、学生基础和年龄特征和心理特征等方面来说明。有时教材关键就是教学重点,有时教材关键不一定是教学重点。教学难点确定的依据要从造成学生难懂的原因来说明。学生难懂的原因,一种是教材内容较深或概念比较抽象;一种是学生缺乏这方面的感性认识或基础知识;一种是未能实现相邻学科知识的迁移。有时难点和教学重点重合,或难点发生在关键问题上,如难点属于教材内容的次要部分,则要说出教学时对难点的处理、时间的所占比例等。

（二）说教学方法

1. 说教法组合及其依据。教法的组合,一是要考虑能否取得最佳效果,二是要考虑师生的劳动付出是否体现了最优化原则。一般一节课以一二种教学方法为主,穿插渗透其他教法。说教法组合的依据,要从教学目标、教材编排形式、学生知识基础与年龄特征、教师的自身特点以及学校设备条件等方面说明。

2. 说教学手段及其依据。教学手段是指教具的选择及其使用方法。要尽可能使用现代化的教学手段。教具的选择一是忌多,使用过频,使课堂教学变成教具的展览;二是忌教学手段过简,不能反映事物直观性的特点;三忌教学手段流于形式,对教学手段的依据,要联系教学目标、教材内容、学生的年龄特征、学校设备条件、主要教具的功能等方面作出解释。

（三）说学生学法

说学法指导及其依据。学法就是学生学习基础知识与基本技能的方法。学法指导就是通过教学及教师引导,指导学生学会什么样的学习方法?培养哪种能力?达到怎样的学习效果?科学的学法指导,是智能发展目标得以实施的重要途径。

（四）说教学程序

1. 说教学思路的设计及其依据。教学思路主要包括各教学环节的程序安排及其内部结构。如课堂怎么开头?新授内容分几个段落?各段落的教学分别是先讲后读再练,还是先练后读再讲?如何使用相关直观教具?如何提问和组织讨论?各教学环节之间如何过渡?如何小结?最后怎样结束?等等。

整个教学思路要层次分明,富有启发性,能体现教师的主导作用和学生的主体作用。要逐点解释教学思路设计的依据。依据的解释要联系教法、学法、教学手段、学生的认识规律等方面加以说明。

2. 说各教学环节的时间分配,并联系实际教材内容、学生基础和教学方法等说出依据。

3. 说板书设计及其依据。说板书设计,主要介绍这堂课的板书类型是纲目式、表解式,还是图解式?什么时候板书?板书的具体内容是什么?板书的展现形式是什么等。板书设计要注意知识的科学性、系统性与简洁性,文字要准确、简洁。说依据可联系教学内容,教学方法、教师本身特点等加以解释。

要说好一节课,教师必须具备一定的教学业务能力和教育理论素养。经常开展说课活动,可以在教师中形成钻研教学业务、学习教育理论的浓厚气氛,教师要及时进行讨论评价。甚至可以边说边讨论边评价,以达到共同提高之目的。评价的内容与标准,各地各学校可以根据自己的实际与需要来确定。一般要从说教材、说教法、说教学程序与教育理论素养四方面作出评价。

三、说课的要求

(一)语言简练,层次分明,重点突出

说课的对象是同行或领导,说课的时间不宜过长。一节课的教学设计内容很多,所以说课中应突出重点,抓住关键,防止面面俱到,无主无次的泛泛讲解,尤其是对本节课的知识教学,应将重点放在重点、难点知识分析和教法设计上。如重点内容应明确具体,说理透彻。

说课中应围绕教学目标的确定、教材中重点难点分析,重要知识点的教法设计和整体教学设计以及巩固训练等主要的内容进行,并且要说的清楚明白,分析透彻,论证具有说服力。

(二)理论与实践有机结合

说课与授课不同,它不仅要讲"教什么"、"怎么教",更重要的是说明"为什么",这是说课的质量所在。说课的三个方面的理论(即教育学、心理学的相关理论,学科教学的专业理论,体现各级各类学校的特色理论)要随说课的步骤相机提出,使教例与教理有机地融为一体,防止穿鞋戴帽,油水分离。

思考题：
1. 备课包括几个基本环节？
2. 教师上好课的策略是什么？
3. 评课的原则是什么？
4. 说课包含哪些内容？

第二篇　视觉障碍儿童语文教学法

第四章　盲校小学语文课程概述

小学语文是盲教育的基础学科,小学语文学科是其他学科学习的基础,在盲教育中占有十分重要的地位。它能指导特殊教育师范院校学生较好地掌握盲校语文教学的目标、内容和基本规律,初步了解视障儿童学习语言的特点,完成小学各个学段的教学任务。

第一节　盲校小学语文课程的性质与作用

正确认识盲校小学语文学科的性质,有助于教师合理地处理教学过程中出现的各种问题,有助于教师明确教学目标和要求,促进教学质量的提高。

一、盲校小学语文课程的性质

盲校小学语文课程的性质是盲校小学语文课程区别于其他课程的根本所在,它是决定盲校小学语文课程目标、内容及策略的依据。把握盲校小学语文课程的性质与地位才能使我们更好地进行语文教学改革和研究。关于盲校小学语文课程的性质,和普通小学语文课程的性质基本一致:也就是既具有"工具性",又有很强的"人文性","工具性与人文性的统一"是语文课程的基本特点。

盲校小学语文鲜明的工具性。主要在于盲校小学语文课程培养视障儿童语文运用能力的实用功能和课程实践性强的特点。如,通过语文学习,使他们具备运用语言文字进行理解、表达、交流、沟通的能力;通过语文学习,增强了他们参加社会生活的能力等。新教材安排了各种形式的综合性实践活动,体现了课程实践性强的特点。

盲校小学语文具有很强的人文性。语言是思想的载体,视障儿童在掌握语言文字基础知识和基本技能的同时,必然也接受语言文字所传达的思想感情的熏陶。盲校小学语文教材量多面广，文质兼美，不仅能扩大和丰富视障儿童的认识，更能对其进行道德品质的教育，有利于把他们培养成残而不废的社会主义新人。由此可见，语文课程的人文性，着眼于语文课程对学生思想感情的熏陶感染的文化功能和课程所具有的人文学科的特点。

二、盲校小学语文课程的作用

盲校小学语文课程的作用主要体现在语文课程在补偿视觉缺陷中的作用上：

1. 语文能使视障儿童从"黑暗"走向"光明"。由于失明使视障儿童生活在黑暗的世界里，他们无法正确认识周围事物，他们不能正常地参与社会活动，他们的思想是消极的，情绪、心灵、精神世界等统统都是黑暗的。通过语文学习，特别是语文教学中盲字的学习，为他们掌握知识、学习技能、参与社会生活创造了条件，激发了他们生活的热情，唤醒了他们在黑暗中的心灵与精神世界，树立克服残疾的信心，丰富了他们的语言和感性经验，促进了他们思维的发展。尤其是语文教材中选取的那些文质兼美、思想性强和极具教育意义的文章，更能激发他们向往美好生活的情感，使他们真正能从"黑暗"走向"光明"。

2. 语文教学有助于发展视障儿童其他健全器官的功能。语文教学中盲字的学习，为视障儿童训练指触功能创造了良好的条件。在摸读盲字的过程中，他们手指的触觉功能会变得非常灵敏。"以手代目"的触摸，是他们感知世界的主要途径。新课程理念下的语文教学中，各种丰富多彩的学习活动也锻炼了他们的听觉功能和其他健全器官的功能。

3. 新课程理念下的语文教学促进了视障儿童语言的发展。新语文教材设计了各种科学的、不同形式的口语交际、综合性学习活动等，特别有助于视障儿童词语的积累和运用，丰富了他们的感性认识，促进了他们语言的发展。有助于他们随班就读并回归社会主流。这是语文在视觉缺陷补偿中的另一重要作用。

第二节　盲校小学语文教材的特点

新编盲校小学语文教材，是以教育部制定的《全日制义务教育语文课程标准（实验稿）》为依据，是在人民教育出版社编辑出版的《义务教育课程标准语文实验教科书》的基础上，结合盲文的特点和视障儿童学习语文的实际，经过适当调整、修改或补充改编的。为了适应视障儿童随班就读的需要，对原教材的编排体系和内容未作大的变动。

一、现行盲校小学语文教材的特点

新教材是依据新的《语文课程标准》的设计思路并结合视障儿童的实际学习状况编写的,具有如下特点:

1. 科学性。主要指教材编排体系和教材内容选择的科学性。

2. 思想性。语文教材的思想性渗透在每篇课文和每个实践活动当中。语文教材的思想教育和基础训练的内容是紧密结合,有机渗透的,语文课的思想教育是在语文学习的过程中潜移默化进行的。

3. 方向性。语文教材要具有明显的方向性。具体地说就是坚持为社会主义现代化建设服务的方向。把视障儿童培养成有理想、有道德、有文化、有纪律的社会主义公民。那么,教材必须处理好语言训练和教育的关系。

4. 规范性。语文教材的规范性主要指语言文字和编排形式的规范性,还要求语言文字要符合视障儿童身心实际特点。

5. 统一性。主要指凡是与语文教学有关的各种资料都要以教科书为主体,各方面做到相辅相成、和谐统一,构成一个有机的整体。在教材的各部分内容安排上也应如此,避免各行其是,影响教学质量。

6. 补偿性。主要指在教材活动内容和形式的设计上,要充分考虑视障儿童的视觉障碍和由此带来的感知缺陷,最大限度地进行缺陷补偿,满足他们的特殊需要,促进他们的全面发展。

二、现行盲校小学语文教材内容的特点

1. 教材内容力求形式多样,生动活泼,贴近儿童生活,具有时代特点。

2. 语言科学、严谨、规范,符合视障儿童身心发展特点,方便教学。

3. 教材内容蕴含丰富的教育价值,富有人文色彩和情感因素。重视思想政治教育,教材内容在安排语文能力培养的同时,要求注重社会主义道德品质和良好的行为习惯的培养,为培养有理想、有道德、有文化、有纪律的社会主义公民打下基础。

4. 教材内容份量适中,避免烦琐,加强整合。既便于开展教学活动,又减轻了学生的负担。

5. 教材内容重视语文基本功训练,并密切联系视障儿童的感知特点,以发展语言为切入点,有计划地安排听、说、读、写训练。全套教材内容在语文基本功训练方面从低、中、高三个学段,依次循环安排,便于视障儿童基本技能的巩固和发展。

三、新编盲校小学语文教材的指导思想

1. 全面提高视障儿童的语文素养，着力培养基本技能，促进全面发展。

语文素养是人的素质的重要组成部分。以往的语文教育比较注重知识的积累和听说读写能力的培养。语文教育要从重知识积累转到以促进视障儿童能力发展为主，立足于促进其一生的发展，特别是要教他们学会学习，有自觉更新知识的意识和能力，有终身学习的愿望和良好的学习习惯。

语文是提高民族素质的奠基工程。小学语文是语文的普及教育和基础教育，重在为各方面素质打下基础。语文教育一要提高学生的思想道德素质，这是做人的根本；二要打好语文知识的基础，使学生具有初步的学习和运用语言文字的能力；三要培养热爱祖国语言文字和中华优秀文化的思想感情，提高人文素质；四要培育良好的思维品质，发展健康的个性，培养学生的创造力；五要重视培养良好的意志品格和语文学习习惯。

2. 积极倡导自主、合作、探究的学习方式，注意培养视障儿童的创新精神。

首先要更新观念，语文教学要切实由教师的"教"，转到学生自主地"学"。教师在教学过程中只是教练，是辅导员，是向导。学生是主角，是主人。"教"完全是为了"学"，要服务于学生的"学"。其次，学生的自主学习要贯穿教学的全过程。从范围上说，包括每一个学生；从时间上说，体现在教学的各个阶段；从形式上说，读、思、议、写、口语交际，多种多样。要在教学中充满有个性和积极思维的语文学习氛围。再者，社会处处皆语文，社会生活处处用语文。语文是最开放的、最容易和社会生活发生联系的学科。应该打破课内与课外、校内与校外的壁垒，使其成为一泓活水，视障儿童在丰富多彩的语文实践活动中学语文，用语文，长才干，学做人。培养创新精神是推进素质教育、培育创新人才的需要，是语文教育的职责。因此，在语文教学中，要注重激发视障儿童的想象力和创造力。

3. 以马克思主义为指导，坚持"三个面向"，体现时代特点和现代意识。

邓小平同志"教育要面向现代化，面向世界，面向未来"的指示，是修订大纲的最重要的指导思想。"三个面向"的核心是面向现代化。就语文学科来说，要了解现代社会对语文教育的要求，要增强未来意识，努力实现教学要求、内容、方法、手段的现代化；要培养视障儿童不断求知、敢于探索的精神，要有与现代社会相适应的读写速度、能力、搜集和处理信息的能力及将

语文应用于现实生活的能力。

第三节 视觉障碍儿童学习语文的特殊性

视障儿童与正常儿童相比,存在认识上的明显不足与差异。视觉障碍严重影响视障儿童感知觉的发展,从而影响了他们语言的发展。在语文学习上表现出其特殊性。这种特殊性主要是所学文字和学习方式的不同,此外,还有一些其它特点。只有了解这些特点,我们才能更好地指导视障儿童学习语言并促进其语言的发展。

(一)视障儿童学习语文的特殊性首先表现为:容易出现"语意不符"现象

"语意不符"指的是言词和它所描绘或表达的具体事物形象脱节、不相吻合、生搬硬套、说空话、说大话、牵强附会的现象。这种现象直接影响到他们对语言的理解和运用。如,一个视障者在描写自己缝被子的过程时,一连用了二十五个"看"字,这就是典型的"语意不符"现象。因为他其实是"摸索"着缝的被子,而并非"看着"缝的。造成这种现象的主要原因是视觉障碍使他们无法对客观事物进行直接感知和亲身体验,无法建立事物的表象。他们的词语大多是通过听觉模仿,凭借记忆积累而来的,对这种"鹦鹉学舌式"习得的词语,他们往往由于不理解而不能恰当地组织和运用,因为大多数词语在他们的头脑中由于缺乏表象而无法形成正确的、完整的概念,从而影响他们理解能力的发展,最终表现出视障者语言与自己感觉经验的脱节或不符的现象。造成这种现象的另外一种原因是教育的问题。也就是说教师在教学的过程中,往往要求视障者要像明眼人一样进行口头与书面的表达,并且他们所使用的教材中语言的运用也都是明眼人习惯使用的。语言是交往的工具,与明眼人生活在同一个社会中的视障者,不可避免地会使用明眼人习惯使用的语言,这是一种自然现象,我们应该表示理解。针对这种现象,语文教学一定要遵循"从感性认识到理性认识"的认识过程与规律,利用各种方法和途径,丰富视障儿童的感性经验,促进他们理解能力的发展,帮助他们克服"语意不符"的现象。

(二)机械识记能力强,善于语言模仿

"听"是视障儿童进行感知、获得信息的主要途径。视障儿童认知事物、感知世界、接受教育、进行交往等都是依靠听觉来完成的。因此,长期的以听代看,促进了他们听知觉的发展,也形成了善于感应、鉴别和记忆声音的能力。使得他们机械记忆能力大大提高。即使是不理解语句的意义,也能靠死记硬背记住其内容。反映在学习语文上,尤其是在盲字点位、符形的记忆上，往往表现出善于死记硬背、机械识记能力强的特点。另外他们对口头语言的模仿能力也特别强，大多数视障儿童能将别人的语言模仿得惟妙惟肖，所以，在盲校的语文教学中，教师要充分利用这一特点，加强视障儿童朗读能力的训练，发挥优势，取得成绩。但是一味的死记硬背，必将影响视障儿童的阅读和理解。教学中要运用灵活多样的教学形式，循序渐进地启发、引导他们进行意义识记。

（三）学习方式的特殊性

视障儿童的主要学习方式是"以手代目"、"以耳代目"。他们需要用听觉和手指尖触读进行学习。这一学习语文的特殊性可以促进他们健全器官功能的发展，补偿他们的视觉缺陷，挖掘他们的潜能。

（四）语文学习中的客观困难

视障儿童在语文学习过程中，除了视觉障碍造成的困难之外，还存在一些客观的困难。如，目前供他们阅读的盲文书籍、杂志、报刊等极少，可以使用的语文工具书也很少，这就为他们自学语文带来一定的困难，影响了他们知识的获得。

教师一定要了解视障儿童语文学习的特殊性，在教学方法、教学用具的选择和运用上进行必要的斟酌。

思考题：

1. 为什么要学习盲校小学语文教学法？
2. 视障儿童学习语文的特殊性有哪些？

第五章 盲字教学

盲字是语文教学的主要任务之一,它以第一学段为主要阶段,并始终贯穿语文教学的始终。盲字教学的意义是重大的,盲字教学的内容是繁杂的,盲字教学的过程是循序渐进的,盲字教学不仅是盲校语文教学的首要任务,也是对盲童进行教育的基础。

第一节 盲字教材的特点

盲字是视障儿童学习和掌握知识的基础。始终贯穿语文教学的始终,是视障儿童学习知识、接受教育的工具。从盲校语文教学来说,盲字是语文能力的主要组成因素,是阅读、写作、口语交际和综合性学习的基础、前提和保障;从视障儿童的能力发展来说,视障儿童通过用手触摸凸起的点字,使他们手指触觉和辨别功能得以提高,以便更好地发挥触觉的代偿作用;视障儿童在学习盲字的过程中,既要记忆点字的符形,字母的读音、点字所代表的意义,又要把手指的触摸与点字的音、形、义结合起来,在这种复杂的思维活动的分析与综合过程中,他们的智力和感官功能得到训练和发展。可以说盲字教学是发展盲童智力、提高认知能力的重要条件。

一、现行盲字教材的编排特点

现行盲字教材的编排是依据小学视障儿童的认知规律和汉语盲文特有的、内在的语音规律编排的,在编排时,声母、韵母按发音部位分段归类穿插出现,先出现四声和声调符号,使声韵母的出现和音节、词语及句子的拼读形成一个有机的整体。这种编排形式最大的优点是便于视障儿童掌握发音方法;韵母按单韵母、复韵母、鼻韵母的先后顺序出现,使视障儿童的学习由简单到复杂;出现韵母的同时,出现音节和词语,使他们及早学习拼读音节和词语,掌握拼音的方法;音节和词语有了一定的积累之后,及时出现句子,使他们在拼读句子的同时,学习词语的意思,把词义的理解放到具体的语言环境中,使其理解得更准确;先出现四声和声调符号,是因为在现行的盲字中,声调还有界音的作用,且有利于视障儿童准确掌握音节的拼读。

二、盲字教材内容的特点

（一）盲文点位

盲文点位的学习和训练，是指盲字符形点位的摸认和书写。新版教材充分考虑到减轻视障儿童学习负担和合理安排教学时间，将原盲文教材中烦琐重复的内容进行了删减。盲文点位教学是字母和拼音学习的基础，必须安排在教材的最初阶段，即《义务教育课程标准盲人学校实验教科书语文一年级上册》的第一部分。这一部分教学内容可以说是为学习字母和拼音做准备的，所以也叫准备课。

准备课的内容包括摸认点位和书写点位，这部分内容共有15行，分为5段。第一段为六点子符形，第二段为缺少一点的符形，第三至五段为各种点位符形。其中还附有3张盲符点位饱满、不易磨平的吸塑纸，作为帮助视障儿童学习盲字的辅助材料。一张是凸起的、放大的点位图，便于较快地帮助视障儿童对盲字点位符形的结构和符形单位"方"的概念有一个清楚的感知。另外两张是与教材所安排内容相同的各类盲文点位符形，主要是为摸读练习而提供的，因为摸读练习是经常性的，一般的盲文教材摸的时间长容易出现磨平现象，影响以后的复习巩固。

（二）字母和拼音

字母和拼音是盲字教材的重点学习内容，这部分内容主要包括声母21个（其中 gj、kq、hx 的符形是相同的）、单韵母6个（其中 eo 符形相同）、复韵母13个、鼻韵母15个、特殊韵母1个、4个声调符号共56个盲文字母；另外还有一些常用的音节及其相关的词语、词组和短句等。为使视障儿童轻松、愉悦地学习，新教材将声韵母有机穿插编排，并压缩了一些课文中过多的音节，对部分词语做了调整。尤其是将"四声和声调符号"提前安排，使学生能更好、更快地掌握字母拼音。

三、盲字教学应掌握和遵循的规律

（一）要掌握和遵循视障儿童认识事物、学习语文和盲字结构的"三条规律"

1. 掌握和遵循视障儿童认识事物的规律。视障儿童具有人的两重性，首先应该把他们看作是正常人，其次才应该看到他们是有特殊需要的残疾人。那么，他们在认识事物的过程中也和普通儿童一样遵循由感性到理性、由具体到抽象这一基本规律。由于视觉缺陷，导致视障儿童感性经验贫乏，使他们的认识受到一定的限制，在教学过程中就要求视障儿童最大限度地利用视觉以外的其他健全器官进行感知，便于对视觉缺陷进行补偿。在记忆盲文点字符形、点位等时，要尽可能利用实物、模型等直观教具进行帮助，以丰富学生的感知经验，弥补感性经验不足的缺陷。在使用直观策略的同时，教师要辅以形象生动的语言描述和讲解，来促进他们的理解。

2. 掌握和遵循视障儿童学习语文的规律。视障儿童学习语文的依据是拼音文字，拼音文字以词为基本单位，拼音文字不像汉字那样具有表义形象。在具体的教学过程中对词的理解需要结合相关的语言环境才能确定，尤其是一些较为复杂或抽象的词必须结合上下文的意思才能让学生正确理解。因此教学时需要把握语文教学的规律性，要依据音节、词、句、段、篇的内在联系，使学生把音、形、义有机结合，在自然运用语言的环境中学会盲字。另外，在教学中还要准确把握视障儿童学习语文的特殊性，利用他们听觉记忆和语言模仿能力强的特点，选择相关的教学策略，使视障儿童较快地掌握盲字。

3. 掌握和遵循盲字本身的结构规律。盲字是针对盲人眼不能看的特点而设计的一种凸点，以供手指摸识的文字体系。由63个编码字符组成，每一个字符由1~6个突起的点安排在一个有6个点位的长方形里。这些凸出在厚纸上的成行的盲文可以用手指轻轻摸读。因此，盲字并非抽象、随意或难以理解的代码，盲字结构本身是有规律可循的，这些凸起的点符合视障儿童用手指触摸的特点，是便于他们记忆的。在盲字教学中应贯彻运用这些规律，指导视障儿童科学合理地掌握盲字。盲字的基本结构是六个凸起的小圆点，从上到下有上、中、下三层，从左到右有两排，外观是一个长方形。利用小圆点数目和位置的变化来组成各类符号系统，如标点符号、数理化符号等，它能记录各个国家和民族的语言。在教学中要告诉视障儿童盲字的结构是有规律性的，在摸读的时候可以记住或自己注意有意识地去总结规律。这样便于学生记忆符形。如六个点全有或依次缺1、2、3、4、5、6点的拼音分别是 ua（娃）、üe（月）、uai（外）、uan（玩）、ou（藕）、üan（园）、ch（吃），然后可以根据这些音节编成顺口溜：六个娃娃玩娃娃，一号娃娃去赏月，二号娃娃到门外，三号娃娃上山玩，四号娃娃去采藕，五号娃娃逛公园，六号娃娃买小吃；再比如1、2、3、4、5、6、7、8、9、0这几个数字符号的小圆点的位置全都在上、中两层，且和相关的字母拼音符号是共用的；还有最常用的声调符号全都在左边等。这样一些明显的结构特征能帮助视障儿童很快地识记盲字。在教学中教师要注意提醒学生去寻找和总结相关的规律，使盲字的学习更加科学化。

（二）注重读写并进

注重读写并进，就是在教学内容的安排上要将摸读音节和书写音节穿插安排，要求视障儿童在摸读时要手、口、心一致到位，防止随口念读。通过反复的摸读和书写,进行巩固,通过摸读和书写的有机穿插,使他们能形象地记忆点符,促进了他们空间知觉的发展。实践证明,书写练习是巩固所学字母符形、掌握音节拼读的有效途径。要坚持让视障儿童读写并进,以求相辅相成,便于他们盲文基本功的掌握与巩固。在盲字教学过程中要注意把摸读盲字和书写盲字有机结合起来穿插进行。

(三)将盲字的学习和使用有机结合

就是要求视障儿童在学习盲字的过程中,要边学边用边巩固,将盲字的发音练习和学习说话结合起来,在相关语言环境中学习盲字。学习盲字和运用盲字结合起来并利用教材内容的编排特点,让他们在听说读写的训练中较系统地掌握盲字。

(四)强调正确的书写和良好学习习惯的养成

良好的学习习惯和正确的进行书写是视障儿童掌握知识的前提,这对于他们一生的发展是极其重要的。在盲字教学阶段,要注意培养他们正确的摸读、书写姿势,要掌握字母正确的发音,正确拼读、拼写音节和词语。教师要严格训练、严格把关,要及时纠正不良姿势和不正确的发音,使他们扎实地学好盲字。另外,对刚入学的年幼视障儿童来说,在教学中教师要注意照顾其生理特点,每次摸读的时间不宜过长,以防手指尖感觉疲劳,导致降低摸读效果;书写练习要适量,以防他们手腕小肌肉的损伤;一节课中可以将摸读和书写以及其他内容穿插进行,还应要求视障儿童书写要做到点子圆整,不多点少点,不漏方漏行。

四、盲文学习前的准备技能训练

为了顺利学习盲文,视障儿童要在学习之前进行一些相关准备技能的训练,这些准备技能可以由教师或家长帮助指导。

(一)空间概念形成的准备训练

盲文的学习离不开空间方位的准确判断能力,如,要让视障儿童认识书本的上下左右,要指导他们认识盲字的基本结构等,没有空间方位概念就会影响盲字学习的进程和效率。因此,学习盲字之前要帮助视障儿童建立各种空间方位概念。对此,可以通过指导他们认识自己身体的各个部位进而认识方位,如让他们举左手或右手、抬右脚或左脚、用右手摸左耳或用左手摸右耳等方法训练左右方位的识别能力。可以指导他们说一说身体的组成部分,如最上面的是头部,中间是躯干及四肢,最下面是脚部,以此来认识上中下方位。也可以使用专门的教具或象棋等指导他们建立正反的空间概念。

(二)触觉与语言功能相结合的准备训练

1. 通过让视障儿童摸索着玩串珠、拣珠子、拼图、整理物品等游戏,训练他们手指的灵活性。开始要手把手地指导,然后逐步放手让学生自己进行。要求他们数珠子或描述整理物品的过程。

2. 为视障儿童提供各种质地、形状、大小的物品让他们触摸感知,训练和提高他们手指的触摸辨别能力,并指导他们在感知的同时用语言描述各类物品的特性,如通过触摸识别"光滑的"和"粗糙的"时,要求他们摸到光滑的,要说这个是光滑的;摸到粗糙的,要说这个是粗糙的;最后要说这个是光滑的,那个是粗糙的。教学时还要求他们通过比较的方式对物品进行分类,如相同的、不同的。依次来识别其它的物体。这样可以丰富他们的感性经验,克服"语意不符"的现象,同时也培养了他们倾听理解和语言表达的技能。教学时要尽量为他们提供真实的物品,真实的物品能给视障儿童提供更加准确的信号,让他们有具体、真实的体验,为将来学习概念奠定基础。辨别的数量要由少到多,以防由于疲劳而丧失信心。还要注意安全,要防止损伤他们的手指的皮肤。教师还要注意启发和引导。

3. 让视障儿童推拉或提起适当重量的物品,训练手腕的力量,为书写盲字做准备。

4. 指导视障儿童训练轻轻触摸点位。可以让他们摸凸起的盲字,规定时间内记录摸的次数,最后看谁摸的次数最多,而且凸起的盲字保持的最好。为快速阅读盲文做准备。

5. 教师或家长还应为视障儿童提供由盲点扎成的各种几何图形、规则或不规则线条、几方或一方盲字进行触摸,为摸读盲文做准备。提供的内容要从大到小,逐渐过渡。教师或家长要辅导他们使用双手手指触摸,为确保他们双手阅读奠定基础。

(三)创设学习盲文的环境,为盲文学习做准备

大多数视障儿童是在入学后才第一次接触盲文,因此,学习盲文时总感觉困难重重,严重影响学习的效果。针对这个问题,在开学初就应该在他们生活和学习的环境中和所需要的用品上都贴上有盲文的标签,如,教室、走廊、衣柜等日常用品。创造学习盲文的条件,营造学习盲文的氛围,激发他们学习盲文的兴趣。还要指导家长在家里也这样做,如把盲文标签贴在电视、冰箱、厨房用品上。当然,贴盲文标签并非只是让他们熟悉盲字,还可以让他们将点字与物品的名称直接进行联系,理解盲文点字代表的含义,为将来阅读理解做准备。这些准备训练,最好是在学前教育阶段在家庭中就进行,学前期是儿童感知发展的关键期。这样,在他们进入学校,开始学习盲文时,就不会因为陌生而感觉困难。

第二节 盲字点位教学

盲字点位教学是盲字入门的第一步,是盲字字母教学的准备,是盲字学习的重要阶段。通过指导视障儿童摸认和书写点位,来促进其手指触觉功能及手脑的协调能力的发展,为学好盲字和掌握知识做准备,并在刻苦锻炼摸读和书写盲字的基础上让其树立坚强的意志。

盲字点位教学一般包括摸认点位和书写点位两个阶段。按照视障儿童的感知特点,点位教学应从摸认点位开始。

一、摸认点位阶段

(一)引导视障儿童摸认盲文的基本点位结构——六点子,可以按下面的三个步骤进行

摸认点位是视障儿童顺利掌握盲文的基础,教学时一般要结合教材的安排顺序进行,教师要特别重视这一教学阶段。这就是俗称的"六点子"阶段。教学前教师要准备一些比较大的六点子教具。

1. 引导视障儿童通过触摸教具粗略感知六点子符形,形成初步印象。然后,启发、引导他们感知这是六个凸起的小圆点,与平整纸面感觉的对比是明显的,盲字点位基本结构就是六个凸起的小圆点;再告诉他们小圆点按照不同的方向有序排列着,它从左到右分为两排,从上到下分为三层,整体的感觉是一个长方形。刚入校的视障儿童自身各方面情况不尽相同,如有的有左右或上下等方向性的概念,有的此概念比较模糊,有的根本就没有此概念。这就要求我们的教师在讲解时要注意观察每个学生的情况,如发现还没有方向概念的视障儿童就要进行个别教学,先帮助他们识别方向,在此基础上再帮助其形成点位概念。最后,还要指导他们摸认六点子的点位名称和位置,告诉他们六点子的排列是有规律的,左边从上到下分别是1、2、3点,右边从上到下依次为4、5、6点,它们的名称是左上角第一点,左中间第二点,左下角第三点,右上角第四点,右中间第五点,右下角第六点。教学的关键是在讲解的同时要求视障儿童用右手食指触摸比较大的六点子模型,用边摸边数读点位的方法,引导他们掌握六点子的位置和名称。

2. 引导视障儿童在教材中专门附着的供入门或练习用的吸塑纸上,用右手食指触摸点位进行训练,加深对六点子的排列以及各点子的位置的理解和记忆。

3. 引导视障儿童按照教材的教学内容的排列顺序,用右手食指的前端轻轻地去触摸每一个符形,摸认六点子的排列和各点子的位置。摸认教科书

上的六点子时，一定要求他们边摸边数读点位的位置和名称，并严格按照从上到下从左往右的顺序进行。

引导视障儿童结合教材摸认点位符形时，要按照盲文点位教学部分的教材顺序进行，这部分内容也叫准备课。准备课共有五部分，这五部分内容的设置和排列是有规律可循的，是按照一定的目标设计的：分别为帮助他们认识盲字点位的基本结构，准确把握六个点的名称和位置，初步建立"方"的概念；为进一步帮助他们熟悉各点位的位置，巩固"方"的概念；指导他们竖摸点位；指导他们练习横摸点位；点位综合练习。

这部分内容教学的难点是指导视障儿童用手指仔细辨别每方的大小和方与方之间的距离，其目的是识别单行的点位，如同样在上层的点子，到底是第一点还是第四点，那么靠近六点子的是第一点，距离远的是第四点，以此类推。教学时要注意培养他们良好的摸读习惯。刚开始时不要时间太长，以防手指尖由于疲劳而降低学习效果。

教师在教学中可以采用多种策略帮助和强化视障儿童对盲字点位结构、名称和位置的记忆。如可以启发他们根据符形的具体特征，用象形的方法辨认缺点符形，给不同结构的符形取一个形象化的名称。如1245点是个小方框，123点是条直线，234点右点头，156点左点头等；还可以让六个视障儿童为一组，分别代表六个点位中的一个做点位排队游戏，开始时教师要组织和指导，然后可以放手让学生自己进行。可以激励他们进行比赛。这样组织教学能使学生更真切地感知盲字点位结构和名称，加深记忆。还可以用儿歌帮助记忆，如"左边一组123，右边一组456，它们都是好朋友，各自按序成直线，齐步向前走"。或"1414肩并肩，齐步走在最上层；2525手拉手，中间位置永不变；3636齐步走，永远行走在下层"。

（二）引导视障儿童用正确的姿势摸读盲字

帮助视障儿童掌握正确的摸读姿势，有利于促进其身体的健全发育，同时可以提高摸读速度，还让人感觉摸读的美观大方。一定要严格要求，及时纠正。

正确的摸读姿势是：把书放正，即将书的底边与课桌底边对齐。身体要坐的自然而端正，切忌趴在桌子上，双手同时放在书上，食指指尖靠拢呈八字形轻轻地斜放在要摸读的符形上；两手大拇指和其余四指自然分开，可以起按压书的作用；两个食指前端轻轻地接触点符，对符形的点位、点数进行清晰的感知，初学的人以右手食指摸读为主，但最好是双手食指同时练习为好，双手的中指和无名指略微弯曲，使它们的前端和食指的前端并齐轻轻地放在点子上，帮助辨别行次。随着摸读能力的提高，大多数视障儿童的中指和无名指也能进行点位的辨认。教学时一定要提醒其不能用力按压凸点，不能用指甲抠,要轻轻地摸。

(三)引导视障儿童掌握换行技巧

摸读时,要求视障儿童按从左向右的顺序从第一行第一方开始,摸认完第一方再摸第二方,摸完一行再摸下一行。换行时,两手要分工合作,右手摸字,左手摸行。刚开始摸读时,一般采用摸到一行末尾再换行的方法:两手的食指摸到一行结尾时,右手暂时不动,左手沿着这一行返回到第一方,然后垂直下移到下一行,轻放在下一行的第一方上,接着右手移到左手处,继续按前面的方法摸认第二行;在视障儿童熟练掌握这种方法后,就要指导他们逐步提高换行速度,方法是:当左右手一起摸到一行的中间时,左手就回去寻找下一行的开头,右手则不停地继续摸下去,这样等一行摸完,就能马上开始第二行的摸读。前一种方法也叫行尾换行摸读法,后一种叫行中换行摸读法。熟练后,孩子可以用手指灵活、快速地摸读盲文,两只手可同时摸读和换行。开始时,要注意培养良好的换行习惯。

(四)引导视障儿童快速换行

首先是中间换行法,其次就是轻触法。指导视障儿童轻轻触摸点字。手指平滑地摸读盲文时,所有的手指应与点字轻轻地接触。手指表层的神经最敏感,如果使劲用力接触点字,会影响摸读效果。

(五)帮助视障儿童建立"方"的正确概念

在前面的教学中,视障儿童已经初步建立"方"的概念,即知道盲字符形中六个点所占的空间位置就叫一方。教学时一定要强调"方"不是单指六点子,而是指六点子所占的位置,不仅六点子符形叫一方,缺点符形也是一方。要指导其用食指感受、熟悉一"方"的空间大小及"方"与"方"之间的距离。在其熟悉了"方"以后,就要及时教他们认识"空方",空方是符形与符形之间的间隔。碰到空方时,要求其读出"空方"或"跳方"。

二、书写点位阶段

盲字点位书写教学的顺序是:

(一)引导视障儿童认识书写工具

目前社会上流通的供盲人使用的书写工具是一个金属或塑料制成的盲字板(也叫写字板)和专用的锥形金属盲字笔(也叫写字笔),盲字板由大小相同的两片长方形金属或塑料板结合而成,一头用铰链(或叫合叶)联结起来。分上下两片,上片叫盖板,下片叫底板。盖板上分行排列着许多长方形的孔洞或叫蜂窝形的小窗框,也叫"方";底板上有相应的凹下去的点子模型,用盲字笔头把纸压到下边的小窝里就形成凸起的点。底板的四个角各有一个挂纸钉,盖板的四个角各有一个小孔洞,叫挂纸钉眼。锥式笔由笔尖、笔柄两部分构成。笔柄一般是塑料或木料制成,形状像葫芦,笔尖由金属制成,尖端稍钝,恰好与字板的点位吻合。字板有大有小,大一些的字板有九行,一般字板有四行,每行都有二十八个孔洞。

引导视障儿童认识写字板,要边讲边要求其触摸,通过理论联系实际的方法可以使其顺利且深刻地记忆写字板和写字笔每一部分的名称。引导视障儿童认识写字板的顺序是先认识字板的铰链在左边,开口的是右边,然后认识字板的前后;接着依次来帮助其认识字板其它部分的名称。

(二)引导视障儿童学会正确使用书写工具

1. 引导视障儿童正确放置写字板:为了正确书写,必须教会视障儿童放置写字板的方法。这里可以利用顺口溜帮助记忆和摆放,这种方法对年龄小的视障儿童来说效果会更好。如可参照徐白仑主编的《视障儿童随班就读教学指导》中的顺口溜:"有空的一片在上面,有点的一片在下面,字板的铰链在左边,字板的开口在右边。"

2. 引导视障儿童装纸:第一步,把字板按上面所说的放正,用左手把盖板轻轻打开;第二步,用双手的拇指和中指挟住纸的前边的左右两角,把纸放在底板上,用食指试探着使纸的前边与字板的前边对齐,纸的左边顶住字板的铰链,然后用两手的拇指把纸紧紧地按在底板前边左右两个挂纸钉上,再换成食指按在前边左右的两个挂纸钉上,两个拇指下移并找到字板后边的左右两个挂纸钉,将纸紧紧按在挂纸钉上;第三步用右手按住纸,左手轻轻地把盖板合上,当盖板碰到右手时,右手轻轻放开,盖板合拢、压下,听到纸被刺穿的声音,说明纸已经装上。还可以用顺口溜帮助他们掌握正确操作要领:在《盲童学校小学语文教材教法》(初稿)中有"纸的前边与字板前边对对齐,纸的左边与铰链一定比比齐;四个角落四只钉,装纸紧按上。盖板放下正合眼,纸头牢装上"的顺口溜。

3. 引导视障儿童移板

移板就是写完一字板后把纸取下,将纸往上移,也叫重新装纸或换字板。移板的方法是:打开盖板,用双手把纸从底板上轻轻取下往上移,把纸上下面两个挂纸钉眼套进底板上边的两个挂纸钉上,然后按照上面的方法合拢盖板。为了快速移板,在取纸时最好两手先找见下面的两个挂纸钉眼,然后双手捏住两钉眼取纸,这样就可以直接将下面的两个钉眼挂到字板上面的两个挂纸钉上去。

装纸和移板对初入学视障儿童来讲是有困难的,教学的关键是边讲边指导其正确操作,要严格按规定的操作顺序循序渐进,教师要耐心启发、引导其反复练习,直到他们能独立、自如、正确地装纸、移板为止。

(三)引导视障儿童掌握正确的执笔方法

正确的执笔的方法是:用右手拇指和中指夹住笔杆,食指靠手心处顶住笔杆顶端,食指的一二指节伏在笔杆上,无名指和小指弯曲并轻靠在中指旁。写字的时候,笔杆要拿得正,夹得紧,起笔落笔要求直上直下,不偏不斜,笔的前后移动要靠手腕控制。

教学中教师要根据学生的具体情况进行个别辅导,要及时纠正不正确的执笔姿势。为了促进视障儿童快速、正确地掌握执笔方法,还可以利用或自编诸如过去《盲校小学语文教学法》中的"坐直挺胸眼望前,笔尖向下认真练,拿得正,夹得紧,直上直下不偏斜,不偏斜"这些经典的儿歌或顺口溜帮助记忆。

(四)引导视障儿童书写点位的内容与方法

1. 引导视障儿童弄懂盲文反写正摸的道理:盲文是凸点状的文字,读和写的方向正好相反,即书写点位必须是从右到左,而摸读点位则是从左往右。对于刚入学或年龄较小的视障儿童来讲,这种正摸反写的关系是难以理解和掌握的,在书写过程中出错是经常的。因此,这是书写教学中首先要解决的一个问题。必须让其真正理解。传统的教学方法是让视障儿童用自己的右手亲自体验,教学时让他们把自己的右手手背朝上,指尖朝前与自己的身体垂直平放在课桌上,然后假设左边的大拇指代表123点,右边的小拇指代表456点,手背代表凸起的点(正面),手心代表有凹陷的空洞(反面)。此时,表示摸读的方向是从左向右;下一步要让他们把手翻转手心朝上平放,进一步启发、引导他们感知凹陷的空洞、凸起的点、大拇指及所代表的123点、小拇指及所代表的456点发生的方向性变化,让他们充分体会写字时要从右边开始、123点要从右边写起的真正含义。为了让视障儿童更真切感知,可以在他们的手背上用透明胶带绑上凸点朝上的盲文纸。或者用顺口溜帮助巩固:"一二三点会变化,写字时从右向左,摸字时从左向右。"

2. 引导视障儿童书写点位,要求其先放正字板,然后头和身体自然端正坐好。让其按照前面所讲装好纸,接着教师按基本的练习顺序进行指导。

第一,引导书写六点子。教学时要先启发、引导视障儿童说出写字的方向,然后让其用写字笔依据盖板上孔洞边的齿纹探寻和辨析六个点子的位置,接着引导他们从第一行、第一方、第一点开始书写,写完一行再写下一行,一定要求他们边写边数读点数和位置:右上角第一点,右中间第二点,右下角第三点,左上角第四点,左中间第五点,左下角第六点。

教学时,一定要求视障儿童用正确的执笔方法和正确的书写姿势书写,写完一行接着写另一行,依此类推。写完一板后,要引导他们将纸翻过来摸一摸,使摸字和写字有机结合,理解点位的基本结构和摸写规律。为了让他们顺利感知点位、学会书写，可以在书写之前，制作一个大些的写字板教具，让他们用手指形象地感知盖板上孔洞边的齿纹并辨析六个点子的位置。

第二，引导视障儿童书写空方（跳方）。由于视障儿童空间概念比较差，书写空方时往往找不准位置，所以教学时要指导他们以六点子书写为基础，写完一个六点子后，顺着第六点垂直将笔尖上移到第四点处，接着向左平移，直到找到要写的一方开始书写。或者可以用左手帮助探寻。一般要按照空一方、两方、三方的顺序反复练习。

第三，引导视障儿童书写缺点符形。引导视障儿童先自己以写六点子为基础练习书写缺点符形，然后让他们自己摸着抄写或听教师报写的形式进行巩固。教学时，教师可以报出缺的点位如缺25点，让学生写存在的点位1346点；也可以报出存在的点位如1346点，让学生写缺的点位25点。无论哪种方式都要求学生边写边数读。摸着抄写一开始要求学生右手摸，右手抄。这两种方法要有机结合，交互练习。

书写盲字开始一般只要求正确，如，点子要圆正，不戳破纸，不漏点、漏方、漏行。然后要求逐步提高写字速度。教学时还要提醒视障儿童养成写完后自行检查的习惯。

还要教育视障儿童爱护书写工具，如，要轻拿轻放，要合理放置，拿盲笔时还要注意安全，防止扎伤自己和同学。

第三节　盲字字母与拼音教学

字母与拼音是帮助视障儿童拼读音节和学习普通话的有效工具，是语文学习的先决条件。

一、字母教学的内容和策略

首先让视障儿童认清字母的点位，再掌握字母的正确发音并牢记每个符形代表的相关字母，然后在拼读中得到进一步巩固。教会视障儿童字母正确的发音是字母教学的首要任务。

教会视障儿童字母的正确发音，教师首先要能够正确发音，教师应了解和掌握相关语音知识，掌握汉语拼音字母的发音方法、拼音方法和声韵配合规律，掌握现行汉语盲文的拼读拼写规则。

现行汉语盲文字母和汉语拼音字母发音相同，因而在教学时可以参照汉语拼音字母的发音方法进行。现行盲文教材按字母的发音部位归类，采用声韵母穿插出现，字母分段综合的方式编排，字母、音节、词语、句子的有机结合能充分激发视障儿童的学习兴趣，有利于帮助他们顺利地掌握所有字

母符形。下面就如何掌握字母的正确发音和熟记字母符形,提供一些基本的教学策略:

(一)声母的发音指导

普通话声母发音的主要特征是气流在发音器官中受到一定的阻碍,由于阻碍部位的不同,构成阻碍和消除阻碍的方式也不同,导致产生各种不同的声音。字母发音正确的前提是掌握字母的发音方法和发音部位。"发音部位"是指发音时气流受到阻碍的地方,普通话声母的发音部位共七个,分别为双唇、唇齿、舌尖前、舌尖中、舌尖后、舌面、舌根。也就是说这七个部位在发音时要阻碍气流的通过,这七处在口腔里都是由两个部分接触或接近而自然形成的。盲文教材中首先出现的是声母,声母按发音部位分类分别为双唇音、唇齿音、舌尖前音、舌尖中音、舌尖后音、舌根音、舌面音。

所谓"发音方法"是指发音时构成和克服阻碍气流的方式,每一种发音方法都是要经过成阻、持阻、除阻这三个过程的。声母的发音方法根据成阻、持阻、除阻的不同方式可以分为五种:分别为塞音、塞擦音、擦音、鼻音、边音。这五种发音方法还可依据发音时声带的颤动与否分为两类:声带颤动的是浊音,声带不颤动的是清音。另外,根据发音时气流的强弱还可以分为送气音和不送气音,送气音发音时气流较强,要一口送出,不送气音发音时气流较短促而微弱,要自然流出;普通话里大多音节都以辅音声母开头,还有一些不需要辅音声母开头的音节称为"零声母"音节。

声母发音的特点可以概括为:(1)发音时气流在口腔中受阻;(2)大部分声母发音时声带不颤动;(3)发出的音轻而短促,且不响亮。

(二)韵母的发音指导

韵母可以分为单韵母、复韵母和鼻韵母。其中单韵母的发音比较简单;复韵母是由两个或两个以上的元音结合而成的,发音的要领是先发前一个元音,然后自然滑向后一个元音,要一口气完成,气流不能中断,每个复韵母的发音必须是一个整体。鼻韵母分为前鼻韵母和后鼻韵母两种,它们的主要区别是前鼻韵母是由前鼻辅音 n 作韵尾的,而后鼻韵母则是由后辅音 ng 作韵尾的。

韵母的发音特点可以概括为:(1)发音时通过口腔的气流不受任何阻碍;(2)发音时声带颤动,且声音响亮;(3)韵母发音时,无论时间怎么延长,其声音始终保持不变。

由于大家在《现代汉语知识》中已经基本了解和掌握了相关声韵母的发音方法,所以在这里就不再详细介绍。

另外,对视障儿童的发音是否正确要进行检验,检验的方法有:让他们用一张较薄的纸片靠近嘴唇,然后发音。如果感觉纸片被气流冲动说明是送气音;如果发音时感觉纸片没有被气流冲动,说明是不送气音。还有一种更为简便的办法就是让他们在发音时把手心靠近自己的嘴唇来感觉气流的强弱与否进行区别。

(三)字母发音教学的基本策略

1. 教学时先要逐个指导视障儿童分别感知并准确把握发音部位、发音方法及声母发音的特点,然后在具体教学声母的过程中以理论联系实际的方法加深他们对发音部位、发音方法及声母发音特点的感知。教师通过范读、领读,以加强对其发音方法的正确引导。

2. 视障儿童跟读,即仿读,然后自己单独试读。

3. 要重视指导视障儿童发音时口形的变化及发音器官的动作,有必要让他们在发音时用自己的手去触摸喉部,以便感知相关字母的发音。对不正确的字母发音,教师要及时纠正,直到能发正确的音。对方音重的学生,教师除了做好标准的语音示范外,还可以通过录音磁带或其他多媒体手段让他们掌握字母的正确发音。

4. 教学复韵母和鼻韵母时要适当进行一些音素分析。

5. 重点讲解难发的音

(1)声母中的送气音与不送气音,平舌音与翘舌音等。这两组声母在发音方法上是相对的,区别在于发音部位的不同。z、c、s是舌尖前音,发音时舌尖平伸,抵住上齿背;zh、ch、sh是舌尖后音,发音时舌尖要翘起,触及硬腭前端。

(2)分清n和l。n是鼻音,发音时,舌尖顶住上齿龈,软腭下降,气流从鼻腔流出;l是边音,舌尖要轻轻顶住上齿龈,口腔自然松弛,让软腭上升,气流从口腔中舌头两边流出。为揣摩两者的不同,舌尖顶住齿龈不要急于离开,把音拉长念,同时用捏紧鼻子发音的方法来检验。如果觉得鼻腔没有振动,而且能发出音来,就是l;如果鼻腔振动了,却发不出音来,只要把手指松开,让鼻子出气,就是n。

(3)复韵母的发音。复韵母包含两个或两个以上的元音,发音时要特别注意前后元音的连续,不能中断。发音时舌位、唇形及口腔开口度有变化,发音部位的形状有明显的逐渐变动的过程。复韵母的发音,并非两个或三个元音的简单相加,而是一种有机的结合。教学复韵母发准音的要领是:几个元音中间不能断开,还要注意哪个元音最响亮,要突出出来,不太响亮的元音也千万不可遗漏。

(4)分清前鼻韵母和后鼻韵母。前鼻韵母是由一个或两个元音加上一个前鼻辅音韵尾n构成的,前鼻辅音又叫舌尖鼻辅音。前鼻韵尾n与声母n发音部位相同,发音时,舌尖抵住上齿龈;区别在于声母n要除阻,前鼻韵尾

n不除阻。后鼻韵尾 ng 与声母发音部位相同,发音时,抵住软腭;它们的区别在于:g、k、h是清辅音,发音时舌根隆起,软腭下垂,声带不颤动,气流从口腔通过,有除阻阶段;ng是浊鼻音,发音时舌根隆起,软腭下垂,关闭口腔通道,声带颤动,气流从鼻腔通过,没有除阻阶段。教学鼻韵母时一定要提醒视障儿童分清前后鼻音,在发音收尾时气流从鼻腔通过,千万防止丢失鼻音韵尾。

(5)还可以运用辨别记忆的策略,如可以利用普通话声韵配合规律辨别、记忆相关字母的发音。

(四)字母点位符形识记的教学策略

由于现行汉语盲文字母的点位符形排列缺少规律性,记忆时容易混淆;又由于读写方向相反,记忆点位时容易产生错乱;还有一些符形相同但高低层位置却不同,在摸读时也容易造成错觉;所以在教学时一定要根据视障儿童学习的实际状况,采取各种不同的教学策略,来帮助他们记忆。

刚入校的视障儿童感性经验贫乏,缺乏空间概念和定向能力。这些特点反映在盲文字母的学习上,便是影响盲文字母点数、位置和符形的识记。因此,在教视障儿童记住字母的点位符形时,应尽量采用直观性教学方法。利用直观形象的教学手段帮助他们记忆要注意以下几点:

(1)要利用字母符形鲜明的特征,给以形象化的比喻。如声母 g 或 j 的点位是1、2、4、5点,其符形像个小方框。就可以说1245小方框,是个声母 g 或 j,遇到 i 和 ü,要读 j,不读 g。还可以让视障儿童依据符形特征结合自己的生活体验,进行象形比喻,来帮助记忆。

(2)要结合字母的发音和符形特征来编顺口溜帮助视障儿童记忆。如,声母 zh 的顺口溜可以是:3434斜直线(字母符形特征),是个声母 zh、zh、zh(读音特征是声母),请把舌头翘起来(发音特征是翘舌音),学习文化立大志。

(3)要用比较法帮助视障儿童区别符形相同而方向相反或位置高低不同的符形。如,g、g、g,uang、uang、uang,同样都是小方框,g、g 住楼上,uang、uang 住楼下,楼上鸽子飞走了,楼下狗儿泪汪汪;再比如 s 和 sh 是一组符形相反的字母,en 和 r 等属于点位高低层的区别,可启发、引导学生根据符形特征、发音结合学生的生活经验创编顺口溜或做游戏,帮助视障儿童记忆。

二、拼音教学的内容和策略

(一)引导视障儿童掌握拼音规则

盲字拼音方法和汉语拼音方法相同,只是由于拼音文字形式的现行汉语盲字已经将声母和韵母结合在一起,所以,在拼音的时候不出现三拼形式,只有声韵直接联系的两拼法。两拼法就是声母在前,韵母在后,两音直接相拼,口诀是"前音轻短后音重,两音相连猛一碰"。拼读音节时,要告诉视障儿童,声母念得轻且短,韵母念得重而长,快速连读,就拼成了一个音节。拼音方法并不复杂,关键是要掌握拼音规则。现行汉语盲字的拼音规则有五条:

1. 声母和韵母可以拼成音节,而声母之间、韵母之间则不能相拼。

2. 每一个韵母都可以单独成音节,zh、ch、sh、r、z、c、s 七个声母也能单独成音节,其它声母都不能单独成音节。

3. 声母 gkh 分别与 jqx 符形相同,声母 gkh 与韵母 i、ü 或 i、ü 开头的韵母相拼时,要读 jqx,不能读成 gkh。

4. 单韵母 e、o 符形相同,与声母 b、p、m、f 相拼时读 o 音,拼读成 bo、po、mo、fo,与其它声母相拼时仍读 e 音。

5. 鼻韵母 ong,单独成音节时读成 weng。

以上拼音规则的教学不能独立进行,必须结合教材内容循序渐进,并让视障儿童在实际拼读、反复练习中逐步领会并掌握。其中那些相同符形字母的变音规则,对于初学者来说是难点之一,教师可用编儿歌或顺口溜的形式加深印象。如大家都熟悉的关于 g 和 j 的拼音儿歌:1245 小方框,是个声母 g、g、g,遇到 i、ü 两兄弟,要读 j,不读 g。或字母 gkh 真希奇,遇见 i 和 ü,不读 gkh,要读 jqx。

为使视障儿童真正理解和掌握这条规则,教学复韵母和鼻韵母时要讲清字母的音素结构。

(二)拼音教学的基本策略

1. 寓教于乐,激发视障儿童学习拼音的兴趣。兴趣是最好的老师,是学生学习的内动力。教师要积极努力地创设学生喜闻乐见的形式,激发他们学习拼音的兴趣。如教学中可以利用拼音游戏或唱游等形式进行,这样可以避免因枯燥的拼读而带来的消极情绪,使视障儿童一开始就愿意学习拼音。可以运用角色游戏的形式请一位视障儿童扮演声母 b,请另一位视障儿童扮演韵母 ā,扮演声母的同学在前面大声念 b,扮演韵母的同学在后面大声念 ā,逐渐地念 b 的同学声音变得轻且短,念 ā 的同学声音变得重而长,快速连读,拼成音节 bā。从游戏中让视障儿童懂得拼音的方法。或在游戏过程中扮演声母的同学边唱边跳:找呀找呀找朋友,找到朋友韵母 ā,敬个礼,笑嘻嘻,手握一起拼成音。最后要唱跳到扮演韵母的同学跟前,紧接着大家一起齐声说:声母 b 一二点,韵母 a 三五点,拼成音节是个 ba。还可以利用角色表演的形式进行学习,通过表演可以让视障儿童感悟拼音声母在前,韵母在后,两音相连猛一碰的道理,也能有快速连读的体验。当然,教师在开始时的示范拼读,讲解是必不可少的。

2. 创造和谐民主的学习环境。只有创造和谐民主的学习环境,才能充分发挥学生的创造力,使学生的思维最大限度地活跃起来,全身心地参与学习过程,因此教师要善于给学生创造一种和谐民主的环境。让学生感觉到教师的友好、温和、亲切、耐心。从而消除紧张压抑的情绪,积极主动地学习。另外教师在教学中要讲求民主教学作风,允许和鼓励视障儿童大胆发音、相互交流、指出错误、及时纠正或敢于提出自己独特的拼音方法等。

3. 教给视障儿童拼音方法,培养他们自主拼音的能力。拼音时,除依据拼音规则和要领进行外,还可以引导他们用"支架法"拼读音节,"支架拼音法"就是教会视障儿童先找准声母的发音部位,再摆好发音的姿势,这就叫支好架,紧接着用韵母冲开架子,拼成音节。如,拼读ban时,先摆正确声母b的姿势,然后让韵母an冲开架子,拼成ban的音。支架法是训练直呼音节的有效途径。这个方法简单实用,尤其可以避免初学者咬不住音而出现滑掉音,最终导致拼不成音节的情况。

拼音教学要符合儿童的感知特点,心理学研究表明,儿童对一种复合刺激物的感知,总是由总体到局部。因此,在教学第一个合成音节时,就应该由教师直呼音节引导学生感知。即把音节当作一个整体来对待。让学生明白:音节是一个整体,要一气呼出。整体呼读感知后,启发、引导他们把音节中的声母、韵母和调号的基础知识联结起来,进一步强化感知。

4. 集体教学与个别辅导相结合。在教学过程中一定要调动所有视障儿童参与教学的全过程,但还必须重视他们的个别差异,进行个别辅导。要根据视障儿童各方面的实践情况,有目的地启发、引导和帮助他们进行学习。

5. 让拼音教学走出课堂。课堂是素质教育的主渠道,但不是惟一的渠道。应该让拼音教学走出课堂。如,发动学生,利用课下时间进行拼音教学的延伸练习。教师可以根据拼音内容设计一些游戏,如"评选小播音员"让学生在课下练习拼读或直呼,看谁读得准确、熟练;又如让好学生与中差生自由结对子,帮助中差生巩固或纠正拼音,这样既给学生提供了提高的机会,也培养了合作意识。

6. 引导视障儿童突破拼音难点

(1)在盲文中有些字母符形是相同的,如,j与g符形相同、k与q符形相同、h与x符形相同。这些共用符形的字母,虽然符形相同,但读音却是不相同的。在教学中,要启发、引导视障儿童弄清楚声韵配合规律,如,gkh不和齐齿呼、撮口呼韵母相拼,那么就是g、k、h与韵母i、ü或i、ü开头的韵母相拼时,要读j、q、x。

（2）zh、ch、sh、r、z、c、s七个声母不和齐齿呼韵母相拼；这七个声母可以单独成音节，如，"知识"一词直接就拼为zhsh，后面不写i。教学中，还要提醒学生在拼读时一定注意不可漏掉介母，如拼读dian，不要读成dan。

教师要创设学习拼音的情境，活跃课堂气氛，教学形式要灵活多样。这样，才能让学生爱学、乐学，在不知不觉中主动参与学习过程，学好汉语拼音。

（三）引导视障儿童摸读音节

引导视障儿童摸读音节在开始时，一般用数读点位的方法，就是引导学生读出第一方声母的点位，和第二方韵母的点位，然后拼成音节，接着读出"空方或跳方"。如，摸读音节co，就可以读成：第一方14点声母c，第二方26点韵母o，拼成音节co，空方或跳方。还可以用韵母带调读的方，比如，第一方声母c，第二方韵母o（阴平），拼成音节co（阴平），空方或跳方；然后依次类推拼读o的阳平、上声、去声调。这是为熟练、直接带调拼读做准备。熟练后就可以直接读出c—o—co。

在上面熟练摸读的基础上，可以启发、引导视障儿童在心里默读声母和韵母并进行相拼，然后直接一口读出音节。这种方法叫整体摸读、直呼音节法。

教师要根据新课程的理念，依托新实验教材的特点，结合学生的身心状况，使教材、教师、学生融为一个有机的整体，拓展盲文字母拼音教学的空间，突破以往过于单调的教学程序，变革旧的教学方式，努力激发学生自主、探究、合作的学习精神，让枯燥单调的盲文课活跃起来，让学生的智慧充分发挥出来。

第四节 盲字声调教学

现行汉语盲字和汉语一样，每个音节都有声调。为了摸读和书写方便，大部分盲文中的音节不需要加声调符号。但音节本身都是有声调的，在摸读和书写时结合上下文的意思和内容，音节自然就可以带上调，就能顺利地确定词义，进行理解。

一、声调教学的内容和重点

声调教学的内容主要是让视障儿童知道声调的名称，在此基础上识记点位符形，由于在前面的教学中他们已经有念读四声的经验或已经过相关的训练，所以教学的重点在于让视障儿童结合教材内容的安排进行归纳提高。如在视障儿童学会四种声调名称和点位后，引导他们逐行摸认书上表示声调凸起的线条,要求边摸边思考,各种线条与相关的四种声调之间有什么必然的联系,或有什么鲜明的特征可以帮助自己加深记忆。要求他们根据自己的感知和思维结果进行分析归纳。如,可以启发引导他们归纳出:"一声平,二声扬,三声拐弯四声降"的口诀。

二、声调教学的内容和方法

1. 引导视障儿童唱念四声,读准四声

盲字教材为了突出各个学段的教学重点并避免学习内容的烦琐易混淆,声调符号的出现要稍后一些,但声调的使用却早在第二课就出现了。在前面的教学过程中虽然视障儿童已经开始学习唱念四声,但教材中并没有出现四种声调符号的点位符形,所以前面教学的重点就是让学生跟着教师模仿学习唱念四声。也有的教师在这一阶段的学习中要进行念读四声的训练。在教学中,教师可以找出代表四声的相关音节,并依此向学生说明声调不同的音节,代表不同的字、词,表达不同的意思。如,在教学声调时常用的教学举例 mā,第一声,是妈妈的"妈";má,第二声,是麻花的"麻";mǎ,第三声,是马儿的"马";mà,第四声,是骂人的"骂"。通过举例,让视障儿童知道声调的重要作用和读准声调的必要性。

引导视障儿童唱念四声时,教师一定要把握准确的调值,发准四个声调,便于示范。教师还必须讲清四声的发音特点:第一声是阴平,音调高而平,拉长时间读没有变化,如,今天。第二声是阳平,声音由低而高,嗓子用力逐渐加强,如,顽强;第三声是上声,声音由低经过拐弯转向高,刚高起就要停止,如,领导;第四声是去声,声音下降,由高而低,如,胜利。为了帮助他们准确记忆和运用四种声调,教师可以利用和发挥儿歌的作用:如在《盲童学校小学语文教材教法》(初稿)中的儿歌:"起音高高一路平,由中到高往上升,先降然后再扬起,高处降到最低层。"

2. 引导视障儿童学习声调符号的点位符形

认识四种声调符号的符形并准确把握词语中各个音节的声调是视障儿童能正确标调的基础。所以认识声调符号教学的重点就是让视障儿童牢记四种声调的点位符形,即第一声阴平是第1点,第二声阳平是第2点,第三声上声是第3点,第四声去声是2、3点。教师要特别注意的是告诫学生第四声的点位是第2、3点,千万不要根据前面三个声调分别是1、2、3点的特点就想当然地认为第四声肯定是第4点。

3. 引导视障儿童掌握标调规则与方法

由于声调符号点位的排列既简单又顺序清楚,所以视障儿童识记声调符形比较容易,无论是盲校还是随班就读学校的老师一定要清楚地知道让

视障儿童按照调号读准音并掌握标调的规则是教学的重点。

现行汉语盲文标调的三条规则在义务教育课程标准盲人学校实验教科书《语文一年级上册教学参考资料》上是这样介绍的：(1)声调符号(又叫声点)都写在音节后；(2)现行汉语盲文一般不使用声调符号，声调符号主要用在下面两种情况：一是在人名、地名、生僻的词和一些文言词语后使用声点来帮助发音并理解确定词义；二是用声点来界音。在一些词语中，第一个音节是由zh、ch、shi、r、z、c、s这七个可以单独成音节的其中一个单独构成的，而后面的一个音节是由韵母单独构成的，如果这时候把相关的声母和韵母放在一起，就会自然地拼读成其它的音节，而改变了原先的意思。为了避免这种错误的产生，在能单独成音节的声母和韵母中间需要用声调符号隔开表示界音。声调符号的选择依据的是前面一个音节，如，慈爱，是在c与ai中间用第二声隔开，表示界音。选择第二声是因为依据前面一个音节"慈"的声调是发二声。可以看出，如果中间没有声调，就会拼成"菜"。(3)对某些常用的同音词，要用特定方式标调以示区别。在盲文中，这些特定形式要牢记。如："他、她、它"；"由、有、又"等。

4. 运用对比法，并按照一定的顺序进行教学。声调教学的关键是教给视障儿童准确把握各类声调的方法，具体教学时可以根据声调的特点，运用一声和四声、三声和二声之间鲜明的对比，按照一、四、三、二的顺序进行教学。然后结合他们的身心特点和实际的学习状况进行，如可以利用比赛的方法，让他们感知一声，要求他们保持高度、拖着长音发 a，看谁保持得时间长；可以让他们用手猛拍桌子来感觉四声的铿锵有力，掷地有声，让他们知道发四声不能拖拖拉拉，弯弯曲曲；还要让视障儿童体会发三声的要领，指导他们起点低，调最低学发三声；可以利用唱 duo re mi 的方法让他们体会，发二声的要领是起点在中间，然后慢慢往上升。教学形式要灵活多样，要能充分激发他们的学习积极性。

5. 声调教学要结合一定的语言环境进行，这样可以避免声调教学的单调、枯燥。读标了调的音节，开始时可以运用"数调法"帮助视障儿童掌握声调，也就是按四声的自然顺序读出声调，然后确定现在需要的声调，这种方法主要适用于初学者；还可以运用"韵母定调法"准确把握声调，也就是先确定韵母的声调，然后用声母与带调的韵母相拼；第三种方法是"音节定调法"，就是声母与韵母都不带调相拼，最后读出带调的音节。教学时要给视障儿童足够的自主学习的时间和机会，要培养他们独立标调的能力。

第五节 盲字书写教学

　　盲字书写是盲字教学中不可缺少的内容，是基本功训练的一项重要任务。写字教学的顺利进行，既可以让视障儿童在校期间更好地完成各个学科的书面作业，又有利于他们之间通过书信相互交流沟通，为今后的学习、交流、工作及生活奠定良好的基础。

　　盲字的书写教学包括：指导视障儿童认识和学会使用写字工具，学会装纸、执笔的方法，搞清反写正摸的道理，书写点位的方法，养成良好的书写习惯，学会正确地听写和抄写。因为一般要求在教学过程中要将摸认和书写点位穿插进行，所以在前面的教学中已经讲解过的内容这里不再重复，这里只对如何指导视障儿童进行听写、抄写等相关知识的教学进行介绍。

一、听写教学

　　盲字的听写也可叫报写，是指要求视障儿童按照教师报读的内容进行书写。通过听写教学可以培养和提高他们听、说、读、写的能力，是巩固和运用盲字的有效途径。对于视障儿童来讲，学习和生活中点点滴滴的知识都是靠听觉获得的，很多时候，他们需要把听到的内容摘录下来以便今后使用。可见，听写教学对视障儿童一生的学习、生活和发展有着极其重要的价值。盲字的听写教学主要是培养他们在听的基础上书写点符的技能。

　　听写教学的内容和方法：

　　听写教学的内容一般包括字、词、句，短文、诗歌、故事或课堂笔记等。视障儿童的听觉只有经过训练才能具有较强的记忆能力，因此在书写训练的初期，安排的内容不要太难太多，听写内容和听写难度要逐渐增加，一般要求从听写字、词语、短句、短文、诗歌、小故事到要求他们学习作听课笔记。教师要根据不同的年级循序渐进地安排听写内容并逐步提高听写的要求。

　　听写时，教师必须用正确的普通话发音报读；听写的速度和内容的安排要符合各年级的具体要求或根据学生的实际情况安排教学；听写可以结合教材在课内进行，也可以在写字课隔周交叉进行。听写内容可结合阅读教学或由教师自行安排，或有意识地安排一些优美的词句，便于他们积累词语和陶冶情操；教师报读时要有意识地要求视障儿童按词连写，为下一步进行分词规则的教学奠定基础。

二、抄写教学

1. 抄写教学的内容和方法

抄写是指学生独立地按照内容边摸边写。是帮助视障儿童掌握书写技能的重要一环,是摸读技能和书写技能的综合训练,是他们掌握知识,培养能力的重要手段。一定要引起注意。

抄写的方法为:(1)刚开始时要用数读点位的方法来进行抄写,可以帮助视障儿童对盲文"反写正摸"原理进行深刻的理解,以避免在书写点位的过程中出现摸到的和写出的符形相反的情况。(2)先指导视障儿童用右手摸书和用右手书写,再逐步过渡到用左手摸书用右手书写。当然,这一方法的使用是建立在视障儿童左手会摸书的基础之上的,左手会摸书的视障儿童会很快过渡,而左手摸书不熟练的视障儿童,先要训练他左右手都能熟练摸书,然后慢慢过渡,或按年级要求进行。(3)要指导视障儿童正确的书写姿势,如执笔和装字板的姿势一定要正确。(4)一定在开始时就严格要求视障儿童定点定向,具体地指导他们按照字板上行、方、点的顺序书写,不漏行漏方。

2. 教视障儿童改错字的方法

可以参考义务教育课程标准盲人学校实验教科书《语文二年级上册教材说明》,对多写的点子,可用盲字笔或指尖将其压平;对于漏写的点子,必须弄清它在第几行,第几方,然后把纸重新装在写字板上,用盲笔试探着找到漏点的位置,把它补上。抄写训练的关键是对抄写方法的指导。

教学时要运用听写和抄写交替进行的方法训练书写能力;书写训练的份量要合理,以防视障儿童手腕细小肌肉的疲劳与损伤,对初入学的视障儿童来说,每次连续书写的时间不要超过三分钟。

思考题:

1. 现行盲字教材的编排特点是什么?
2. 盲字点位教学的基本内容是什么?
3. 简述声母和韵母的发音部位和发音方法。
4. 汉语盲文的拼音规则有哪些?
5. 简述书写教学的内容和方法。

第六章 盲校小学语文阅读教学

阅读教学是盲校小学语文教学的重要组成部分，是完成盲校小学语文教学任务的基础，在盲校小学语文教学的全过程中占有举足轻重的地位。了解阅读教学的任务、过程、内容及相关的教学策略，有利于师范院校学生将来更好地从事盲校教育工作。

第一节 盲校小学语文阅读教学的任务

《语文课程标准》中，阅读教学的总目标及阶段目标规定了盲校小学语文阅读教学的主要任务。

一、盲校小学语文阅读教学的主要任务

（一）培养视障儿童独立地进行探究性和创造性阅读的能力和良好的阅读习惯。

阅读教学并非仅仅是把可供阅读的现成材料放到学生面前，而是要引导其掌握阅读的方法，使其受用终身。《语文课程标准》尤其强调要培养学生独立地进行探究性和创造性阅读的能力，所以在阅读教学中，要特别注意引导视障儿童对相关问题进行质疑问难、探讨研究，培养他们主动积极的探究意识，在此基础上才会使他们的智力得到开发，为创造性阅读奠定基础。

阅读能力是在长期的阅读活动过程中不断提高的，良好的阅读习惯可以促进视障儿童阅读能力的快速提高。

（二）丰富视障儿童的情感体验与精神世界。

《语文课程标准》明确指出："要注重情感体验。""应让学生在主动积极的思维和情感活动中，加深理解和体验，有所感悟和思考，受到情感熏陶，获得思想启迪，享受审美乐趣。要珍视学生独特的感受、体验和理解。"阅读过程应该成为视障儿童的一种愉悦的情绪生活和积极的情感体验，由此可见，加强视障儿童主体的情感体验在阅读教学中的重要作用。

视障儿童由于自身的遗传素质、所生活的社会和家庭环境，以及生活阅历的不同，形成了个人独特的"心理世界"、"情感世界"，有着不同于别人的内心世界、精神世界和内在感受；有着不同于他人的观察、思考和解决问题的方式。教师应以自己积极的情感为载体，激发视障儿童情感。在组织教学时要善于通过形象的语言描述，创设情境，示范朗读，诱导移情等手段，

使他们激起与教学内容一致的情感，提高他们的审美情趣。教师还要以语文教材中那些文质兼美的文章内容为载体，引导视障儿童想象和联想、感悟课文内容，丰富他们的情感体验与精神世界。想象和联想具有现实性，同时也具有极大的跨越性、跳跃性、自由性。它能使阅读主体在短期内去搜寻记忆与阅读对象的契合点，从而达到领悟的境界。它是学生主体完成学习任务必须具备的心理条件和手段。

（三）培养视障儿童的文化理解力。

《语文课程标准》突出语文课程人文性的特点，是新课程改革的一大亮点。语文是人类文化的重要组成部分，语文教学要重视培养视障儿童对丰厚博大的中华文化的鉴赏能力，努力吸取人类优秀的文化营养。教学中要致力于视障儿童语文素养的形成与发展，将语文的工具性与人文性和谐统一起来。教学中既要重视对文本的解读，又要超越文本，这样才能提高他们对各类文化的理解能力，使他们的语文素养得到真正的提高。对于盲校小学语文阅读教学来说还担负着补偿视障儿童缺陷和开发、挖掘他们潜能的任务。

二、阅读教学目标的特点

（一）《语文课程标准》中阅读教学总目标的特点是：第一，重视儿童独立阅读能力的养成。这一特点凸显出新《课程标准》的"新"处。独立阅读能力的养成是在注重积累，培养语感的前提下进行的，其导向性是非常明确的，就是要求儿童在教师启发、引导的基础上进行自主的学习，而不是像过去那样以教师的讲解和儿童的死记硬背为主，培养儿童的阅读能力。第二，重视阅读教学中对儿童情感态度和价值观的培养。每篇文章都有其深厚的文化底蕴和教育意义，在阅读过程中要引导视障儿童进行情感体验，要吸收丰富的文化营养，培养儿童健全的个性，丰富儿童的精神世界。第三，要指导儿童掌握多种阅读方法。不同的文体、不同的内容、不同的阅读条件和环境、不同的阅读目的，所运用的阅读方法是有区别的。要根据具体情况选择和掌握阅读的方法。

（二）《语文课程标准》各学段阅读目标的特点是：从低年级到高年级要求逐步提高，形成一定的梯度，层次分明，易于操作。以"情感态度和价值观、知识和能力、过程和方法"的"三维目标"为导向进行教学。在阅读教学过程中应努力实现"三维目标"的整体融合。

阅读能力的形成是一个逐步训练提高的过程。阅读教学的目标要求要落实在各个年级的教学过程中，要根据不同年龄、不同学段视障儿童的学习特点和实际学习需要，分学段提出教学要求。每个学段的阅读教学可以依各个学段的目标要求有所侧重，但各方面一定要有机结合、彼此渗透、协调发展。

三、阅读教学的作用

（一）阅读教学为视障儿童巩固识字、理解和积累词汇提供了有利条件,并培养他们善于表达的能力。

阅读是识字的有效途径。识字的难点在于巩固,而阅读为巩固识字提供了有利条件。通过阅读,加深了视障儿童对过去所学盲字的理解。

《语文课程标准》给阅读教学构建了全新的理论框架,这必将引领盲校语文阅读教学走向全新的理念。一篇新的文本内容对小学生来说是具有新奇感的刺激物。他们为了了解文本的内容,会积极、主动、自觉地联系上下文来揣摩生字词的意思,从而提高识字能力。

培养学生具备善于表达的能力是新课程理念的要求。表达能力的提高有赖于许多因素,其中最重要的就是人的认识能力和语言修养,而阅读教学正好可以加强和提高人的认识能力和语言修养。

模仿学习是视障儿童掌握各种知识和技能的有效途径,模仿也是儿童期特有的心理特征之一。阅读为视障儿童提供了各种不同的文本范例和语言环境。那些文质兼美的文本,为他们提供了形象直观的机会。避免了因教师凭空讲解表达规律和方法而致他们机械模仿所带来的问题。再结合教师对阅读过程的指导,逐步掌握表达的方法和规律,为独立表达和善于表达奠定基础。

（二）阅读教学可以开阔视障儿童视野、拓展知识面、促进智力发展。

阅读教学凭借的是各种内容丰富、知识面极其广泛、几乎包括上至天文、下至地理的很多知识。阅读教学对于活动范围和知识面极其狭窄的视障儿童来说,无疑是开阔视野、拓展知识面的重要手段。阅读是由一系列复杂的心理活动构成的过程,包含着观察力、注意力、记忆力、思维和想象力等智力因素。因此,阅读教学的过程也就是发展学生智力的过程。

（三）阅读教学可以提高视障儿童的思想认识、陶冶他们的情操、培养他们的审美能力。

阅读的内容都具有丰富的人文内涵,注重继承和弘扬中华民族的优秀文化,有助于培养视障儿童的民族自尊心和爱国主义情感,提高他们的思想认识;阅读的内容还承载着一定的思想认识,大多结合学生的实际生活,潜移默化地影响着他们的思想,陶冶着他们的情操,净化着他们的心灵,培养了他们的审美能力。

（四）阅读教学可以提高视障儿童的阅读能力。

阅读教学的主要目标是培养视障儿童的阅读能力,而阅读能力培养和发展的有效途径便是阅读，在阅读过程中教师应特别注意的是教给学生阅读的方法，培养和提高他们的阅读能力。

第二节 阅读教学的过程、内容和基本策略

一、阅读教学的一般过程

《语文课程标准》为阅读教学过程指明了方向。对于阅读一篇文章而言，其阅读教学的一般过程包含初读课文、细读课文、深读课文三个基本阶段。

（一）初读课文，整体把握阶段。是在教师指导下以了解课文的大致内容、理清作者的基本思路为出发点进行阅读。这一阶段主要解决的问题是让学生初步了解课文写了什么。如教学《语文》三年级上册《秋天的雨》一课时，首先让学生思考：秋天的雨告诉了我们什么？秋天的雨给我们带来了什么？在教师的指导下，学生了解了文章的大意：这篇文章名为写秋雨，实际写的却是秋天，课文首先写了秋天的到来，接着写了秋天的缤纷艳丽色彩，然后又写了秋天的丰收景象，还有深秋里动植物准备过冬的情景。

（二）细读课文（细读品味），突破重点阶段。这一阶段是学生在前面对课文内容有了大致了解与认识之后，进行深入、仔细、研读、品味、突破重点的一个过程。这个阶段主要要做的事是让学生结合上下文内容，在具体的语言环境中深入理解重点的、关键的词、句、段。也就是让学生了解文章是怎样写的。以便使学生更准确地把握课文的主要内容。还以《秋天的雨》为例，在学生初步了解课文的大意之后，再启发、引导学生深入理解和感悟每一段的主要内容及意思，重点理解课文是从哪几个方面写秋天的雨的。这是教学的重点，教师可以利用讨论、交流或提出问题等形式，启发、引导学生根据课文中对秋天的描写并结合学生对秋天特点的感知来感受秋天。

（三）深读课文（总结赏读），整体强化阶段。这一阶段是学生对课文内容进行更高层次理解的过程，是对课文理解的升华阶段。也就是通过阅读能使读者身临其境、切身体会并与作者共荣辱、共欢乐、共悲伤、共命运、同心情的一个阶段；是与作者身心契合，从而全面、深刻地理解课文内容，领会课文思想感情表达的一个过程；是将文章的形、神、情、理有机结合，统一理解，准确把握的过程；也是启发、引导学生站在高处总观全文，对全文进行赏析、品味、评价的过程；是解决为什么要这样写而不那样写的问题的过程。再以《秋天的雨》为例，在对每段深入理解和分析的基础上，再回归课文的整体进行感悟，如教师要引导学生有感情地进行配乐朗读，接着又提出

问题:"美丽而又丰收的秋天已经来到了我们的身边,学了这篇课文后,此时大家最想做的是什么?"然后鼓励学生自由表达、交流、讨论,最后教师做结束总结,启发学生走出校园、走向大自然去享受秋天带给大家的快乐。

这三个基本阶段也可以说是"整体——部分——整体"的过程,即整体了解全文、对文章各个部分准确把握、再回头更加准确把握全文的过程。这是《语文课程标准》为阅读教学指明的整体优化之路。是符合人认识事物由感性到理性、由分析到综合的规律的。

对于小学视障儿童来讲,阅读教学还应根据他们的实际情况合理安排,如安排进行阅读准备,也就是让他们先预习课文,这是初步阅读阶段的前提,可在课前进行也可以在课内进行。目的在于让他们初步接触课文,为理解课文作准备。教师要根据他们具体情况提出预习要求,如可以让他们先通读课文,找出没有感知过的词语或形象,然后,教师可利用课前或课内直观、参观、实验等方法,为他们阅读课文提供感性经验。

以上是一篇课文阅读教学的一般过程,体现了认识事物的规律性。但作为教师,应该知道这个过程不是固定不变的,不能机械地照搬。在具体的教学过程中要根据文章性质和特点、具体的教学目的和要求与学生的认知水平,采用不同的教学方法和步骤。总之,要因文因人而异。

二、阅读教学的内容和基本策略

新编盲校小学语文教材,是依据《全日制义务教育语文课程标准(实验稿)》并结合视障儿童的实际学习状况和盲文的特点,在普通小学语文实验教材的基础上,经过增删编写而成的。所以从阅读教学的内容上来说,和普通学校基本是相同的。必须注意的是,盲校的语文阅读教学同普通小学一样,是一个综合性的训练,不能将词汇、句子、篇章截然分开,在教学中始终要坚持"词不离句,句不离文"的原则。这也是符合《语文课程标准》的新理念和要求的。盲校小学语文阅读教学的内容包括:词语、句子、段落、篇章的教学和朗读、默读、背诵、复述和回答问题等基本技能方面的训练。

(一)词语教学

拼音文字性质的盲字对视障儿童来讲是没有生字障碍的,所以他们顺利阅读的基础就是在认识盲字的基础上进行词汇教学。因而继盲字教学之后,教学的重点就在于词汇。词汇,是语言基本的"建筑材料",学生掌握语言是否丰富、正确,有赖于对词的正确理解和积累,词汇教学对提高视障儿童口头和书面表达能力的水平有着直接的关系;词汇教学能拓宽他们的认识面,丰富他们的感性经验,提高他们的认识和思维能力,促进他们的全面发展。

1. 视障儿童词语学习的主要困难：

第一，拼音盲字带来的困难。拼音盲文不像汉字那样具有表义的特点，如对于学过的生字来讲，我们可以通过字形加以会意，可以了解字的含义，而拼音盲字则不能，尤其对于一些同义的字词，也就是声、韵、调完全相同而意义不同的词，他们就难以理解，如"扼死"和"饿死"难以区别。第二，感性经验贫乏带来的困难。由于视觉障碍，使视障儿童对周围的事物视而不见，缺乏事物的感性形象，给视障儿童正确理解词语造成很大的困难。对于课文中那些极其普通的名词或表示简单动作的动词，他们都无法理解，如对西红柿这些常见的事物无法感知，对于"扭"等简单动作的词不知如何理解，动作和相对应的词也无法统一感知。阅读时只是停留在读的表面，无法真正理解其表达的意义。第三，词汇贫乏造成的困难。视障儿童词汇的积累和应用相当困难，这对他们的语言发展困难重重。

在了解上面关于视障儿童学习词语困难的基础上，结合教材和新课程理念的要求，教师就能有的放矢，进行教学。

2. 词语教学的任务主要有两个方面：一是正确地读出和写出学过的词语，二是懂得词语的意思，并能在口头和书面表达中正确运用。

（1）引导视障儿童正确地读写词语

盲文是拼音文字，一定要求视障儿童正确地拼读与书写。只有读准字音才能写准字，正确地拼读是正确书写的基础。在词的读写教学中，要重点把握下面三个方面的内容，其引导方法如下：

A. 要引导视障儿童识别多音字。因为盲文是拼音文字，所以，在盲文中没有多音字。如：长大的"zhang"和长短的"chang"。虽然在汉字中这两个音节是共用一个字的，但拼音盲文表示的结果却不一样。对于这两个不同的音节，视障儿童是不会读错的。但教师必须向视障儿童讲解清楚，向他们介绍汉语和拼音文字的区别，告诉他们这两个不同音节所代表的字实际是相同的一个字。但由于读法不同，其词义也不同，同时，还要向视障儿童介绍相同的一个字，出现在不同的词语中，其声调有时会发生变化，而声调不同，其词义也就是不同了。如："目的"的"di"和"的确"的"di"。

B. 引导视障儿童掌握"词连续时的音变规则"。连续指的是同一个音节连起来读二次。也叫"叠音词"如："爸爸，妈妈"等。这种情况下词的最后一个音节要变读为"轻声"。还有一些音节在做词尾时也应该变读为轻声。如："子，头，儿"等音节做词尾时和"啊，老"等做词头时都应变读为轻声，还要向他们说明如果一个词语中的两个音节均为上声时，前一个音节应变读为阳平。教师在视障儿童读词或课文的时候，要认真仔细地听，发现错误读音时要及时纠正，并指导其反复练习，直到正确拼读为止。

C. 引导视障儿童区分方言和普通话读音的差别。方言区的差别与普通话的语言之间的差异是大而显明的。方言会影响学生的发音和读写，对初入学的视障儿童来讲尤为明显。针对这个问题，教师要加强训练，重视引导；教师要进行正确标准的范读和颂读。对于那些受方言影响大而较难发准的音，要多加比较和辨别，并在此基础上让视障儿童更多地进行朗读和抄写的训练。这样才能使其达到读得准写得出的要求。

（2）引导视障儿童正确地理解词意并能正确运用

词语是反映客观事物的抽象符号，理解词义就是帮助视障儿童将词和词所代表的客观事物建立联系。视障儿童由于看不见，常常对词语和它所表达的事物无法有机地联系在一起，如视障儿童每天在吃"西红柿"，也知道"西红柿"这个词，但是头脑中却没有"西红柿"的真正的表象。也就是无法真正理解"西红柿"的真正含义，在日常生活或学习过程中常会出现"语言不符"的现象。因此，引导他们理解词义是很重要的。具体的指导方法要因词而异。主要有以下几种：

A. 直观法与类比推理法。视障儿童的认识规律和正常人一样，也是从具体到抽象，他们由于看不见，无法感知具体事物，严重地影响着他们概念的形成，所以他们理解词语是极其困难的。从人的认识规律出发，结合视障儿童的实际，在词语的理解上，应该加强直观性，采用直观法。直观法的运用凭借的是实物、模型、标本、图片、动作等，这样他们可以获得对事物较具体的感知，促进对词语的理解，所以事物的具体形象是视障儿童理解词义的依据。这种直观形象化的手段可使其获得事物的清晰表象并理解词义。当然，这种教学方法只适合于那些便于用直观手段感知的词语。如苹果、公鸡等词语可借助实物或标本讲解，另外"大小、多少、轻重"等词语的讲解可选用相关的实物，通过比较让其在实际感知中理解词义；对于一些动作性的词，教师要亲自帮助他们完成动作，实现对词语的理解。在认识"大小、多少"等概念的基础上，可以借机引入"太大或太小，太多或太少"等概念，对这些概念的理解可以运用类比推理法。类比推理法是运用学生已知的同类事物的特征，通过比较、推理认识不直接观察的事物的方法。如：日食、地球的大小，既要借助地图和地球仪，还要借助类比推理法。可以先计算教室的面积，再与学校及所在城市等作推理比较，说明地球之大。如通过猫来认识老虎，或通过玩具或模型来了解虎的形状，可让视障儿童触摸猫的皮毛进而感知虎的皮毛。类比推理法，能让他们获得较具体、形象的感觉。有助于对较抽象的概念的掌握。

B. 描述与象征替代法。描述就是用生动形象的语言来描绘词所表达的含义。视障儿童理解词语离不开教师生动、形象、科学、规范的语言描述。但对于缺乏视觉经验的视障儿童来讲,那些无法通过直观理解的词语,只描述解决不了根本问题,还需要运用象征替代法的帮助。如他们无法理解各种颜色,只能借助象征的手段,"红色象征热情、喜庆","绿色象征着生机、精神"。有些词如对"光明"和"爱"的理解,可用替代法,"光明"的感觉就像能听到清晰声音,而黑暗就好像什么也听不见;"爱"是一种看不见,摸不着的东西,是一种体验,这种体验是甜蜜的、令人向往的,这种感觉可以在父母与子女间感觉到,等等。另外,还有一些很难用描述与象征替代法解决的词语,还要借助直观法,如"蜿蜒"一词,可用一根铁丝无规则地多次弯曲,让他们通过触摸,然后告诉他们说:"蜿蜒"就像这样的弯曲延伸。这个词的形象在他们的头脑中便激活了,还可以进一步推理出就像蛇或蚯蚓爬行一样。

C. 联系上下文进行感悟理解的方法。阅读教学中指导视障儿童联系上下文的意思感悟词义是常用的方法,也是符合新课程教学理念的一种最重要的方法。汉语中一词多义的现象十分常见,有的词义不止两三个甚至七八个。这些多义词用在不同的语言环境中其意义是不同的。对这类词的理解要联系上下文进行,这样才能理解同一个词在不同的课文中的确切的意思。如《富饶的西沙群岛》一课中有"五光十色"这个词语,课文具体运用各种色彩描写了海水的颜色。学生把这些词句联系起来,想象海水的各种颜色互相交错的景象,就比较容易理解"五光十色"的意思了。

还有些比较抽象的词,更要放在语言环境中,让学生结合上下文细细体会。这样做,比让学生死记硬背词语注释的效果要好得多。如在《蜜蜂引路》一文中,要引导学生学习"果然"一词时,可以这样设计:

第一,教师启发、引导学生轻声地读列宁观察时的句子,读出列宁边观察边思考的情境。

第二,教师启发,谁能试着用不同的语气或读法读"果然"一词后的句子呢?可反复读"果然"一词后的句子,读后再结合上文认真想一想它的意思。列宁根据自己的观察想到那所小房子很可能就是养蜂人住的地方,他便去敲门,结果开门的就是那个养蜂人。"果然"一词说明结果和所预料是完全一样的。

视障儿童特别需要教师能经常这样引导,不仅能使他们对词义有确切的感悟理解,而且能逐步培养他们感悟理解词义的能力。

D. 联系视障儿童的生活经验和知识积累体会词语含义的方法。视障儿童在上学前的生活岁月里,已经对很多事物有了初步的认识。课文中的词语所表达的事物,有的是他们生活中经常接触到的,只要让他们联系自己的生活实际,意思就很容易理解。在课文中也还有大量未接触过的陌生的、抽象的词语，在生活当中这些词语所代表的事物，既看不见，又摸不着，理解起来就感觉相当困难。但是，如果能把这些词语和他们的生活经验恰当地联系起来，结合教师的正确引导，他们就能够通过自己的思考懂得它们的意思。如"方向"一词比较抽象，教师要先讲解："方向，是指正对的一面，方向有固定方向和位置方向之分，固定方向是永恒不变的，而位置方向则是以自身为基准所确定的方向，这种方向可以随身体位置的变化而变化。"讲解时，先从固定方向开始，可以让视障儿童感知最基本的"东"方向，让他早晨起床后面朝太阳感知太阳升起的一方为"东"，在他背后正对的方向就是"西"。然后，再依据自己的左右手所指方向认识"北和南"，在此基础上近一步理解位置方向。这是对"方向"一词的具体理解，在教学中还需要引导学生从具体概念的理解过渡到对抽象概念的理解。如在学习生活中教师可以结合视障儿童所生活学习的场所，由近及远，引导他们摸教室的门朝什么方向，大家的脸朝什么方向，再让他们讲讲从教室回宿舍时朝什么方向走，让他们明白"方向就是要到达的目的地"，这样，他们自然就会理解"说好普通话，是我们努力的方向"，"实现四个现代化，是祖国前进的方向"，从而就使视障儿童对"方向"一词有了更清晰的理解。又如"纷纷"一词，可以让视障儿童回忆一下下雪或下小雨时的感觉（大雪纷纷，细雨纷纷），再想想开大会进礼堂时的情景（纷纷进入礼堂），还可以结合课堂上老师提出同学们感兴趣的问题让大家讨论并回答时，大家七嘴八舌地发表意见（议论纷纷），（纷纷）举手回答问题。最后概括出词义："又多又乱，无规则的样子。"再如教学"雄壮"这个词的时候，要求学生说出"雄壮"是什么意思，并且举出一首歌曲来说明。有个学生依照词典里查出的解释说："雄壮，是形容声音大而有气魄。《中华人民共和国国歌》唱起来声音是雄壮的。"教师让其他同学评论一下。有的学生说："《解放军进行曲》的歌声也是很雄壮的。"有的学生还举出了一些相关的说明，如常听到"在雄壮的国歌声中，我国运动员开始入场了"，或"军训场上，同学们的步伐是雄壮的"等说法。就这样，虽然教师没有解释这个词的含义，但却使学生体会到了词的各种含义，这样就具备了在不同的语言环境中正确运用这个词的能力。由于教师善于联系学生已有的生活经验，使学生把自身感受与词语的意思联系起来，取得了较好的教学效果。

采用体会法，联系视障儿童的生活经验和知识积累，还可以引导他们用熟悉的、通俗易懂的口语去解释书面语言，用普通话去解释方言。这些都有助于他们准确理解运用词语能力的提高。

E. 词素分析法。这是一种通过讲解词素的含义来理解词语含义的解词方法。要理解词素分析法的意思，必须先理解"词和词素"的意思。词是语言里能独立运用、有一定意义的最小单位。如"学校、我、最、新"等。有些词还可以加以分析,分析词时所得的最小的具有词汇意义或语法意义的单位,叫做词素。如"轻工业"就是由"轻"和"工业"两个词素构成的一个词。许多合成词以及成语,是由具有词汇意义或语法意义的单位——词素构成的,词和词素的意义在很多场合是一致的。了解每个词素的意义,就可以大概领会出词语的含义。例如"注视"——注,注意的意思;视,看的意思。注视,就是注意地看。"以身作则"——以,用的意思;身,指自身的行为;作,做的意思;则,榜样的意思。以身作则,就是用自身的行为作榜样。

有时候,解释一个词语,不一定对构成该词语的每个词素都加以分析解释,只要将其中关键性的词素或无法感知的、不理解的词素意义讲明白,学生的思维就会豁然开朗,进而明白整个词的意思,这也就是所谓的"牵一发而动全身"的道理。如"宝刀"——宝,稀有而珍贵的意思。宝刀,就是用作武器的稀有而珍贵的刀。"赤子之心"——赤子,初生婴儿,心地纯洁、善良;赤子之心,形容人心地纯洁、善良的意思。

F. 举例法。举例法就是利用例句帮助理解词义的方法。这种方法主要适用于解释多义词和一些难以理解的虚词。如在理解多义词"爱"时:可以列举出各种对"爱"不同解释的例句帮助理解。如"我们爱祖国"中"爱"是"热爱"的意思;"我们爱老师"中"爱"是"敬爱"的意思;"我们爱唱歌"中"爱"是"喜爱、喜欢"的意思。这样把词放到代表不同语言环境的句子中去分析解释,可以让学生体验一词多义及其不同用法;对于那些难以理解的虚词,用举例句的方法分析解释效果最好。如"不仅……而且",表示的含义是"在做事的时候,不能只选择做一件事,还要做别的事"。可以举出例子:"我们不仅要努力学习,而且要好好锻炼身体。""我们不仅要学会摸读盲字,而且要学会运用正确的姿势快速地摸读。"理解了一定数量的例句,可以从相同的用法中去理解词语的含义。

G. 比较辨析法。培养学生准确地用词造句的能力也是词汇教学的重要内容。因此,课文中用的准确恰当的词语,要找出典型的,在阅读过程中引导视障儿童加以比较辨析。如《小蝌蚪找妈妈》一课中,有写大青蛙形态的词句:"他们游到荷花旁边,看见荷叶上蹲着一只大青蛙,披着碧绿的衣裳,露着雪白的肚皮,鼓着一对大眼睛。"这句写出了大青蛙在荷叶上蹲着的神态。教学时,老师可以问学生:"把'鼓着'换成'长着'或'瞪着'行不行?"当学生回答不行后,引导学生分析,因为"长着"不能说明青蛙眼睛是凸出来的;用"瞪着"又把青蛙写得可怕了。教师接着再问:"'披着'能不能改成'穿着'?为什么?"学生通过讨论,从"露着雪白的肚皮"中理解到只能用"披着",不能用"穿着",否则,雪白的肚皮就露不出来了。在比较辨析的过程中,学生自然懂得了用词准确、生动,对刻画形象、表达思想内容的重要作用,同时还加深了对课文内容的理解,提高了学生准确地用词造句的能力。

对于那些意义相同或相近且易混淆的词,在阅读过程中可以通过比较辨析来帮助视障儿童理解词语的准确含义。如在学习一个新的词语时,可选取他们已经感知过的、熟悉并理解的、意义相同或相近词语与之比较辨析,以便了解它们在意义上的差异,从而准确地理解新词的意义。如"果断"与"武断"这两个词,都表示做事有决断,不犹豫,但他们还是有"差异"的。"果断"表示有决断,不犹豫,是褒义词;而"武断"是只凭主观做判断,是贬义词。如"我对此事了解不多,不敢武断。""他处理问题很果断。"

还有那些在声音上相同或相近,但意义并非相近或相同却容易混淆的词,在表达时特别容易出错。这就需要运用比较辨析法进行分析辨别。如"呻吟"和"声音",由于声音相同或相近而容易用错,讲解的时候,也应当把两个词的含义加以比较辨析,以免混淆。

H. 说明或下定义法。说明的方法,就是用通俗易懂的话语解释明白词语意义的方法。如"聪明"——智力发达,记忆和理解能力强。运用说明的方法时,有时还需要指出词的感情色彩,如"置之度外——把它放在考虑之外,指不把个人的生死、得失放在心上。形容不怕死,一般用于为正义事业而牺牲";有时要说明事物的性状,如"失态——态度举止不合乎应有的礼貌";有时需要列举出词所概括的具体对象,如"害虫——指对人有害的昆虫,如苍蝇、蚊子、蝗虫等"。

下定义简单地说就是做出判断。定义说明,就是通常所说的下定义,是用简洁而明确的语言,指出被说明对象的性质特点,并同时把那些与之相近的、容易相混的对象区别开来的一种常用的说明方法。如,什么是词?"词是能够独立运用的最小的语言单位。"这就是给词下的定义。这定义没有一个多余的字,也没用一个意思含糊的词,它的语言是简洁的、明确的。它不仅指出了词的性质——语言单位,"词"的特点——能够独立运用,是最小的语言单位,而且,同时也把"词"和"字"和"词组"区别开来。再如"统筹方法,是一种安排工作进程的数学方法",也是用的定义说明,它既指出了统筹方法的性质,是一种数学方法,又点明了它的特点,是关于安排工作进程的。定义下得十分简明。下定义的方法,也可以理解为是对某一事物的本质特征或某一概念的内涵和外延作确切而又简要的说明。下定义实际上也是一种说明,不过它是一种更严谨的说明,对于低年级视障儿童来讲,一般常用词不需要下定义,因为有些定义本身就是难以理解的东西,超出了他们接受能力的范围。到了高年级,随着感知经验的不断丰富,视障儿童理解语言能力也会逐渐提高,对有些词语,只用一句或几句简短而明确的话就能解释清楚它们的含义。值得注意的是,凡是那些能运用直观、描述、体会、举例等方法解释的词,应尽量采用这些方法,使学生对于抽象的事物能够获得一个完整、具体、形象的概念,其效果比下定义要好得多。

3. 词语教学的步骤

把词语教学贯穿在整个语文教学的全过程,是《语文课程标准》的要求,也是理解和运用词语的有效途径。词汇教学应贯穿在学习课文的过程中,《语文课程标准》要求词语的学习要分散处理,不应集中讲解。一般分三个阶段进行。

(1)初读阶段

为了扫除视障儿童阅读课文的障碍,为顺利阅读课文奠定基础,从起始课就要重视词汇教学。起始课的词汇教学主要是通过初读课文后,让他们集中提出预习中不理解的词语(或者课前就向视障儿童了解),然后采用边读边讲的方法讲解词语。词语在读过的句子或段落中出现,待他们读完一句或一个段落后,教师示意暂时停读,接着解释(包括提问)词义,讲明白后让他们接读下去,依次讲解全文词语。

凡是课文中出现的新词,容易混淆的同音词,需要用比较多的时间举例讲解或需要动作演示或需要用教具直观的词,都应在起始课上,结合上下文,边读边讲解释清楚。有时为了巩固已学的词语,也作一些必要的讲解,以加深印象。有些词由于盲文是拼音文字,没有字形,视障儿童往往易把那些与旧词拼音相同的新词混淆,所以不能主动提出新词,如"健步"易与"箭步"混淆,教师必须主动讲解。只有扫除不懂的词语障碍,才能顺利阅读和初步领会课文的意思。

(2)讲读阶段

课文中的关键词语往往与准确理解文章意思密切相关,关键词语的理解要在结合课文内容的基础上作深入、透彻的讲解。如刻画人物形象、描绘人物心理状态、描写环境气氛、突出观点立场等的词语都是关键词语。在教学时必须讲深讲透。如义务教育课程标准盲人学校实验教科书《语文三年级下册》《荷花》,教学的重点是说明"荷花"的样子。能突出表现"荷花"的词语就是关键词语。如"碧绿的大圆盘"、"黄色的小莲蓬"、"清香"等。在教学过程中,应该把重点放在这些关键词语上。因为讲深讲透这些词语,就可以直接让视障儿童感知到"荷花"的样子。当然,对于那些非描写重点内容的词也不可忽视,它起着从侧面烘托陪衬的作用。另外,还要注意课文中的多义词,在讲读中也要引起重视。还有那些在课文中用得准确、恰当,对表现人物的思想感情起了重要作用的词,讲读阶段也要引导视障儿童联系课文理解。

词汇教学一定要防止和反对分析课文和解释词语相分离的做法。只有这样，才能使视障儿童具备理解和运用各种词语的能力。

（3）总结阶段

有些难以理解或含义深刻的、抽象的词语，虽然在开始学习课文的时候已经学过了，但对于视障儿童来讲不一定都能透彻理解，这就需要在总结课上重新讲解，便于进一步巩固和运用。如义务教育课程标准盲人学校实验教科书《语文四年级上册·秦兵马俑》中的："举世无双、个性鲜明、神态自若的样子，它惟妙惟肖地模拟军阵的排列。"这些抽象和难以理解的词语，尽管讲读阶段分析过了，但不等于视障儿童就理解了，总结课上必须进一步讲解。当然，最好是通过词语运用的练习考察视障儿童掌握的情况。然后，将那些在具体运用时出现问题的词语在总结课上进行练习。

在低年级，教师在引导视障儿童理解词义的过程中要教给他们理解词义的方法。到了中高年级，他们已经具备了一定的理解词语的能力，教学中特别需要注意的是要放手让他们通过自学理解词语，但教师必须作适当的辅导与检查，使学生理解词语的能力在反复实践中得到锻炼和提高。

4. 词的巩固、运用和积累

巩固所学词语是词语教学中不可缺少的重要环节。教师要善于采取多种方法，引导视障儿童巩固和运用学过的词语。巩固新词的方法，除了指导他们在自己的口头语言和书面表达中多运用外，还要结合教材，对课文后的"语文园地"、"认识角"或"日积月累"等非常有针对性的训练内容进行练习。同时，教学中还要要求学生注重词语的积累。除了在教学中认真指导他们积累词语外，还要告诉他们积累词语的途径和方法以及培养他们养成良好的积累词语的习惯。如通过课外阅读、课外活动、听广播、生活中的相互交流等途径和方式积累。还可以教给他们运用本子分门别类积累词语的方法。要让视障儿童知道，养成积累词语的兴趣和习惯，对自己语言的发展的重要意义。

（二）句子教学

句子是由词或短语按一定的语法规律构成的，并能表达一个完整意思的语言单位，是构段成篇的基础。句子教学是阅读教学中一个重要环节，它帮助视障儿童理解课文的语言和内容，并学会正确地表达思想。

1. 句子教学的重点

句子是构成文章的基本单位，每一篇课文都是由若干个句子组成的。在阅读教学中，不可能也不需要对每个句子都逐一讲解，因为许多简单的句子学生读过去就会自然明白其意思。由此看来，对每一句子都进行讲解绝对是浪费时间和精力。句子教学的重点是引导学生分析感悟理解课文中的难句，主要包括下面几种：

（1）离视障儿童生活实际比较远的句子。有些句子对明眼人而言，理解起来并不费劲，但对于生活范围狭窄的视障儿童来讲，会由于离他们的生活实际比较远而难以理解。教师要能事先预见这些困难，并加以讲解。如义务教育课程标准盲人学校实验教科书《语文三年级下册·太阳是大家的》一文中："西边天上的朵朵白云，变成了红彤彤的晚霞。"这句话中描述的事物离视障儿童的生活实际比较远，是视障儿童难以感知到的。类似的句子，教师要重点指导，帮助学生理解。

（2）结构复杂的句子。主要指那些附加成分较多、句式比较特殊、复句和句群中句子间的关系比较复杂的句子。这些句子在讲解时，教师要指导学生抓住句子的主干进行理解。

（3）含义深刻的句子。这些句子中词语的表达和运用深刻含蓄，有言外之意，或者学生由于生活经验和知识的缺乏，不易理解。教学中要让学生在反复诵读的基础上用心思考，启发引导他们透过语言文字的表面去深刻体会其内涵和所表达的思想感情。

（4）对表现文章中心和呈现文章结构有重要作用的句子。这些句子在表达思想内容和文章的结构层次上起重要作用。这些句子包括提纲挈领的起始句、收束全段的结束句、画龙点睛的重点句、承上启下的过渡句。通过对这些句子的讲解和指导，帮助学生理解作者在布局谋篇上的匠心独运，从而习得合理安排文章结构的方法。如《东郭先生和狼》一文中的"对狼讲仁慈，你真是太糊涂了，应该记住这个教训"这句话，概括性很强，是对表现文章中心思想起重要作用的句子，含义深刻，教学时要重点把握此类句子，有利于深入理解课文的思想内容。

（5）语法上超越学生实际接受能力水平的句子。如义务教育课程标准盲人学校实验教科书《语文三年级下册·数星星的孩子》一文中的"北斗七星果然绕着北极星慢慢地转动"，是谓语连动式，对小学生来讲超越了他们的实际接受能力，教学时可以利用直观等手段深入浅出进行讲解。

（6）生动形象的句子。往往指那些用词准确贴切，表达细致生动的句子，如采用了比喻、拟人、排比、对偶等修辞手法的句子，这些句子具有强烈的感染力和较好的艺术效果。教学中应根据学生的理解程度，引导他们体味欣赏。如义务教育课程标准盲人学校实验教科书《语文三年级下册·太阳是大家的》一文中："一天中太阳做了多少好事：她把金光往鲜花上洒，她把小树往高处拔，她陪着小朋友在海边戏水，看他们扬起欢乐的浪花。"句子采用了比喻、拟人、排比的手法，较难理解，教学中教师要努力综合利用各种方法帮助理解句子的意思。

2. 句子教学的内容和方法

在阅读教学中，句子教学处于字词和段篇教学之间。它既是字词教学的"升华"，又是段篇教学的"起点"，起着"承上启下"的作用。在句子教学中，我们必须加强训练，准确把握内容，明确训练思路，合理选择形式，切实提高句子教学效率。

句子教学包括三方面的内容：一是建立句子的概念，使学生能分辨清楚每一句话；二是准确理解每个句子的含义；三是具体把握句子间的关系。

（1）引导视障儿童建立句子的概念

句子概念的建立，是一个循序渐进的过程。要从一年级开始，逐步提高。句子对一年级的视障儿童来说，并不十分陌生。入学前，视障儿童已经通过听觉积累了很多语言；上学后，在盲文教材中又拼读和接触了一些书面形式的句子。因此，在低年级教学开始时教师就要结合课文内容和教材中的相关教学活动，指导并帮助视障儿童逐步建立句子概念。如在教学中，教师要带领学生或指导他们一句句地读。通过读和讲解相结合的方式，让他们在读的过程中感悟出：读课文不能一口气读下去，该停顿时要停顿，较大停顿处就是完整的一句话。教学的关键是在读课文之前，必须提出读课文的有关要求。如可让视障儿童在所读内容中有意识地找出音节、词语、词组和句子的差异，知道句子的组成。教学中，教师还要进一步结合教材内容引导视障儿童感知句子是由词语按照一定的顺序组成的。在分析的基础上，帮助他们读懂句子的意思，使他们最终明白句子起码应该包含"谁或什么"和"怎么样或做什么"等两部分。当然，举例分析讲解效果会更好，如"我要上学"是一句完整的话，由"我"、"要"、"上学"三个词组成。重点是讲清楚这些词在组成句子的时候是有序的，不能颠倒。还要进一步告诉学生，此句子实际是由"谁"和"做什么"两部分构成的，无论缺少哪一部分，句子的表达都不完整。通过多次这样的练习，学生自然就会建立句子的概念。教学时，教师一开始就要特别注重视障儿童的听读、说话和写话训练，一定要强调他们说完整的话，写通顺的话，在阅读中感悟和分辨完整的话。

（2）引导视障儿童准确理解句子的含义

"句子含义"，就是句子所包含着的意思，读句子，尤其是读含义深刻的句子，千万不能只停留在对句子表面意思的理解上，要深入探究、思考句子暗含着的、更深刻的意思。这样才能更准确、更深刻地把握文章的思想感情。

引导视障儿童理解句子的方法很多，下面介绍常用的几种方法，这些方法对那些含义深刻难以理解的句子更为实用。

A. 以句子中的关键性词语为突破口。教学中,对于那些难以理解的句子,要首先找出句子中的关键性的、难懂的词语,以这些词语为突破口进行教学,如果把这些词语的意思搞清楚了,整个句子的意思也就清楚了。因而从理解词语入手,弄懂词语的意思,再理解整个句子的意思,是帮助学生理解句子含义的有效途径。如《十里长街送总理》一课中有这样一句话:"一位满头银发的老奶奶,双手拄着拐杖,背靠着洋槐树,焦急而又耐心地等待着。"我们可以抓住"焦急"和"耐心"这两个关键词。这两个词听起来似乎矛盾,但它们却反映了老奶奶急切想见到总理的灵车,以及不见灵车决不离去的那种对总理依依不舍的感情。

B. 联系上下文。联系上下文理解句子的意思,是《语文课程标准》对句子教学的要求之一。也就是说,不能单纯而孤立地讲解句子,有些句子的含义与上下文有着密切的联系,只有顾及全篇,才能理解句子的含义,一定要结合上下文的具体语言环境学习理解句子的意思。这样比较容易体会句子的确切含义。如,在《语文》三年级上册《风筝》一文中"风筝做好了,却什么也不像了,我们依然快活"这句话,如果脱离课文孤立地看,较难理解。启发学生联系上文中孩子们做风筝时心中充满了憧憬和希望,虽然最后做出来的风筝什么也不像,但他们还是很快乐的,这样就会理解"风筝做好了,却什么也不像了,我们依然快乐"的真实含义。再如,在《语文》四年级上册《为中华之崛起而读书》一文中:"他在沈阳下了车,前来接他的伯父指着一片繁华、热闹的地方,对他说:没事可不要到那个地方去玩啊!"这句话,如果脱离全文单独看,真是另人费解,但结合上下文意思就会知道:"沈阳虽然是中国的地方,但由于当时中华不振而使沈阳的那块地方成为外国的租界地,中国人是不能随便进去的,如果随便进去可能会惹出麻烦,且没地方说理。"在古诗学习过程中更应结合上下文理解句子,如"乡音未改鬓毛衰",要理解它的真正含义还得联系上文:"少小离家老大回"(是因为小的时候就远离家乡,老了才回来的原因)。

C. 联系课文所表达的时代背景来理解。有些句子学生不理解,是由于学生对文章所描述内容的背景缺乏必要的了解。教师对此要作补充介绍,要与当时当地的情况联系起来才能理解。如在人教版九年义务教育教材五年制小学语文第九册第5课《开国大典》一文中,有"天上五颜六色的火花结成彩,地上万万千千的灯火一片红"的描述,这句话从字面意思上看,是描写首都国庆之夜的美景,但当我们结合课文内容所表达的时代背景及由此联想到新中国诞生的重大意义时,就会明白,这句话的实际含义是:"新中国诞生了,中国人民从此站起来了,中国人民的生活将如花似锦,幸福无比。"

D. 通过比喻、象征意义去理解。有些句子表面上看通俗易懂，但实际却有着非常深刻的含义，这就需要我们去挖掘这些句子的比喻、象征意义。如《我的伯父鲁迅先生》一文中有这样一句话："四周围黑洞洞的，还不容易碰壁吗。"这句话表面上看，意思非常简单，但从其比喻、象征意义的角度看，就会明白作者的真正意图是用"黑洞洞"来比喻非常黑暗的旧社会，用"碰壁"来比喻革命者处处遭受迫害和打击。这是鲁迅先生用诙谐的笑谈来讽刺、抨击旧社会的黑暗。又如，《卖火柴的小女孩》一文的结束语："她们俩在光明和快乐中飞走了，越飞越高，飞到那没有寒冷，没有饥饿，也没有痛苦的地方去了。"这句话看似平淡，极易理解，但句子却是有极其深刻象征意义的。因为在当时，这种"没有寒冷，没有饥饿，也没有痛苦的地方"是根本不存在的，文中的小女孩实际上是在饥寒交迫中悲惨地死去，那个美好的地方只不过是小女孩的美好幻想和愿望罢了。美丽的幻景与冷酷的现实之间鲜明而强烈的对比，揭露了资本主义社会的罪恶，表达了作者对小女孩不幸遭遇的深切同情，同时也让学生体会到这就是课文的中心思想。

E. 联系生活实际，利用联想来理解和体会思想感情。句子在表达意思的同时，总是同时传达着作者的思想感情。句子虽然表达的是作者的思想感情，但我们应该知道，每个人的思想感情往往是相通的，教师如果了解这一点，就能引导学生和作者的思想感情产生共鸣，加深对句子的理解。作者的思想感情可以通过作品中的人物表达，可以通过细节的描写表达，可以通过作者在文章中的直接议论或抒情表达，也可以通过选词造句和修辞的方式表达。教师在教学时，应该引导学生结合教材内容对各种表达方式进行设身处地的联想，从而准确地体会作品的思想感情。如《我的战友邱少云》一文中有这样一句话："这位伟大的战士，直到生命的最后一刻，也没挪动过一寸地方，没有发出一声呻吟。"我们可以联想自己被沸水或火星烫着时会迅速地把手缩回来以及剧烈疼痛的情景，而邱少云在烈火烧达半小时之久却能做到纹丝不动，足见他的高度纪律性及为革命勇于献身的伟大精神。

（3）利用句子训练的方法，具体把握句子间的关系

语法、修辞术语对于小学阶段的视障儿童来讲是比较抽象而难以理解的，因此，要想让他们掌握句子的规律，必须丰富其感性经验，并在此基础上，通过具体的教学训练，使其感性经验上升为理性认识，从而熟悉规律，掌握规律。因此，必须对他们进行句子训练。在新版语文教材中，课文的后面设置了多种形式新颖的句子训练方式和内容供学生练习。如课文后的"找找抄抄"、"读读背背"、"抄抄说说"等训练方式和内容。

（三）段的教学

《语文课程标准》中有关"阅读"的每一个部分，都没有提到"分段、概

括"，是不是学习"分段、概括"就没有必要了呢？其实不然。分段和概括是视障儿童学习语文、理解语言材料的基本思维方式。但由于过去人们把它作为了一种方法、手段和目的，使分段、概括成了形式，有的完全脱离了语文教学的实际，给视障儿童造成了心理负担。

《语文课程标准》在中高年级段提到阅读时是这样说的："能初步把握文章的主要内容，体会文章表达的思想感情。""学习略读，粗知文章大意。""在阅读中揣摩文章的表达顺序，体会作者的思想感情，初步领会文章基本的表达方法。"由此看来，段的教学是阅读教学的内容之一，这是一种客观存在。段落教学是阅读教学的基本内容，是指导视障儿童分析课文、理解课文的一个重要环节。它既可以使视障儿童获得篇章结构的知识，提高布局谋篇的能力，又可以使视障儿童受到分析、判断、推理、概括、综合等方面的思维训练，还可以直接地提高其阅读能力。

段落，本是写作学的一个名词，是构成文章的基本单位，是句子的集合体。它是文章思想在表达时由于转折、强调、间歇等情况所造成的文字停顿。习惯上称"自然段"，具有换行另起的标志。

不同学段的教学重点及引导视障儿童理解自然段的主要策略：

1. 低年级段的教学重点是认识自然段，教学的关键是要求视障儿童能够找出自然段的起始，一般采取让他们分段书写的方法进行。当然，能够体现新课程教学理念的最好的方法是让其结合课文内容在具体的语言环境中认识和感悟自然段。最终，让他们懂得自然段是由几句有密切联系的句子组成的。但是，一定不能忽视的是告诉视障儿童："一句话或两句话有时就是一段。"这种自然段的内容很简单，只要读懂就能理解。

2. 中年级段的教学重点是逐步培养和提高视障儿童对自然段的理解能力。段的教学内容在低年级的阅读教学中已经有所渗透，对于段的概念视障儿童已经有所体会，尤其在认识自然段这一项上基本是轻车熟路。从教学内容上说，中年级是承前启后的一个特殊阶段。"承前"指的是，段的教学是在低年级词汇教学、句子教学的基础上的继续和发展；"启后"指的是，段的教学是高年级篇章教学的前提。所以，段的教学和训练应是中年级阅读教学的重点。低年级向高年级过渡的关键期是三年级，自然段的教学是三年级阅读教学的重点，也是落实并完成中年级阅读教学内容的关键，同时也是训练视障儿童抽象概括能力的关键期。对段的训练也应由易到难，循序渐进。

3. 高年级阅读教学的重点是引导视障儿童准确把握自然段的主要意思，也就是概括中心思想。教学的重点是引导他们准确理解那些包含较多句子的自然段，关键是教给视障儿童理解自然段的方法，培养和提高他们理解自然段的能力。

《语文课程标准》规定的自然段教学过程中的两个基本训练目标是"分析自然段"和"归纳主要内容"。"分析自然段"是在先通读全段的基础上，粗略分析这段话大致讲的是什么；"归纳主要内容"是在粗略分析的基础上，再对每一句话细读并进行揣摩、推敲，直至搞清楚每一句话的含义和彼此之间的联系，然后再通读全段，根据每一句话的含义和彼此之间的联系，归纳把握全段的主要意思。这实际和以往关于段的教学一般采取"整体——部分——整体"的步骤和方法是一致的。

教学过程中，要以阅读教学为基础，在具体的语言环境中进行感知和训练。在感悟理解句意的基础上，把握句子间的联系，然后归纳自然段的主要内容。有人说："理解句意是基础，把握联系是关键，归纳段意是归宿。"这是对段的教学的形象概括。如果视障儿童既能准确把握每句话的意思及其句子间的相互关系，那么归纳段的主要内容也就胸有成竹了。

（四）篇的教学

篇章教学主要是引导视障儿童掌握理解课文思想内容的方法，具备独立阅读的能力。

1. 篇的教学内容

篇的教学内容主要包括：一是理解文章的主要内容，体会文章的思想感情，感悟一些表达方法；二是揣摩文章的表达顺序；三是进行语言的积累。

2. 篇的教学基本策略

（1）引导视障儿童准确把握文章的主要内容，体会文章的思想感情，感悟一些表达方法。

在阅读教学中，教师要根据不同课文的特点，结合课文中具体的语言环境，采用多种形式引导视障儿童运用相关的策略准确把握理解课文的主要内容，体会文章的思想感情，使他们掌握准确把握课文内容的各种方法。并通过各种形式的学习活动使他们反复得到训练和运用，提高理解能力。教学的重点是引导其通过阅读实践，自己逐步感悟出一些准确把握文章主要内容的方法。

在盲校，引导视障儿童理解课文主要内容的方法有：通过理解重点词句，进而理解段落和篇章的内容，要让他们结合自己的经验，边读边展开想象，尽量做到把课文描述的内容在自己的头脑中形成画面；然后依据画面形成过程的先后，逐步理清文章的脉络，再让他们用自己的话叙述课文的内容。如《语文四年级上册》第15课《猫》，课文通过对猫生动、形象的描述，说明了它的淘气和可爱，表达了作者极其爱猫的思想感情。教学这篇课文的关键就是抓住课文中的重点词句指导视障儿童分析、品味，进而体会出作者对猫的喜爱之情。如"小猫把作者养的花弄的枝折花落，可作者却不忍心责打它"，这一句中的几个重点的词"枝折花落"、"不忍心"都能让人体会到作者的感情。在整篇文章中，这样饱含深情的句子随处可见。要让他们在对这些句子边读边品味的过程中，理解课文内容，体会思想感情，引导他们逐步体会感情的方法，关键是引导视障儿童带着感情去阅读，要有设身处地的感觉，最后相互交流各自的阅读体验。新课程标准特别强调要让儿童自主阅读，所以，不管是感悟内容，还是体会感情，一定要求视障儿童自主阅读、独立阅读、读懂课文、有所体会。最后，通过教师的补充和师生间、学生间的相互交流、启发，加深对内容的理解和感悟。新课程要求尊重儿童的个性发展，因此，特别注意不要随意否定视障儿童的独特体验，不要以一个标准答案限制其思维，对视障儿童尤其应该注意。

对盲校的小学视障儿童来讲，感悟表达方法的要求不要过高，只要感悟出文章在表达上的突出之处就行。重点要放在词句上，如词语的运用，句式的选择等。感悟表达方法的有效途径是启发式，教师在阅读过程中，要引导儿童自己通过比较去发现方法。如比较哪些词用得好，哪些语句表达得确切等。感悟表达方法的主要途径是指导儿童多读，而且要求其认真地读、边读边思考。

（2）启发引导视障儿童揣摩文章的表达顺序

揣摩文章的表达顺序，就是了解作者的写作思路，这是准确把握文章主要内容的前提，是了解作者写作意图的重要一环。教学中引导视障儿童揣摩文章表达顺序的重点是让其"自己揣摩"，然后相互交流，当然，教师要对他们的学习结果给予充分的肯定，这对激发他们学习的积极性有帮助。关键是告诉他们小学阶段所选文章大多是叙事性的，一般是按照事情发展的顺序进行的，让视障儿童将教材内容和自己的生活体验有机结合起来去揣摩。

（3）进行语言的积累

语言的积累是篇章教学的重点，需要一个日积月累、循序渐进的过程。学生只有将各具魅力的语句牢记在心，才能出口成章、下笔有神。对视障儿童来讲这尤为关键，因为他们形成和发展语言主要是靠口授耳听。在盲校的教材中，引导学生积累语言的方式主要有背诵和抄写两种。如一般安排学生在阅读中找出优美词句，让他们多读，多体会，然后要求抄写下来。语言积累教学的关键是引导视障儿童逐步养成主动积累的良好习惯。教师一定要告诉视障儿童积累语言对于他们自身发展的重要价值。当然，积累语言的途径不仅在课内，还要向课外延伸。要充分利用各种有利条件积累和丰富语言。

（五）朗读指导

朗读是阅读教学中最经常最重要的训练之一。教学中要从"读"出发，把"读"贯穿教学全过程。它体现视障儿童主体作用的发挥,体现以视障儿童的语文实践活动为课堂教学的本体,同时也体现了新课程理念在朗读教学中的落实。对低年级视障儿童来说,由于年龄特征和心理发展水平的制约,他们的有声思维仍在起作用,无声思维则处于刚刚起步阶段,言语运动分析器在阅读中起着重要的作用,因而出声读是低年级视障儿童理解书面文字的感性支柱。通过读把触摸到的盲字音节符形和它的含义联系起来,从而使视障儿童理解了课文,因此朗读是低年级视障儿童理解课文的主要方法,也是进行阅读训练的起点。随着朗读能力的提高,视障儿童的朗读能力才会相应提高。所以,各年级都要重视朗读,要逐步培养、提高视障儿童的朗读能力。朗读是多种感官参与活动的过程。视障儿童朗读是指摸、心想、嘴念、耳听,由于多种感官参加,对记忆就很有帮助。高声朗读不仅能使视障儿童发音正确,吐字清楚,而且可以对课文留下深刻的印象。指导视障儿童朗读的方法:

1. 指导视障儿童朗读要重视针对性

拼音文字的盲文使视障儿童朗读技能的形成具有明显的阶段性。低年级视障儿童的朗读教学是在刚结束盲字学习,拼读技能尚未熟练的情况下进行的,因此,在低年级,他们的朗读只能停留在拼拼读读的阶段。最初,他们手指触摸到点位符形,并不能直接转换成字母和音节,朗读时的表现往往是边摸边拼,一个音节一停顿,不能把词连成完整的一句话,这个时期只能叫拼读;在盲字摸读稍熟练,能直接从音节连成词语后,一般视障儿童都急于读得连贯,但摸读速度却跟不上,于是出现凭对课文的大概印象,连背带猜的"慢读"或"假读",朗读时往往出现添字或丢字现象,这是一个初步熟练阶段;盲字摸读时触摸到的音节符形已能较快地转换成词语,摸读速度也提高了,能达到以词语为单位的整体性摸读。朗读指导要根据视障儿童这一实际,教师要理解按音节拼读是初学阶段的必然现象,理解视障儿童的摸读能力提高后,这种现象将会自动消失。

可见,教学时一定要依据视障儿童朗读技能发展的三个阶段,合理安排教学内容,以合理的要求和方法指导其朗读。如低年级时,视障儿童阅读教学重在"读",在"读"的基础上巩固盲文的摸读技能,让其在读的基础上获得初步的情感体验,感受语言的优美,教学时只要求读读背背写写,教师不必讲解。对中年级的视障儿童,指导的重点仍是读得正确,朗读时严格按照"手到、心到、口到"的要求,把词语、句子读正确。教学中要尽量避免单调枯燥的技术性指导,遇到长句子或视障儿童不容易读好的句子,教师要进行示范。到了高年级,阅读教学要多读少讲,把比较多的时间留给视障儿童读书,让其通过自主的入情入境的朗读,读懂课文,有所感悟,教学的关键是要求学生情感的表露要真实、自然。

2. 把朗读训练贯穿于阅读教学的全过程

在阅读教学中要多给视障儿童创造朗读的机会，朗读指导要重视启发引导，这样就能将朗读训练和理解课文有机结合起来。朗读指导要避免机械模仿，要将"读"与"思"有机结合，教师还要根据课文特点，启发视障儿童想象课文描述的情节和形象，促使朗读时感情的自然流露。启发视障儿童围绕课文中心内容，体会文章思想感情，要引导他们理解一定语言环境中词句所表达的意思，所描绘的环境。只有这样，才能激发视障儿童的思想感情，能够真挚自然地朗读课文。

在阅读教学过程中，指导朗读的方式很多，主要包括范读、个人读、齐读、分角色读、伴读、领读、引读、轮读等，其中范读和个人读是训练朗读能力的重要手段。可以听录音，听教师读，也可以由朗读水平较高的视障儿童读。范读的作用既有助于视障儿童对课文的理解，也为他们的朗读提供一个榜样。视障儿童听觉灵敏，辨音能力强，善于模仿，良好的范读对提高他们的朗读能力有很大的帮助，特别是处于拼读阶段的视障儿童，范读对促进他们整体性朗读有很大作用。

个人读包括自由读、轮读、接读和指名读。自由读就是全班在同一时间就一篇课文个别小声读。它可使全班学生在课堂上都有练习机会，便于边读边思考。轮读是为集中视障儿童注意而采用的方式，一般适用于低年级。齐读有利于解决读音、自然停顿和语调等问题，但对尚未具有朗读能力的视障儿童容易形成不动脑筋的唱读。在低年级不宜多使用。

教学的关键是让视障儿童明白，各种形式的朗读有各自的功能和适用范围，要依据具体情况合理选择。如，当需要激发学生朗读的热情或兴趣及他们读得不到位时，宜选择范读方式指导；当需要依靠读来指导学生分清段中的内容、层次时，宜选择引读的方式；当遇到对话较多、情趣较浓的课文时，宜选择分角色朗读的方式；当需要渲染气氛、推波助澜时，宜选择齐读的方式。但要注意的是：（1）范读只是引路而已，只能起"示范启发"作用，而不是让学生机械地模仿，因为"一千个读者有一千个哈姆雷特"，必须引导学生"入境入情"，因情而自得，按"得"去朗读。一节课中范读不能太多，要尽可能地多留些时间让视障儿童自己练读。（2）慎用齐读。齐读虽有造声势、烘气氛之妙用，但也是产生"滥竽充数"和唱读的温床。（3）每种形式的读放在不同的环节，它的作用又有区别，如范读与学生的试读，先后次序互换一下，它们各自所担负的任务、执教者要体现的目的意图也就不同。因此，教师要精心设计朗读训练过程，科学合理地选择好每一环节读的形式，让它们各尽所能。

3. 要重视摸读速度的提高

视障儿童摸读速度的快慢反映了阅读能力的高低，也直接影响到朗读的效果。因此要重视他们摸读速度的提高。摸读速度提高的主要方法是多摸多读，对低视生来说，为了增加他们的阅读量，也可以让他们通过学习盲字进行阅读。

4. 教学中要注重朗读技巧的指导

只有让视障儿童掌握朗读的技巧，才能提高其朗读能力，朗读技巧的掌握一定要在实际朗读的过程中让视障儿童模仿体会，不要凭空讲解。

（六）默读指导

默读是阅读的基本形式，也就是不出声的阅读，是人们日常学习、生活中，运用最多的阅读方式。默读能力是每个人必须具备的一种重要能力，对视障儿童来讲，默读时由于省去了发音器官的活动，他们摸到的盲字符形直接与思维建立联系，因此速度比朗读快。而且，他们因不受语调、速度等支配，默读时可自由停顿，重复阅读，因而在读书时能集中思考，有助于对课文的理解。因此，教师在阅读教学中应重视培养视障儿童的默读能力。指导视障儿童默读的方法：

1. 首先要明白视障儿童默读能力和习惯的形成要经过两个阶段：一是小声读阶段，这是每个人必然经过的阶段，即嘴唇不断微动，口里有轻而急促的声音发出，视障儿童更是如此。二是无声读阶段，即准确地进行大量阅读，能根据上下文看懂课文。只有明白这两个阶段，教学才能顺利进行，否则，就会出现急功近利的现象。

2. 教师要明白默读能力的提高有个训练的过程，教学中可以从引读开始，教师在开始引读时声音要轻而慢，要逐步地有意识地把视障儿童的注意力集中到所读内容上来，要求其一个音节一个语词地仔细摸读课文，养成认真阅读的习惯，一定要求他们做到手到、心到，防止漫不经心地匆匆掠过。低年级视障儿童注意力不集中，不习惯静坐读书。因此，低年级教学应以朗读为主，到了中高年级要以默读为重点。

3. 教学中还要指导视障儿童带着问题默读课文，要给其充足的时间默读，使其切实的默读课文，并按要求进行思考。这有助于培养其默读的自觉性和积极性。

4. 指导视障儿童默读后的组织讨论和效果检查是默读教学中必不可少的一环，这是教师了解默读情况的依据，决不能匆匆而过，使默读流于形式。

5. 指导视障儿童通过各种形式的训练逐步提高默读速度，如可以利用比赛的方式促进，也可以通过让其在规定时间内默读并及时检查等方式进行。

（七）背诵指导

背诵是积累语言的有效途径，是我国学习语文的传统方法，是巩固所学内容，透彻理解课文，促进语言、记忆力发展，提高思维能力，提高语文素养的重要手段。丰富的语言积累，是视障儿童理解和运用语言能力提高的必要条件，也是提高其思维能力的基础。盲校语文教学的对象是视障儿童，根据其能模仿、善记忆、机械识记能力强的语文学习特点，在盲校语文教学中加强背诵和复述教学，可以提高其语言表达能力，激发其学习的自信心。

背诵时要口齿清晰，速度适当，不添字漏字，不颠倒次序等，简单地说就是正确、流利、有感情。要在理解的基础上背诵，切忌死记硬背。教师要引导视障儿童对背诵的内容进行交流、检查、巩固复习，防止遗忘。指导视障儿童背诵的方法：

背诵是为了丰富语言的积累。因此，一切有利于语言积累的背诵方法都应该积极提倡和使用。当然，不同类型的内容，指导背诵的方法也不会完全相同。

1. 遵循记忆规律，指导视障儿童寻找记忆线索

在理解的基础上进行记忆是记忆的规律，只有这样才能牢记在心，熟练运用。大多数视障儿童由于感知经验贫乏，所以他们的机械记忆能力特别强，背诵时往往死记硬背，不求甚解，这种背诵遗忘率较高。要想让他们有效背诵，必须建立在理解内容的基础上，而理解所背内容的前提是丰富他们的感知经验，也就是寻找记忆线索。方法是：从课文结构层次出发，理解文章各个层次的含义，掌握作者的表达意图，了解表达顺序，搞清楚句子之间的关系，在此基础上逐步进行背诵。如《语文》四年级上册《观潮》一文，作者是按时间顺序安排的，先说"这一天早上，我们来到了海宁市的盐官镇"，然后下一段又从"午后一点左右"说起；或者还可以以这两个时间中所描写的内容为线索帮助记忆，抓住这些线索，背诵就容易了。

2. 指导视障儿童在理解的基础上背诵

理解是背诵的基础。这里的理解是指对背诵内容脉络或意思的大致理解。当然，熟读是背诵的前提，不读通背诵内容就进行记忆，只能是徒劳，即使勉强记住，也会很快遗忘。

3. 指导视障儿童依据课文中的重点词、句、段进行背诵

在许多课文内容中，有一些能够标明课文主要意思和层次结构的重点词、句、段，可以让视障儿童凭借它们与课文之间的联系进行记忆，教学的关键是提醒他们去寻找这些词、句、段，使它们成为其记忆的依据。

4. 指导视障儿童反复阅读和尝试回忆相结合进行背诵

实践证明：反复阅读和尝试回忆相结合进行背诵比单纯的背诵效果要

好的多。其原因主要是在运用反复阅读和尝试回忆相结合进行背诵时，人的思维和回忆都处于非常活跃、积极的状态；如果在对要求记忆的内容还没有完全熟记时，进行尝试回忆，能够发现记忆中的难点，然后可以集中精力对没有熟练记忆的地方进行强化记忆，这样也可以避免对所有内容平均使用精力，反复记忆，造成时间上的浪费，且不利于记住难点。对此，心理学家有过专门的实验：在一个实验中让儿童识记课文的内容，一种是让儿童连续阅读四次进行识记，另一种是阅读两次，尝试回忆两次。在复习后一小时测定两者记忆保持的百分比分别是52%和75%，一天之后和十天之后测定，结果相似。教学的关键是提醒视障儿童及时进行尝试回忆，让他们发现并注意没有熟记的弱点部分。

5. 指导视障儿童分散难点进行记忆

在所要背诵的课文中，尤其是内容比较多的课文，视障儿童在背诵时会感觉有的地方容易背诵，而有的地方比较难，如开头和结尾较易记忆，而中间比较难，教师就要提醒他们把注意力放在中间部分，然后重点理解进行记忆，或者把难点分段或分句进行记忆，但不可忽视内容间的联系。

（八）指导视障儿童复述和回答问题

复述和回答问题是阅读教学中的重要环节，是培养和提高视障儿童听、说、读、写能力的有效途径，一定要引起教师的注意。

1. 复述，在语文教学中指儿童把所读课文用自己通俗易懂的话重新说出来，是构成儿童听说能力的重要因素。复述的目的在于让儿童重新体会课文所表达的思想感情，加深对课文内容的理解，而且能提高儿童的口头表达和运用语言的能力，增强记忆，还能帮助儿童积累优美词句，提高阅读和写话能力。

复述时，首先要用普通话，做到正确、流利、有感情；还要在理解和掌握文章主要意思的基础上，在不改变文章原意且突出重点的前提下进行；另外，还要尽量将文章中的重点词、句或好词佳句运用在复述当中，以积累语言和表达文章的思想感情。

复述的方式：

（1）复述的方式有很多种，大致分为重复性复述和创造性复述两大类：重复性复述是指在复述时尽可能多地保留原文的内容情节及顺序，视障儿童比较容易进行；创造性复述是指让儿童在结合原文语言材料的基础上，借助自己的经验、思维和想象对它进行扩充，可改变复述材料的结构、顺序、角度和表现方法。如果说重复性复述主要培养的是形象思维能力，那么，创造性复述则明显增加了抽象思维能力的培养。

当然，要针对视障儿童的不同水平选择复述训练的方式。对基础不扎实、表达能力不强的视障儿童，要求他们重复性复述；还可以按照不同学段视障儿童的能力水平选择复述的方式，如对于低年级和中年级的视障儿童来讲，由于感性经验的缺乏阻碍了想象力的发展，使他们的语言表达和抽象思维能力较差，可以选择重复性复述。但一定要防止因感性经验缺乏而造成的机械背诵现象，在教学时要重视启发诱导，尽量在复述前想办法让视障儿童对课文内容做到透彻的理解，对有关事物形态有具体的感知，要诱发其已有的感性知识；对晚期失明的孩子可启发回忆以往感知经验，必要时还要帮助他们补充形象；对故事情节和人物思想活动，可通过一些启发性问题引导思考。如在学习了《语文》二年级上册《秋天的图画》后，为了加强对课文理解并发展想象力，复述前教师可提出问题让视障儿童思考："谁使秋天这样美丽？""在丰收的季节里你看到了什么？"第二个问题对于视障儿童来说是困难的，教师就用生动语言描绘果园丰收时的具体景象，再启发视障儿童联系已摸到过的苹果树和梨树来谈自己仿佛看到了什么。视障儿童思维得到启发，有的说："我仿佛看到苹果树上结着很多圆圆的、红红的大苹果，梨树上结着一个个黄橙橙的梨，小鸟在树上快乐地飞着、叫着。"有的说："我看到很多农民伯伯在欢乐地摘果子，还有一些调皮捣蛋的小孩子在树下快乐地玩游戏。"

到了高年级就可以有意识地安排视障儿童进行创造性复述。这种复述的优点是有利于培养想象力和创造力，促进语言能力的发展。对于视障儿童来讲，语言的发展可以帮助他们逐渐克服语意不符的现象，也是检查他们是否真正理解课文的有效手段。

（2）复述还可以分为详细复述和简要复述两类。详细复述，就是基本按照原文的内容和顺序进行复述，内容比较简短，一般安排在低年级。其目的是对所复述的课文有较深的理解；简要复述，指用简明扼要的语言对原文进行概括性的复述，较适用于篇幅较长的内容。一般在高年级进行。目的是训练说话时能掌握重点，培养儿童的语言概括能力。但对于视障儿童来讲，教学前教师要编好提纲，教学中还要注意启发、引导。

无论选择哪种复述方式，教学前教师都要做好相关的准备工作，如一定要求视障儿童熟读并透彻理解课文内容，摸清表达的顺序和思想；视障儿童在复述时，教师要检查并记录复述情况。在教学内容安排上，教师要有意识地帮助视障儿童确定重点词、句、段。复述前还可提出相关问题让他们思考，或编写提纲提示复述。复述后要及时进行评议，便于找出问题。

在语文教学中，教给视障儿童复述方法，培养其复述能力，有利于不同层次的视障儿童在感兴趣的自主活动中全面提高语文素养，开发创造潜能。

2. 回答问题。回答问题是小学阅读教学中一项基本训练,它是理解和表达能力的综合,对理解教材内容,促进思维发展,提高语言表达能力有重要作用。语文教学从一年级起就要求视障儿童能用完整的语句正确回答问题。而回答问题能否促进视障儿童语言的表达和思维的发展,关键还在于如何进行课堂提问。阅读教学中的课堂提问是引导他们积极探索的有效途径,有价值的问题往往有助于学生思维的发展,所以,在教学中一定要精心设计问题,所提出的问题,既要有思考的价值,又能引起视障儿童的兴趣,促进其自主学习和探索。在此基础上,指导视障儿童联系课文仔细审题、分析问题、把握要求,就能成功地回答问题,可以培养其自信心,促进语言思维的发展。

第三节 各种不同类型课文的教学

现行盲校小学语文教材从中年级开始出现精读和略读两类课文,除此之外,教材中还安排了一些选读课文。对于这些不同类型的课文,其教学要求和方法是不相同的。教师在教学中要明确课文类型,因文施教。

一、精读课文的教学

对于"精读",在义务教育课程标准盲人学校实验教科书《语文三年级上册教材说明》中,是这样解释的:精读是指要认真、仔细地研读,有时甚至需要咬文嚼字,结合联想和想象,加深对文章的理解,从而有助于提高理解和运用语言的能力。"精读课文"实际上就是原先的"讲读课文",把"讲"改为"精"体现了课程改革中"以视障儿童为主体"的新理念。"精读"强调的是要以视障儿童的"读"为主。精读课文教学的过程与方法:

1. 导读结合,初读课文,唤起视障儿童阅读的兴趣和参与阅读的主体意识

初读课文是精读课文教学最关键的一步,教学的主要任务是唤起视障儿童阅读的兴趣和参与阅读的主体意识。教学的方法是导读结合,就是教师要根据课文的特点,启发引导视障儿童发现课文中的重点词、句,读准易错的字词,初步理解课文主要内容和作者表达的思想感情。教师要引导他们自主学习和探索,学生的读离不开教师的"导",教师的"导",指的是教师要在备课的基础上对学生进行组织、提示、提问、示范、指点和必要的讲解。教师导的着眼点是学生的读。也就是要求教师在导的时候,要密切联系视障儿童读的内容,如提问、指点等都不能脱离实际,要将"导"与"读"有机结合。当然,导读结合要注意启发性和层次性,不能随意进行,还要注意强调

学生自主完成读的过程。

2. 从各方面入手精细研读,重点感悟

首先,可以从课题入手精细研读,重点感悟。课题往往是文章主题内容和中心思想的提炼,理解了课题内容就等于把握住了文章的中心思想。因此,从课题入手,往往能快速而准确地找到问题的关键所在。如《语文三年级下册》中《月球之谜》一文,根据课题,可以提出有思考价值的问题:"月球到底和地球有些什么差别呢?""月球到底神秘在哪里呢?"解决了这些问题,就可以了解和把握文章的主要内容。

其次,可以从文章重点和难点入手精细研读,重点感悟。这样可以确定学习目标,避免思维活动的随意性,减少学习的盲目性。如教学中可以以文章中的某些难以理解的中心词、句、段为切入点,准确提取文章的重要信息和关键信息,突破主旨,击中要害,进行启发、引导。如《太阳》一文中,视障儿童找到的中心句是"一句话,没有太阳,就没有我们这个美丽可爱的世界",围绕这句中心句,我们就可以提取:"为什么说'没有太阳,就没有我们这个美丽可爱的世界'?"对这一问题和相关内容重点感悟理解。这里需要注意的是,每个学段因视障儿童自身知识结构和能力的不同,反映在教学上各个学段的重点、难点就不能一概而论。而对于全盲和低视力的视障儿童来讲也是有区别的。教师一定要根据视障儿童的知识结构、认知水平,确定与视障儿童"不协调"和"可发展"的言语材料加以启发、引导。教师不能牵着视障儿童的鼻子走,才能达到预期的效果。

再次,还可以提出问题,让视障儿童带着问题精细研读,重点感悟。当然,所提的问题既要有思考的价值,还要富有启发性,更重要的是要有针对性。这样视障儿童就能自主地进行研读,把对文章的理解逐步引向深入。这是引导视障儿童深入探究,自觉感悟的学习方式,他们在自学自研的过程中,提高了阅读能力,养成良好的阅读习惯。教学中特别需要注意的是教师要巡回指导,参与学生的自学自研活动,并注意吸收反馈信息。

3. 再读文章,品味赏析,评议反馈,拓展创新,深化研读效果

这是精读课文教学的重要环节,是在以上步骤的基础上进行的。这时,视障儿童已经准确把握文章的中心思想和主要内容并能达到各方面的要求,顺利地完成了教学任务。此时,教学的重点就是有意识地提高视障儿童的语文素养,需要对课文进行细细的品味、赏析,提高视障儿童的鉴赏能力,使他们受到美的熏陶。

评议反馈时,可以全班、小组或自选学习伙伴进行交流,相互合作,积累阅读经验。使视障儿童在反馈中评议,在评议中内化。这一环节,教师应鼓励学生互帮互助、畅所欲言,提出疑惑、抒发情感、互查结论、切磋问题、取

长补短,把学到的知识进一步内化。如在教学《趵突泉》这一课时,当问到"为什么说'假如没有趵突泉,济南会失去它一半的妩媚'"这个问题时,就可以引导视障儿童结合课文内容加以思考,让每个人有身临其境之感。还可以让视障儿童把搜集到的课外资料告诉大家:80年代趵突泉突然不再喷涌了,结果来济南的游客大大减少。这时的视障儿童大多会神情紧张,扼腕叹惜:"那我们是不是再也无法见到这样的美景了?""后来怎么样?快说,快说!"……当有同学告诉大家:"后来经过当地政府的科学治理,趵突泉又恢复了往日的容颜……"这时同学们就会长长地舒了口气,有的欢呼雀跃:"如有机会,一定会去看看美丽的趵突泉。"

培养学生的创新精神和实践能力是素质教育的重点,是我国基础教育教学目标的一项重大改革,要实现这一目标,其主渠道必定是各科的课堂教学,在阅读教学中一定要给学生拓展创新的机会,让学生去实践,在实践中不断深化研读效果。举一反三,学以致用,是教学的目的。在这一阶段,教师应根据课文的语言特色、要求,使视障儿童进一步理解和运用祖国的语言文字,尤其应该为其提供发散性训练,创造性地解决课内外学习和实践中的实际问题。如在教完《趵突泉》一文后,可以引导视障儿童听一听各类喷泉的声音,引导低视生观察他们那里的喷泉或相关的录像,然后启发、引导他们把自己看到的、想到的写下来。通过这一环节的练习,不仅使视障儿童积累了文章的好词好句,而且使其在积累的基础上联系旧知进行了知识的整合加工。对于视障儿童来讲,实践中创新是丰富他们的感性经验、培养他们的语言表达能力、提高语文素养的关键环节,教学中一定要重视。

二、略读课文的教学

略读是相对于精读而言的,精读是深入了解文章的内容,是为求得理解而读;而略读是快速把握文章的概要。略读课文是相对于精读课文而言的,是区别于课外阅读和精读课文的一种阅读课文类型。

(一)略读课文的教学特点

教师适当指点,提出基本要求,视障儿童自读自悟;教师大胆放手,视障儿童认真阅读,基本读懂课文,不必精读细研。

(二)略读课文教学中应注意的问题

一是注意不要把略读课文上成精读课文,字词句段、篇章结构,面面俱到,精雕细琢;二是把握略读与略读教学的界限,对略读课文的教学切忌囫囵吞枣,一读而过,学生根本没有留下什么印象;三是要鼓励和引导学生选择适合自己的方法或自主或合作学习,积极主动地参与语文阅读实践,让学生在不断的实践中学习略读方法,从而培养其略读能力;四是要明白自主阅读不是让学生自学,是需要教师引导的,还要明白"粗知文章大义"并非轻描淡写,草草了事。

(三)略读课文教学的过程与方法

1. 依据提示,自读自悟

在对略读课文进行教学之前,教师总要针对略读的内容提出一些提示性的问题或提纲,以激发学生的阅读兴趣,使他们能积极主动地进行阅读。或者也可以依据课文中的相关阅读提示进行自读自悟。教学的关键是要放手让学生自己读、自己悟,因为略读教学本身就是学生将自己所学知识进行运用的实践活动。教学中教师要给视障儿童最宽裕的时间,让他们自己去阅读、思考、探究。但教师必须明白,放手让视障儿童自主阅读,是在教师的指导下进行的,教师必须发挥主导和引领的作用。而且还要巡回指导,及时了解情况,解决问题。

略读课上,视障儿童应该有更多的自主阅读的时机,把在精读课中习得的阅读方法加以迁移运用,相互间还应该有更多的交流读书心得的机会。略读课上,视障儿童学得更自主、更开放,教师说得更少、更精到。因为这样,有的老师就干脆退到一边,一言不发,课堂似乎成了学生的天下,教学也似乎更加民主与开放,这似乎就体现了略读课文的教学特色。但是,自主阅读是不是就是让学生自己阅读?自主阅读是不是就不要教师的引领?自主阅读又如何体现阅读的层次性?当略读成为一项教学活动的时候,作为教师势必应该发挥其主导作用,引领学生深入、有效地开展有层次的阅读。

2. 讨论交流,检查效果

通过自读自悟,视障儿童学到了知识,提高了解决问题的能力,有了很多心得体会,需要讨论交流。这时教师可以组织他们或由他们自己组织讨论、交流、汇报读书所得,视障儿童在讨论交流中,可以就自己最感兴趣和感受最深的问题进行交流。可以是内容上的,也可以是情感上的,还可以是文章表达方式上的。教师只是提纲挈领,引导其抓住重点,提出存在的问题;然后进行引导点拨,教师根据视障儿童自读情况以及教材的特点,简洁而清晰地进行引导,可以引导他们进行再次的深入阅读,或将疑点、重点、难点重复读,或认为美的、有趣的再进一步品味品味,便于指导视障儿童真正读懂文本。如果说简约的一堂略读课还需要花费精力的话,最多也只是体现在引导点拨这一方式上。

3. 针对视障儿童特点,合理启发、引导、帮助

由视觉缺陷而导致视障儿童感性经验贫乏的现象,必然要影响阅读教学的效果,这就要求教师在教学中既要放手让视障儿童自主阅读,还要及时合理启发、引导、帮助,可以是语言上的,也可以是物质上的,而且要注意对阅读中出现的诸如错误的思维或推理及时纠正。

叶圣陶曾经说过:"就教学而言,精读是主体,略读只是补充;但是就效果而言,精读是准备,略读才是应用。""如果只注重精读,而忽略了略读,功夫便只做得一半。""精读文章,只能把它认作例子与出发点,既熟习了例子,指定了出发点,就得推广开来,阅读略读书籍。"叶老已经十分精辟地阐述了精读与略读的关系,精读是略读的基础,略读是精读的补充,它们都是阅读的最基本的方法,有着各自不同的作用,略读与精读一样重要。《语文课程标准》也指出:"学会运用多种阅读方法。""加强对阅读方法的指导,让学生逐步学会精读、略读和浏览。"这里同样提出了略读的要求。其实,在信息时代,略读更能迅速、便捷地获取大量信息,在日常生活中,略读比精读应用更为广泛。

略读课文教学中应重视视障儿童自主读书感悟的过程,力求通过略读课文的教学,培养他们感受、理解、欣赏、评价的能力,提升他们的审美情趣。

三、选读课文的教学

在义务教育课程标准盲人学校《语文实验教材》后面,附有一些选读课文,对于这些选读课文的教学,教师要根据视障儿童的实际需要,结合教学计划和教学实际情况决定选用哪些课文,如果选用,应该根据课文内容或类型分别安排在相关单元,也可在完成前面内容的基础上,或期末时集中安排,作为综合复习资料使用,便于巩固前面所学内容。

在教学方法上,一般要求以课外阅读,自我检测为主,教学的关键是在教学之前针对视障儿童的实际和课文内容提出要求,让他们自主学习,然后还要进行检查、交流,在交流中,教师要善于激励和引导他们进行自主学习和探究。

附:范例分析

《小柳树和小枣树》

一、教材简说

《小柳树和小枣树》是义务教育课程标准盲人学校实验教科书小学语文二年级上册的一篇课文。是视障儿童所喜爱的童话故事。小柳树和小枣树各有长短,怎样看待每个人的长与短,是课文的立意所在。课文借小柳树和小枣树生长情况的不同,赋予它们不同的性格特点:小柳树因自己长得漂亮而得意,瞧不起小枣树;而小枣树不因自己长得没有小柳树好看而泄气,也不因为自己能结又大又红的枣子而自大,相反还夸奖小柳树。

二、设计理念

1. 《语文课程标准》指出:阅读是视障儿童的个性化行为,不应以教师分析来代替视障儿童的阅读实践,应让视障儿童在主动积极的思维和情感活动中,加深理解和体验,有所感悟和思考,受到情感熏陶,获得思想启迪,享受审美乐趣。要珍视视障儿童独特的感受、体验和理解。

2. 根据视觉障碍儿童观察能力比较薄弱和好奇心强及语言表达能力、抽象思维能力较差等特点,借助视障儿童对童话故事的浓厚兴趣和各种辅助手段,尝试运用个人间或小组间辩论的学习方式,充分调动他们学习的主动性、积极性和创造性,培养他们自主、合作、探究的意识,在轻松愉悦的气氛中培养了他们健全的个性,养成了善于观察的良好习惯。

三、教学目标

1. 正确、流利、有感情地朗读课文,能用不同的语气表现角色的不同性格。

2. 有感情地朗读课文,感悟课文内容,懂得"尺有所短,寸有所长"的道理,知道要多看别人的长处。

3. 注重培养视障儿童善于运用触觉进行观察的能力。

四、教学准备:录音机、磁带、实物(小柳树、小枣树)

五、教学设计

(一)谈话激趣,导入新课

小朋友们,今天老师从大自然中给大家请来两位活泼可爱的小朋友,他们是妩媚动人的小柳树和皮肤粗糙的小枣树。

(二)观察比较,整体感知

1. 出示实物:让视障儿童触摸感知小柳树和小枣树。小柳树和小枣树长得有什么不一样?你喜欢小柳树还是小枣树?

2. 小组合作学习:将喜欢小柳树的视障儿童编为一组,喜欢小枣树的编为一组,让他们相互探讨、辩论。或鼓励他们自己独立思考并相互间进行辩论。

3. 摸读课文并找出描写小柳树和小枣树的句子与实物进行对比。

评析:创设情景、触摸实物、加强直观,激发视障儿童学习兴趣,弥补了视障儿童因视觉缺陷而不善于观察,从而造成感性经验贫乏,最终出现"语意不符"的不足,还可以帮助他们克服对事物片面认识的问题。通过触觉感知,使他们清楚地感知到了事物的不同特点,调动了他们学习的积极性。个人间或小组间辩论的学习方式,充分尊重视障儿童个性发展,为视障儿童提供一个展示自己的环境,培养他们自主、合作、探究的意识。

(三)细读品评,朗读感悟

1. 选择描写小柳树和小枣树的句子,引导视障儿童用不同的声调读,体会它们外形的不同。

（1）选择描写小柳树的句子,有感情地朗读。小柳树的腰细细的,树枝绿绿的,真好看。小柳树真好看。(引导视障儿童朗读并感悟这两句话哪句更能表现出小柳树的美。还要让视障儿童设想并说出假如自己是小柳树,将怎样表现自己的美。要给予视障儿童激励性的评价)

评析:培养视障儿童的想象力和表达能力。

（2）选择描写小枣树的句子有感情地朗读。树枝弯弯曲曲的,一点儿也不好看。(组织视障儿童朗读比赛,并进行自我和相互间的评价)

评析:激发视障儿童自主学习的积极性。

2. 选择描写小柳树和小枣树的句子,引导视障儿童在音乐声中有感情地朗读。

春天,小柳树发芽了,过了几天小柳树的芽儿变成了小叶子,它穿上一身浅绿色的衣服,真美。(叫男女同学分别夸一夸美丽的小柳树,教师评价)

小枣树还是光秃秃的。(比较读)

评析:多种形式朗读,可以提高视障儿童的朗读能力。教师适当的评价,可以增强视障儿童的自信心。

3. 选择描写小柳树讥讽小枣树和描写小枣树态度的句子,引导视障儿童有感情地朗读。

"喂,小枣树,你的树枝多难看啊！你看我,多漂亮！"

小枣树并不计较小柳树的讥讽,却反而夸奖小柳树:"你虽然不会结枣子,可是一到春天,你就发芽长叶,比我绿得早;到了秋天,你比我落叶晚。再说,你长得也比我快,等你长大了,人们在树荫下乘凉,那有多好啊！"

评析:认真挖掘教材中的因素,渗透德育教育,实现文道统一。

4. 品味读并剖析语言,分析小柳树和小枣树不同的性格。

5. 教师范读,视障儿童仿读,并引导视障儿童体会不同的语气对课文内容表达的不同作用。

评析:年龄小的视障儿童,想象和思维能力都比较薄弱,但对语言的模仿性较强。教师通过多种不同的语气进行范读,让视障儿童仿读,同时引导他们分析、比较、体会不同的语气对课文内容表达的不同作用。促使视障儿童在读中感悟,加深对课文内容的理解。

6. 视障儿童分角色朗读,体会小柳树和小枣树不同的性格,并相互进行评价。

评析:视障儿童对课文内容和所学知识自悟内化迁移的过程,也是一个培养能力的过程。

(四)再读再体会,情感升华

1. 现在你更喜欢小柳树还是小枣树。为什么?
2. 让视障儿童自主分组:喜欢小柳树的为一组,喜欢小枣树的为一组。
3. 以组或个人相互间进行讨论和辩论:小柳树和小枣树各有什么优点和缺点,谁更可爱?
4. 学过课文后你懂得了一个什么道理?(培养视障儿童明辨是非的能力)
5. 引导视障儿童用"尺有所短,寸有所长"这个成语概括课文内容。

评析:通过分组讨论、辩论,培养视障儿童的合作精神,个人间的讨论和辩论则可以提高视障儿童自主学习的能力。最后使视障儿童明白本文的立意所在。

总评:这节课的教学设计针对视障儿童的实际学习需要,加强直观性并灵活运用多种朗读方法,充分激发了视障儿童学习的积极性,并培养了视障儿童自主、合作、探究的精神。整个教学过程按照阅读一篇课文的基本过程进行设计。

思考题:

1. 阅读一篇文章的教学过程是什么?
2. 词语教学的步骤包括哪些?
3. 句子教学的内容和方法是什么?
4. 指导视障儿童朗读和默读的方法分别有哪些?

第七章 盲校小学习作教学

习作教学是语文教学的重要组成部分,教师要搞好习作教学,首先要树立正确的习作教学理念。盲校小学阶段的习作教学要从简单的说话写话开始,然后,逐步过渡到复杂的习作。不管是说话写话,还是习作,都要用好的方法引导视障儿童,让他们对习作保持浓厚的兴趣。习作教学中,教师对学生作文的指导、修改、评价非常重要。

第一节 习作与习作教学

一、习作的概念

在义务教育阶段,习作又称作文,是语文教学的重要组成部分。《语文课程标准》明确指出:"写作是运用语言文字进行表达和交流的主要方式,是认识世界、认识自我、进行创造性表述的过程。写作能力是语文素养的综合体现。"

这段话指明了习作在九年义务教育中,在人的一生发展中的重要性。《语文课程标准》关于习作的定义包含以下几层含义:

1. 习作是表达和交流的方式。习作是人们生活中应该具有的一种能力,是人们生存和发展的需要。

2. 习作是语言文字的书面形式。视障儿童学习写作,是学习与运用语言文字的主要途径,是学习运用语言文字的一种规范形式。

3. 习作是认识过程。习作中,视障儿童要表达自己对自然与社会的感受,对他人与自我的看法,表达自己的真情实感,这要求视障儿童必须关注社会,学会观察与分析。

4. 习作是创造性过程。视障儿童在习作中,要创造性地运用语言文字,创造性地描绘现实世界,创造性地抒写自我感受。

5. 习作体现综合性语文素养。习作水平往往是一个人文化水平的代表,是一个人文化修养的体现。在语文教学中,习作有很重要的地位,同时,阅读与口语交际各自也有它们的重要性。习作与阅读、口语交际有着密切的联系。写作能力综合体现了一个人的语文素养。

二、习作教学的理念

科学的理念在习作教学中十分重要。多年以来,对习作教学的改革与探索一直不断,但可以说收效不大,纵观以往的习作教学改革,往往过多地注重习作方法与技巧的改变,缺乏习作理念上的根本变革,没有从素质教育的高度构建整个习作改革体系,使得作文教学很难发生根本性的变化。《语文课程标准》为习作教学注入了新的教学理念。

1. 习作教学要突出视障儿童的主体性。素质教育要求学生主体得到发展,这要求学生必须具有自觉性与主动性,如果学生写作的自觉性与主动性长期受到压抑,学生习作的积极性就逐渐消失,就会失去表达自我的内心愿望,习作就变成了一种痛苦与折磨,学生的主体性就退化成了奴性。

《语文课程标准》要求学生成为习作主体,提出"为学生的自主写作提供有利条件和广阔空间"。在小学习作教学中,要始终体现这一思想,像自拟题目写作,自我批改作文,相互批改作文等,都是很好的形式。提出一、二年级要"写话",且明确要求:"对写话有兴趣,写自己想说的话,写想象中的事物,写出自己对周围事物的认识和感想。"让学生不拘形式,自由表达,让学生写自己平时喜欢写的东西,这样,学生的主体性得到了调动,就会乐于去写。

2. 写作教学要关注视障儿童的生活实践。《语文课程标准》要求学生:"写作时考虑不同的目的和对象","多角度地观察生活,发现生活的丰富多彩,捕捉事物的特征,力求有创意地表达"。学生习作时有明确的写作对象与目的,完全出自"必要说或喜欢说",学生习作不是为作文而作文,而是生活所需或内心所需,学生习作就有兴趣。

习作应是视障儿童自己生活的再现,是视障儿童自己生活中的需要,不能用他人的生活代替自己的生活,用他人对生活的认识代替自己的思考。视障儿童的生活实践是习作教学的源泉,习作教学应该是挖掘他们的生活实践。

3. 习作教学要重现视障儿童的阅读积累。《语文课程标准》明确提出:"培养学生广泛的阅读兴趣,扩大阅读面,增加阅读量,提倡少做题,多读书,好读书,读好书,读整本的书。"要求九年课外阅读总量应在400万字以上,背诵240篇优美的诗文。学生能够在大量的阅读和背诵中获得丰富的语言积累、思想积累、情感积累、文化积累以及生活积累,这是习作能力的基础。视障儿童由于种种原因,读的书少得可怜,更有甚者对读书失去兴趣。离开了丰富的积累,就无法从根本上提高习作水平。

在阅读教学中,既要注意学习课文的一些写作手法,也要注意学习作者的思考方式和观察角度,这对于视障儿童更为重要,他们更需要用大脑来思考他人观察与思维的方式,从而使自己也学会思考和观察。

4. 习作教学中培养学生的个性与创造性。《语文课程标准》中指出:"减少对学生写作的束缚,鼓励自由表达和有创意的表达","鼓励写想象中的事物"。写作有个性、有创意,这应该是习作的关键。然而,传统的作文教学,忽视了学生的自我表现、个性发展和独特创造,学生习作中更多的是无病呻吟,有程式化与成人化倾向,少见学生的个性和灵性。

视障儿童有视力障碍,在习作教学中更要引导他们感悟与想象,放飞他们的思维,舒展他们的个性。

从"写话"到"习作",是为了降低小学阶段写作的难度,在学习写作的开始阶段,不必给视障儿童习作列规矩,不必过于强调口头表达与书面表达的差异,应鼓励他们把心中所想,心中要说的话用文字写下来,让他们处于一种放松的心态,大胆地去写。

第二节 写话与习作教学

一、写话的内容及教学策略

盲校小学第一学段写话教学是习作教学的初始阶段,写话就是视障儿童把自己说出的和想说的话写下来,视障儿童在写话时完全处于一种放松状态,写起来不困难,也乐于写。

写话训练一般从一年级下学期开始,到了二年级要重点训练。小学语文专门为写话设置的内容不多,写话大多是在教学过程中,结合课文、口语交际以及其他语文活动来进行。

人教版义务教育课程标准实验教科书小学《语文》(二年级下册)"语文园地"中"写一写",是专门设计的写话训练题。这样的写话训练与该单元的课文和口语交际相联系。

在实际教学中,写话训练不能仅局限于教材中专门的安排,教师应该根据视障儿童的情况和教学的实际安排,开发和利用写话教学资源,进行适当的写话训练。

人教版义务教育课程标准实验教科书小学《语文》(二年级下册)第13课《动手做做看》课后的"说说写写":伊琳娜听了朗志力的话,可能会说……;我要把想到的话写下来。这类型的习题既可以帮助视障儿童更好地理解课文,也是极好的写话训练。另外,可以结合一些活动进行写话训练。如,到公园游玩后,把游玩过程写下来等。

（一）写话教学策略

1. 先多说，多相互交流，使内容更加明确。
2. 从说过渡到写，先让视障儿童把一件事说清楚，然后把说的话写下来，可以多说少写，能写多少就写多少。
3. 写完后及时交流，及时评价，多对视障儿童进行鼓励。
4. 提倡视障儿童积极交流，相互阅读写话的内容，提出问题，进行讨论。
5. 对写话的内容少一些限制，可以依照课文联系的内容写，也可以写自己想写的，还可以写自己听别人说的。
6. 建立写话档案袋，保留视障儿童所写话的草稿，这样可以反映他们写话的情况，反映出他们的努力过程。

（二）写话训练的形式

1. 句模仿法。让视障儿童模仿好的句子进行写话。
2. 按问题写话法。让视障儿童围绕一个问题来写几句话。
3. 观察写话法。让全盲生（弱视生）摸（看与摸）某一事物（包括图画），然后把看到的和感受到的写下来，鼓励他们作一些想象。
4. 读写故事写话法。让视障儿童为故事续写结尾或改编结尾。

二、习作的内容及教学方法

（一）习作的内容

语文教材根据《语文课程标准》要求，设计了习作训练体系，并编制了相应的习作训练内容。

1. 课文是习作的范例。叶圣陶先生说："教材的性质同于样品，熟悉了样品，也就可以理解同类的货色。"在这里，叶老强调教材中的课文是阅读训练的"样品"，同样也为习作提供了范例。

语文课文不但为作文训练提供了写法技能的范例，还为作文训练提供思维方法的范例。如人教版小学《语文》（三年级下册）课文《荷花》这一课，应让视障儿童在读文章、想画面中，体会作者丰富的想象力，并积累语言。其实本文也是为语文园地中的"习作"做了准备。在习作情感和习作方法等方面提供了范例。

2. 习作是系统的习作训练。"习作"是为习作训练而专门设计的内容，是《语文课程标准》习作教学内容和要求的最具体、最直接的安排。

如人教版小学《语文》（三年级上册）一共安排了八次"习作"练习，训练习作时尽量要求视障儿童自主习作，对习作题目不作具体规定，一般只提出内容与范围的要求，让他们自定题目，他们有内容可写，甚至还安排了一次完全放开的自由写作。

3. "小练笔"是穿插在课文练习中的作文训练。"小练笔"是分散在课文练习中的习作训练,目的是让视障儿童借鉴或模仿课文的某一特点进行练习。人教版新编盲人学校小学语文教材中,结合视障儿童的阅读和他们的生活实际,安排适量的"小练笔"。如三年级下册安排了四次,分别为"我要写写自己喜欢的一样东西"(《荷花》)、"读了课文,我也想写写和同学发生的一件事情"(《争吵》)、"我想对博莱克说几句话,还要把这些话写下来"(《检阅》)、"我要写几句话夸夸那个黑人少年"(《卖木雕的少年》)。小练笔训练目标单一,针对性强,学了就用,有例可循,内容的安排也都紧密联系视障儿童阅读和生活实际,使他们有话可说,因此难度较小,学生容易完成。"小练笔"以视障儿童自主练习为主,教师可以鼓励他们运用课文中的一些表达方法和写作方法,但不要拔高要求,不能把它当作语文园地中的"习作"来对待。

4. "语文活动"中也有习作训练活动。"语文活动"是安排在语文园地中或课文后面的活动性内容,目的是让视障儿童在活动中探索学习语文的规律,在实践中锻炼运用语文知识的能力。这些活动中,有一部分属于习作训练活动。

如人教版小学盲校教材中语文三年级上册教材"语文园地"中的"我的发现",根据年段发展特点,拓展"我的发现"的内容,由以前单纯地发现识字方法拓展到发现词和句的一些规律,知道和认识一些语言现象。如"语文园地二"先给出了三个句子:

小男孩摆弄了很久很久,说:"一切准备停当。"

"一定会飞回来!"男孩肯定地说。

"是的。"小男孩站起来,鞠了个躬,"请让我进去吧!"

然后以学习伙伴的语气说:"我发现引用人物的话,可以有不同的形式。你发现了吗?"引导视障儿童自主发现这三种形式的区别。全册共安排了八次"我的发现",内容分别是:表示人物各种心情的词语、人物说话的不同形式、不同的乐器、表现秋天特征的词语、成语中的反义词、一字多义、词的褒贬性等。

"我的发现",从名称上可以看出编者的意图,是鼓励视障儿童独立思考、自我发现,教师在教学时不能包办替代,要让学生自主学习、自主发现,并主动与同伴交流。教师要鼓励视障儿童将发现的方法与同伴交流,并将方法运用于以后的学习中。这几个语文活动与习作教学有着直接或间接的联系。当然,这本盲人学校实验教科书,与义务教育课程标准实验教科书三年级上册《语文》教科书中"语文园地"中所安排的八次"我的发现",在第

一、第三、第四这三个单元进行了改换,有其可取的一面。

"语文园地"的其他内容与形式,如"绕口令"等,都对习作有较大的辅助作用。课文后面也有一些结合课文的综合性的语文活动,这里面也有习作训练。还有写日记等形式,都是有效的作文训练形式。新编盲人学校语文教材中都有较好的安排。当然,教材的安排毕竟是有限的,教学时教师要做到既重视教材,又注意发挥师生的创造性,为学生多写多练提供更多的机会。

（二）习作的教学方法

结合习作教学实践,习作教学的基本经验和方法可概括为以下几个方面。

1. 培养视障儿童习作兴趣,让他们乐于自由表达。"兴趣是最好的老师。"而视障儿童对写作文大多数是不喜欢的,培养他们对习作的兴趣是盲校教师在进行作文教学时首先要注意的。教材中的习作都不是命题作文,只是给习作提出一个范围,而且范围也非常宽,在内容和形式上给学生很大的自由,其他内容的习作也类似,甚至让视障儿童选择的余地更大。这样的安排,就是为了让他们都能写自己想写的内容,能用自己喜欢的形式来写。

2. 与阅读结合,丰富习作教学资源,让视障儿童习作时有内容,有方法。课文是习作的范例,习作首先要与课文阅读结合,同时也要和课外阅读结合,阅读是视障儿童获取习作素材、学习写作技能的有效途径,在习作教学中,教师引导他们进行课内外阅读,从而使他们的习作水平逐步提高。

在习作教学中,教师要采用多种方式丰富习作教学的资源。如音像材料、参观访问等等,这些生动的教学内容,对视障儿童习作是有很大帮助的。

3. 学会观察,学会思考,敢于想象,从说到写。《语文课程标准》强调"在习作教学中,应注重培养观察、思考、表现、评价的能力",视障儿童的言语表达是以他们对世界的认识为基础的,教会视障儿童认识世界就十分重要。我们要教会低视生培养用眼观察事物的能力和习惯,教会他们使用辅助器来观察事物。也要培养全盲生利用听觉、触觉、嗅觉、味觉等各种感官观察事物的能力和习惯,如用耳朵分辨声音,用手感觉物体的形状与大小,用鼻子辨别各种气味,用舌头感知各种味道,等等。

在让视障儿童观察时,首先要唤起他们的有意注意,还要提示观察的顺序,也要让视障儿童把观察与思维、想象结合起来,使他们真正做到用"心"观察,自由想象。

在视障儿童动笔写之前,要鼓励他们把观察到的先说一说,帮助他们纠正一些错误,特别在低年级更要重视"说"这一环节。到了高年级,除了让他们重点说习作内容外,更应该让他们讲一讲对习作的思维过程。

4. 注重习作的交流、展示与修改。习作教学中可以创造一些机会,让视障儿童通过小组活动,弱视全盲互助,在观察调查等活动中共同探究,在合作中进行习作。修改能力是写作能力的一个重要方面,认真修改是一种良好的写作习惯,是对自己的习作负责任的态度。修改的习惯应从习作开始之日起就加以培养,当然,在开始时引导学生修改自己习作时,要求不能过高,随着年级的提高而逐步提高。

修改对于写盲文的学生来说,是没法用盲笔在盲文纸上直接修改,可以这样指导视障儿童修改:他们写完习作草稿,然后自己逐句摸读,发现有严重错误的词句,或要删添词句,在另一张盲文纸上记下第几板第几行,什么词句改成什么词句,删除哪几句等。最后对照原稿和修改稿,把文章理清后再完整地写下来。

（三）视障儿童习作困难的原因及对策

视障儿童习作是有困难的,特别是进行形象直观性的描写就更加困难。困难的原因大致有以下几个方面:

1. 视觉障碍使视障儿童不能观察,或不便观察,要通过视觉接受的信息全盲生无法获得,弱视生接受也不清晰和全面,视障儿童就没有充分、完整的素材积累,习作素材的缺少和不全面,使视障儿童习作存在素材数量和质量不足的困难。

2. 视觉障碍也使视障儿童活动范围狭窄,全面接触社会范围狭窄,获取的第一手材料不丰富、不全面,这也给视障儿童习作带来困难。

3. 视障儿童的书面阅读材料较少。供全盲学生阅读的盲文书的数量是不多的。弱视生可以看汉字材料,但一般他们需要大字号的字体才能阅读,市场上能供弱视生阅读的大字号的书几乎是没有的。阅读数量的不足,间接材料少,习作的知识吸取的少,要进一步提高习作水平有较大困难。

4. 视觉障碍给全盲生写作心态带来负面影响。视力的缺陷已给全盲儿童身心带来压力,而作文是要写全盲儿童没看到过的天空,没看到过的大海,他们更是感到恐惧。

针对视障儿童习作困难的原因,在习作教学中是要讲究相应的策略:

（1）逐步培养视障儿童的观察力。

（2）写作难易适宜,逐步加深,培养视障儿童的兴趣。

（3）开发资源,千方百计地使视障儿童有书可读,充分接触社会。

第三节　习作的批改与讲评

一、习作批改

习作批改包括批和改两个方面。批又分眉批与总批。眉批（又叫旁批）是指在作文段落的旁边指出其优缺点。总批是写在作文的最后对全文的评价。改是指对作文的字、词、句、段进行增加、删除、调动或换位。一般地，批和改同时进行，相互配合。

批改的一般步骤是：先通览全篇，了解文章大意；再全面批改，包括内容、结构、表达方式等。可在文中修改，也可旁批；最后总批，再通看全文，写总批。

批改的常用方法：

1. 用汉字笔先批先改。对全盲文的，应该在作文后面用盲文写上汉字笔的批改内容。
2. 教师批改。教师对班级所有作文全部进行批改。
3. 当面个别批改。师生面对面对作文进行个别批改。
4. 师生合作批改。根据视障儿童学习状况和视力情况，分成若干个盲汉互助学习小组，小组共同批改组内成员作文。
5. 视障儿童自批自改。视障儿童独立批改自己作文，培养修改文章的能力。

二、习作讲评

习作讲评即对视障儿童习作中的优缺点进行分析、归纳，是指导和批改的继续和发展，是作文教学的总结和提高。

讲评的一般步骤是：首先，教师在指导批改学生的习作时要关注视障儿童佳作，注意学生作文中的优缺点，特别是视障儿童作文中普遍存在的问题。然后，要做好作文讲评，讲评的形式可多样，可结合指导进行，可教师进行讲评，也可让视障儿童讲评，或师生共同进行讲评；讲评要结合视障儿童的作文进行，从作文的具体素材入手，认识习作规律；讲评要有效率，要开拓视障儿童的思路，让他们多方面受益。最后，还要让他们进行总结，认真体会作文指导、批改和讲评的内容，总结自己本次作文的经验得失，以便改进今后的习作。

附:范例分析

一、习作教学范例

作文指导课:一种水果——苹果

1. 盼苹果。

(1)课前布置:下节作文课,我们要一起吃一样水果。

(2)上课前:教师在上课铃响后,故意推迟一、二分钟到课堂。

(3)进教室后:教师手拎小包,向同学说明包内有水果。

(4)然后让同学说一说自己此刻所想到的和自己的心情,再让视障儿童写一写。

2. 看苹果。

拿出苹果,分小组进行观察,各小组弱视生和全盲生相互搭配。

引导学生观察。

(1)摸一摸(弱视生同时用眼看)。感觉苹果的形状、大小、软硬等特性,弱视生要观察颜色。同时相互交流。

(2)嗅一嗅。苹果有气味吗?同学们用鼻子闻一闻。

(3)掂一掂。感觉一下苹果的重量。

让同学说一说所观察到的苹果,再写一写。

3. 分苹果。

每人一个苹果,大小不一,品种不同,如何分?

(1)各小组自主讨论本组苹果如何分。

(2)各小组按方案分本组苹果。

(3)交流。

4. 吃苹果。

(1)洗苹果。

(2)用嘴尝。感觉口感、味道。

(3)交流。

5. 写苹果。学生自行拟题写作,教师辅导。

二、分析

这是三年级老师的一堂作文辅导课,课堂体现了以下一些特点:

1. 调动了视障儿童的积极性,激发了他们的写作表达欲望。

2. 充分发挥视障儿童的主体性,让他们在活动中体验感受。

3. 引导和调动视障儿童各种感官进行观察。

4. 学生间相互协作,取长补短。

5. 边活动,边写作,符合低年级视障儿童特点。

6. 教师能在视障儿童写作的同时进行指导。

思考题:

1. 你认为传统的习作教学理念是否有可取之处?你对《语文课程标准》中体现的习作教学理念是如何理解的?

2. 分别举例说一说"说话"与"习作"对视障儿童是如何进行的。

3. 写作需要观察,有视力障碍的学生如何观察?

第八章 盲校小学口语交际教学

口语交际是现代人必备的能力。具备倾听、表达和应对能力对视障生今后适应社会有着十分重要的价值。如果每个视障生从小就开始口语交际训练，他们将来的口语交际能力就会十分出色，他们就不会再因和别人交流时词不达意而自卑，这对提高他们的自信心有着很大的帮助，并逐渐形成健康的品格。

第一节 从听说训练到口语交际教学

一、书面化的听说训练教学

过去的听说训练教学大多是倾向于远离各种真实交际现场语言环境的书面语，也就是说，视障儿童的听说训练教学是在语文课堂教学的语境中进行的。在这样的环境中，视障儿童往往是按照教师和教材的要求，进行听、复述或言说等单向自我式的静态语言实践。显然，过去听说训练教学的目的是培养视障儿童的口头作文能力和进行普通话的训练。这种环境下培养出的视障儿童也许能在课堂上做精彩的"口头作文"，但作为教师的我们应该清楚，这种精彩的"口头作文"，是在课堂这样一种相对封闭的、程式化的环境中进行的，离现实生活真实的听说环境相差甚远，因为现实生活中的听与说是人与人之间互动的过程。而过去的听说训练教学是远离生活实际的、教学对象本身单一进行的过程，并不重视听说能力和习惯的培养。

二、改"听说训练"为"口语交际教学"

《语文课程标准》将听说训练"改为"口语交际教学"。明确指出："口语交际能力是现代公民的必备能力。应培养学生倾听、表达和应对的能力，使学生具有文明和谐地进行人际交流的素养。""口语交际是听与说双方的互动过程。教学活动主要应在具体的交际情境中进行。""评价学生的口语交际能力，应重视考察学生的参与意识和情意态度。评价必须在具体的交际情境中进行，让学生承担有实际意义的交际任务，以反映学生真实的口语交际水平。"可见，从各学段"口语交际"目标中反映出了口语交际的核心目标是"交际"，就是必须注重培养学生口语交际的能力，体现了"交际"的目的性。

从"听说训练教学"到"口语交际教学"是语文教学改革的一个亮点，可以说是一次质的飞跃，它彻底改变了过去语文听说训练中将听和说简单相加的、单一的、程式化的教学方式，而注重人与人间的交流与沟通，是听说双方互动的过程。是培养和提高学生交际能力的过程，是符合时代发展对人的要求的一种更好的教学过程。

口语交际能力是每个人必备的能力。具备倾听、表达和应对能力对视障儿童今后适应社会有着十分重要的价值，必须从小培养。具备较强的交际能力，视障儿童就不会因为交流时词不达意而自卑，对提高他们的自信心有很大帮助，可以提高他们各方面的能力，更好的参与社会生活。

第二节 "口语交际"及视觉障碍儿童口语交际的特点

一、"口语交际"的特点

（一）口语性

"口语交际"不是书面语言，而属于情境语言的范畴，因而具有较强的随意性、灵活性、真实性和可变性。

（二）交际性

"口语交际"是人们面对面的交流，人与人之间要根据双方或多方的反应做出相应的听说反应，因此听者和说者的地位会随着交流的需要不断进行转换，"口语交际"的过程是人与人之间双向互动的过程。它包括视觉、听觉、表情、手势、记忆、思维、想象等活动的动态实践过程。

二、视觉障碍儿童口语交际的特点

（一）听话时对谈话内容理解较粗略，分辨理解能力不强

刚入学的视障儿童虽然在上学前有"以耳代目"的经验，但是感知能力还处于初期阶段，听他人谈话时对内容理解比较粗略，对谈话的内容常会有"丢头掉尾"的情况，不能较完整地理解说话人的意思，不能深入理解说话人的全部意思，对一些意义比较含蓄的话往往不能理解。一般来说，视障儿童的听力较好，且记忆能力较强，对声音的感知较为敏感。但是，听觉的注意力往往持续时间较短，经常会因为外来因素的干扰，使得注意力转移，或是由于对话题不感兴趣，就听不进去。这些现象需要通过相关的训练来加以矫正。

（二）说话内容随意性很大，语言不完整

儿童口语的发展早于书面语的发展，视障儿童在入学之前已具备了一定的口语水平。他们喜欢说话，乐于发表意见。但是，由于视觉缺陷，导致了他们的观察和思维能力欠缺，说话往往随意性很强，而且有时会说一些不该说的话，在语句的表达上往往给人以凌乱、结巴、不完整的感觉。这些现象常会导致语意不清，从而影响口语表达的效果。在盲校低年级，训练视障儿童把话说得完整、清楚，是口语交际教学的主要任务。

（三）不善于利用面部表情和手势来帮助语意的表达

由于视觉缺陷，视障儿童在说话或交谈的过程中，无法看到或看清说话人的面部表情和眼神，不能模仿，因此他们在说话或听人谈话时往往目光呆滞，面无表情，头部僵硬，经常会侧耳对着说话人。这并不是因为他们的听力有问题，而是用这样的姿态表示注意倾听。但是这样的倾听方式，不是明眼人所接受的方式，在和明眼人交际中就可能会产生隔阂。而且视障儿童在和他人交谈时，也不善于利用自己的听觉反馈来调节口语表达的内容，表现为不能很好控制声音大小，不能根据别人的回答来判断对方对自己所说内容是否感兴趣。在交际中，常常让对方觉得视障儿童是在自言自语。这些现象的出现，固然和他们各种器官的不协调有关，同时他们的知识水平、智力等因素也对此有很大影响。特别是口语表达中对词语的正确运用、句式的恰当选择有很大关系，所以对视障儿童进行口语交际训练，要长期坚持，从整体上提高视障儿童的综合素质。

口语交际教学要依据上面所说的这些特点，着重培养视障儿童的口语交际能力，不必过多传授口语交际的知识，要注重实践，并联系视障儿童的学习和生活挖掘课程资源，这是提高交际能力的唯一途径。还要引导视障儿童进行自主评价，这可以有效地提高口语交际的质量。

第三节 口语交际教学的基本策略

视障儿童生活知识和社会知识都极为贫乏，怎样根据他们的实际进行口语交际训练呢？

一、创设交际情景，激发视障儿童的交际兴趣

口语教学是在特定的教学情景中产生的言语活动。教师创设各种情境会让视障儿童感其形，思其色，闻其声。鉴于视障儿童听觉敏感、易受情感因素感染这一特点，教师要巧妙地创设各种有利于其口语交际的有声情境，使其积极主动地投入到口语交际训练中，提高口语交际能力。

1. 通过教师语言的描述创设情境。心理学研究表明,思维通常是由问题情景产生的,并以解决问题为目的。

如在教《感受父母的爱》一课时,教师先用语言讲述故事《废墟中的弃婴》,然后提问:"听了这个故事,你有什么感受?"问题一下子把视障儿童带入情景中,把口语交际情景回归到生活体验中,打开了他们的话匣子,视障儿童自然就产生了积极的交流欲望,思维和语言表达就会得到锻炼。

2. 利用多媒体创设情景。利用多媒体创设情景,具有生动、形象、逼真的特点,有身临其境的感觉,会激发视障儿童的表达期待。如音效情境。在教学《保护有益的动物》时,教师播放各种动物的叫声,视障儿童的情感、思维和已有的生活经验被调动起来了,他们在自然、轻松的氛围里自由交流,拉近了人与动物之间的距离,为激发保护有益动物的情感奠定了基础。视障儿童天生对声音有着独特的敏感性,训练他们对各种声音的分析和综合能力,进而认识事物的整体,使他们的听觉得到不断的训练和提高。然后鼓励他们把听到的或人、或事、或物,用自己的话讲出来,加强他们交际能力的培养。

3. 通过游戏活动创设情境。易动好玩是儿童的天性,残疾儿童也不例外。他们同样表现在持久力差,有意注意时间短,容易疲劳等方面。根据低段视障儿童的这一特点,教师在课堂教学中经常加入一些游戏活动,调整他们的学习状态。他们玩中乐,乐中说,说出他们最真实的话,在快乐的活动中进行口语交际训练。

4. 模拟生活实例创设情景。生活,是语文学习的重要基地。让视障儿童置身模拟现实的场景中去观察、说明、辩论,让视障儿童在现实模拟演练中想想:该怎么说?该怎么做?他们角色意识得到发展,个性特征得到凸现。因此一定的情景是他们增强生活体验、激发思维与口语表达的环境条件和动力源泉。

二、拓宽实践途径,提高视障儿童口语交际的能力

口语交际的能力只有在口语交际实践中提高。要提高视障儿童的口语交际能力,必须拓宽实践途径。

1. 利用教材,进行口语交际训练。语文教材为视障儿童进行口语交际训练提供了丰富的听说训练材料。要善于利用语文教材,重视运用教材的内容和形式,加强对他们的口语交际训练。如各册教材在阅读课文中,编排有人物对话的训练内容。教师可通过朗读、分角色读,以及表演等形式进行训练,努力提高视障儿童的口语交际能力。

2. 利用课堂,加强口语交际训练。《语文课程标准》指出:要利用语文

教学的各个环节,培养学生的听说能力,因此,我们要利用语文课堂教学的各个环节,捕捉口语交际的机会,渗透口语训练。

（1）在质疑中加强口语交际训练。质疑解疑是培养视障儿童口语交际能力的重要环节。

（2）在评议中加强口语交际训练。教学中,视障儿童对老师、同学的答问常常主动要求发表见解,说出自己的看法,被评议的同学有的虚心接受,有的针锋相对坚持自己的意见,这样的评议是训练口语交际的良好机会。在评议中,视障儿童互相交流,敢于争论,在心理上获得了一种成功的满足感,不仅提高了口语交际能力,还培养了口语交际的信心。

（3）在拓展想象中丰富口语交际训练。在语文教材里,有不少课文的空白处都留给了视障儿童想象的空间、自由表达的空间、创新的空间。他们在宽松、自由的环境中大胆地去表达交流。如在学完《秋天的图画》后,让视障儿童再续编一段,拓展了他们想象的空间。

3. 利用实践活动,开展口语交际训练。活动是视障儿童喜欢的一种学习形式,根据他们的特点精心组织和设计各种活动,让他们在活动中锻炼自己口语交际能力。如让视障儿童参与到真切、具体的社会交往中,并经常带他们到学校附近的菜场、超市等去感受、体验。走出去的同时,让他们相互交流,充分接触……这一切都拓展了视障儿童与外界交往的空间,使他们开阔了视野,增长了阅历,学会与别人"合作",从而逐步具有了"文明和谐地进行人际交流的素养"。同时还要注意扩充视障者信息获取的渠道,充实他们的信息来源,使之言之有物,言之有情。

三、注重互动过程,让视障儿童真正成为交际的主人

口语交际注重的是人与人之间的交流和勾通,不是听和说的简单相加。只有交际的双方处于互动的状态,才能实现真正意义上的"口语交际",视障儿童才能真正成为交际的主人。因此,教师在指导他们进行口语交际时,要注重双向互动的过程,而不是单一的"能说会道"。

教师要结合视障儿童的实际情况,并根据现代社会对人才的需要,努力提高视障儿童的口语交际能力。

附：范例分析

感谢和安慰

设计依据与教学目标：

《语文课程标准》强调："努力选择贴近生活的话题,采用灵活的方式

组织教学","教学活动主要应在具体的交际活动中进行"。《感谢和安慰》的口语交际训练,十分贴近视障儿童的生活实际,因为他们在生活中能处处感受到关爱。因此,在本次口语交际训练中,教师要努力激活视障儿童内心的交际情感因素,采用各种灵活多样的形式,让他们在具体的交际情境中学会交际。

本课的教学目标是:1. 通过口语交际训练,引导视障儿童进一步感受人与人之间美好情感。2. 在具体的交际情境中提高倾听、表达和应对能力。3. 要求视障儿童在交流时要表达自己的真情实感。

一、激发情感,谈话导入

播放歌曲《爱的奉献》,创设情境,激发情感。

师:本单元的学习让我们感受到了爱是人类最美好的情感,它使人间充满了温暖。让我们深深体会到人与人之间的纯真感情,感悟到互相关爱带来的快乐和幸福,今天,我们以"感谢与安慰"为话题,进行一次口语交际练习。

二、读说联系,领悟表达方法

1. 出示阅读例文《爱的教育》。(略)

视障儿童自读,读后与同桌交流,领悟表达方法。

2. 联系视障儿童生活实际,寻找话题:

(1)在生活中,你遇到过什么困难?得到过别人帮助吗?你如何向他表示感谢。

(2)当周围的人需要安慰时,你准备说些什么?

3. 回忆相关事例,促使真情流露。

把握关键之处,写下来:

(1)遇到困难时,你的心情和想法。

(2)当他帮你后,你的心情和想法。你此时想对他说什么?

4. 在组内开展献爱心活动。

说一说:先分小组讨论,然后全班交流。

评一评:在班级交流的基础上,评一评看谁说得内容丰富,语言通顺,感情真挚。

三、课外延伸,交流展示

让视障儿童把自己交流的内容写下来,题目为《爱》,写好后,在班内进行展示。

评析：以上教学设计，注重说与读、说与写的有机结合，促进了视障儿童语文综合能力的提高。读的过程，本身就是让视障儿童领悟交际方法的过程，读后的交流过程，既是共享学习资源的过程，也是培养他们倾听与表达能力的过程。课后的习作训练，既巩固了说的成果，又实现了由口头语言向书面语言的转换，从而促进他们说写能力的整体提高。

思考题：
　　1. 从听说训练到口语交际教学的现实意义是什么？
　　2. 视障儿童口语交际的特点是什么？

第九章 盲校小学语文"综合性学习"教学

《语文课程标准》把"综合性学习"纳入语文课程体系当中,与"识字与写字""阅读""写作""口语交际"等内容并重,体现了语文课程的价值追求。这是语文课程改革的一个突破,可以说是语文课程内容的一个亮点。了解综合性学习的目标、内容及基本策略有助于将来更好地从事盲校教育工作。

第一节 盲校小学语文"综合性学习"概述

"综合性学习"就是将学科知识与社会生活紧密结合,并加强学科之间的相互渗透,使传授知识与培养能力有机结合,改变了现行课程过分强调学科本位的现象。

一、盲校小学语文综合性学习的特点

1. 综合性。就是指在学习目标上要重视语文能力、三维目标、特长培养的综合;在跨领域学习目标上要注意不同学科、不同情境的综合;在学习方式上要注意书本学习与实践学习,接受学习与探究学习的综合。

2. 实践性。就是指在活动中要重视探究和应用,如要质疑、要研究、要解决;要重视过程和参与,如关注参与面和参与度,要注重方法和体验。

3. 主体性。就是在活动内容的选择、时空的确定、活动的组织、总结展示等方面,强调体现视障儿童的自主性。

4. 开放性。指的是"综合性学习"内容和形式的多样性。

5. 语文性。指的是"综合性学习"活动内容的设计安排要突出体现语文学科的特性。

二、盲校小学语文设置"综合性学习"的价值

从盲校小学语文课程设置"综合性学习"来讲,其价值是多方面的,它使盲校小学语文教育的价值功能得到了充分发挥。主要表现为:(1)"综合性学习"使学校教育、家庭教育、社会教育之间的联系更加密切,并使校内外、课堂内外的教育资源和功能得到了整合,把语文教育延伸到视障儿童生活和社会生活的各个领域,扩大了语文教育的资源和场所,促进了语文课程标准的实施。(2)"综合性学习"中的"综合性"标志着语文课程的学习将

是跨学科的,它不仅追求"听、说、读、写"等语文技能的基础训练,而是将这些技能在自然生活的实践活动中进行实践,为视障儿童的语文综合素质的提高和语文修养的全面提高开辟了空间和途径。(3)在"综合性学习"中,视障儿童能将已有的书本知识灵活地运用到实际生活的情境中,培养了他们的创新能力和解决问题的能力。

"综合性学习"有利于打破课内外界限,开阔视野,增长知识,丰富视障儿童生活,帮助视障儿童克服"语言不符"的现象;"综合性学习"的实践活动有利于激发视障儿童的兴趣,促进他们个性与特长的良好发展;综合性学习倡导视障儿童主动参与,乐于探究,勤于动手,真正提高了视障儿童的语文实践能力。有利于推进盲校小学语文课程的整体改革。

第二节 盲校小学语文"综合性学习"的内容和形式

一、盲校小学语文"综合性学习"的内容

盲校小学语文综合性学习的内容丰富,形式多样,但我们一定要根据视障儿童的年龄、身心特点、特殊需要、残疾程度和类型来设计。盲校小学语文综合性学习的内容包括:盲字读写、词汇、句子、听话、说话、阅读、标点等项目。每一册按培养目标的要求安排教学内容,各年级都有所侧重。如低年级盲字拼读、书写占的比重较大,同时进行词句训练;中年级词句训练的内容加深并重视连句成段的训练;高年级以篇章结构为重点,但仍重视词、句训练。

综合性学习从基础知识和基本技能这两条主线出发,由低到高,以形式多样的综合性实践活动训练为主。

二、盲校小学语文"综合性学习"的形式

(一)课外阅读形式

创造条件指导视障儿童更多地阅读课外书籍,并要求他们阅读之后要相互进行心得体会的交流。教师要帮助他们选择适合他们身心发展、满足他们特殊需要的、有益的相关内容。内容上要贴近他们的学习和生活,思想内容要正确健康,应适合他们的知识和理解水平,推荐的内容要由浅入深、由易到难,要适合该学段儿童阅读。如在教室或相关地方建立图书角,组织视障儿童阅读,也可以动员他们用自己家的图书来充实图书角的内容,借此机会教育他们互帮互助、共同进步。另外,如果是中高学段的视障儿童,还要

求他们学写笔记和心得。还可以采取一些他们喜欢的方式,如故事会、读书报告会等形式。

(二)盲校小学语文兴趣小组活动

在班级或学校成立语文兴趣小组,动员和鼓励对语文感兴趣或有特长的视障儿童参加,便于他们发挥优势,促进语文能力的提高。盲校常见的形式有:读书小组、朗诵小组、习作小组等。小组成员要在老师的指导下,有计划地开展活动。

(三)盲校小学语文其他活动

盲校小学语文常见的活动还有:视障儿童摸读盲文比赛或举办相关语文讲座,低视生认读汉字或猜字谜等游艺活动,视障儿童读绕口令或接龙等游戏活动,或开展一些开发智力的比赛活动,还有专题性的语文实践活动等。

三、盲校小学语文综合性学习主题的选择与确定

盲校小学综合性学习主题的选择与确定,应该依据视障儿童的特点、个别差异及特殊教育需要,更确切地说要依据他们的兴趣和爱好,对于特殊儿童来讲,他们的爱好和兴趣和他们的缺陷状况是息息相关的,也就是说他们的兴趣和爱好是受他们的残疾程度和类型所制约的,所以我们在选择主题时,一定要考虑个体的这些因素。

(一)以课文内容为立足点并依据视障儿童语文学习状况挖掘、选择和确定综合性学习的主题。 综合性学习活动不一定都在课外进行,也可以根据视障儿童的学习特点选择在课堂上结合语文教材内容进行。如文质兼美的课文、名家名篇,可以引导视障儿童对语文知识的了解,感受名家名篇的语言魅力,达到积累、感悟、体验祖国语言魅力的目的。如学了老舍先生的《风》《草原》《林海》《养花》等文章,视障儿童充分体验了老舍先生在写景抒情中细腻而豪放的写作风格,热爱生活、向往美好的高尚情怀。也不由自主地产生钦佩之情。通过老师的点拨,他们就能自行确定活动主题《走近老舍先生》,去了解老舍先生的生平,去赏析老舍文章的精彩片断,写读后感等。

(二)依据视障儿童的兴趣和生活状况选择或确定主题。 兴趣是学生最好的老师,如果视障儿童选择自己感兴趣的问题积极开展研究,就能取得较好的效果。另外,丰富多彩的生活是视障儿童语文学习的园地,但对于他们来讲,由于视觉缺陷使他们无法完整地感知丰富多彩的生活,他们获得的资源是零碎的、偶然的,而生活中的问题大多是综合性的,这就需要我们依据他们的兴趣和生活状况,即他们的感知状况去选择和确定主题,使他们在生

活中能将通过各种感觉途径获得的零碎的知识、经验或技能进行整合。所以,在视障儿童的生活中挖掘综合性学习的课程资源,是有利于促进他们的全面发展的,他们热衷于读什么样的书籍,就干脆让他们围绕所喜爱的书籍展开研究性学习。

(三)依据视障儿童学校、生活和学习的场所选择和确定主题。如家乡的自然风光、民俗风情、学校的建筑及历史、人和事都可以成为活动的主题。社会生活广阔天地,是语文学习取之不尽、用之不竭的源泉,教师要善于引导视障儿童用生活中的鲜活事实进行综合活动。如到了八月中秋,良辰美景,诗情画意,视障儿童也可以效仿古人来一次《吟诗作赋话中秋》,他们围绕"中秋"话题展开自己的学习,有的查寻了中秋节的来历,有的以"月亮"为主题收集历代文学家的诗词歌赋,有的干脆来个中秋对联大汇萃,有的谈到海外侨胞的思乡情结。

(四)依据各学科的联系选择和确定课题。教师可以根据各学科之间的联系和视障儿童的爱好及身心状况选择和确定课题,当然,应着眼于学科中知识、问题以及视障儿童的能力等,可以引导视障儿童跨学科取题,学科间往往有着交叉点,抓住了这些交叉点开展综合性学习,更能激发他们学习的兴趣与乐趣。如数学学科中认识了圆形、三角形后,视障儿童可以用这些图形拼成图案,加上文字描绘;自然学科中学习了种子发芽,蚕的一生,教师就让视障儿童种豆、养蚕并仔细观察,写好观察日记。

(五)根据自然景象、社会生活设计。让视障儿童投入大自然的怀抱,感受一年四季变化的脚步。以"春"为例:让他们听听春的歌,读读春的诗,画画春的景,积累有关花草的好词好句,写一写春景的儿歌或小作文。秋天来了,教师可以引导他们到大自然找秋天,如公园、学校、田野、果园,以《找秋天,赞秋天》为主题开展综合性学习,在学习过程中,他们谈论看到的秋景,交流收集的秋天的古诗、儿歌,诵读菊花、桂花、果实的好词好句,用水果拼盘、落叶剪贴画来表达对秋天的喜爱。当然,只有我们贴近视障儿童生活,从他们的生活中去发现和挖掘主题内容,才能使他们更加积极自主地开展活动,收到良好的效果。

"正确选题"是综合性学习成功的一半,在教学活动中,教师要结合视障儿童的年龄特点、认识能力、兴趣爱好,引导他们从广泛的生活空间、课内课外广阔的语文天地挖掘可供探究的资料,从中选定综合性学习的主题。

四、盲校小学语文"综合性学习"的操作步骤

(一)计划准备阶段

也叫学习的准备阶段。即计划并着手准备,包括主题的选择或确定,要

求在教师的指导下,结合视障儿童各方面实际情况进行。这一阶段主要工作是培养视障儿童确认学习目标与内容,如以阅读为主、听说读写为主或其他学习活动;提示学习要求与学习的方式方法,如竞赛式、观察式、游艺式、操作式、综合式等;确定组织形式,如是以班级还是小组为单位,或其他多种不同单位的整合。

(二)进入问题的实质性情境阶段

也是学习的开展阶级。这个阶段教师要指导视障儿童从各个角度分析和解决问题,教师要适当启发和为他们提供帮助。主要的工作是指导实践;运用多媒体或实际操作;获得及时的、综合的信息与直接的经验,培养协调操作能力。

(三)在实践过程中解决问题阶段

这是综合性学习的重要阶段。要求视障儿童之间精诚合作,努力寻找解决问题的途径和策略。在这个阶段,教师要注意适时地进行启发、引导,强调儿童的主体性。

(四)交流总结阶段

也称学习的总结阶级。是培养视障儿童总结自己策划、组织、协调、学习、实践的能力;总结参与学习的态度与身心投入的程度;总结自己的情绪体验与兴趣培养;总结学习的综合运用成果。这是必不可少的一个阶段,要对整个活动过程的各个环节做出分析和总结,并在此基础上进行相互间的交流和沟通。这个阶段的相互评价和交流,将为我们进行新的实践活动奠定基础。

第三节 盲校小学语文"综合性学习"的教学策略

一、盲校小学语文综合性学习教学策略

从《语文课程标准》对"综合性学习"的教学建议可以看出:小学语文"综合性学习"应依据学习内容的特点与要求,依据学生实际状况并根据当地的学习资源条件来有目的有计划地选择相应的教学策略。这一要求是与视障儿童的语文学习特点和特殊需要相吻合的,那么在针对视障儿童学习语文的特殊性的基础上可以结合、借鉴和运用普通小学语文综合性学习的教学策略。但由于综合性学习的性质决定了它将有别于传统语文课程要求和策略,因而在教学策略上表现出自己的一些特点。

（一）针对视障儿童学习语文的特点和生活学习的环境，因材施教，因地制宜。

盲校小学语文教育根据教学对象的特殊性，特别讲求因材施教的策略。传统的盲校语文教学也讲求因材施教，但在过去整齐划一的语文教学目标和内容的影响下，因材施教策略显得呆板和教条化，缺乏灵活性。在新课程目标要求下，因材施教策略是灵活的，开放的。在综合性学习强调实践活动的前提下，因材施教策略得到更为科学全面的诠释，即要在考虑学生生活环境条件的状况下，因材施教。这样的综合性学习是多样化和个性化的，它允许学习内容目标的不同，这样的学习赋予了因材施教更丰富的内涵，因为它在因地制宜的基础上得到了扩展。

这就为充分发挥视障儿童的主动性、创造性创造了条件。为视障儿童根据自己的所需和不同的兴趣爱好、不同的特长开展活动，提供了更为广阔的空间。如有唱歌的天赋或特长，就让他多参与或组织此类活动；在器乐上有特长，就鼓励他发展这方面的技能；问题意识浓厚的视障儿童，常常是"打破沙锅问到底"，就说明他喜欢探究，就可以让他多组织或多参加一些富有探究性的活动；有的视障儿童喜欢阅读，就鼓励他组织或参加类似盲文阅读或摸读比赛或朗读比赛等；尤其是有这样那样爱好兴趣的低视生，更应鼓励他们发挥自身的各种资源优势，扬长避短，克服低视力的困难，努力锻炼自己，争取随班就读，促进与社会的融合。

视障儿童的活动范围狭窄，导致了他们各方面的信息获得受阻，影响了他们的学习和生活。这就要求教师在因地制宜的思想引导下，打破僵化的课堂教学的时空界限，根据本校、本地和家庭实际情况因地制宜组织活动，充分开发和利用各种语文教育资源，创造性地组织语文综合性学习，拓宽视障儿童的学习空间，增加其语文实践的机会，把语文学习置于更宽广、更丰富的社会、自然和人文环境中，使他们得到熏陶。

（二）根据视障儿童的身心发展特点，综合性学习的形式要多样，要充分体现活动性和主体性。

形式多样的综合性学习可以帮助视障儿童克服恐惧和自卑心理，让他们从课堂走向校内校外，走向大自然，丰富了他们的生活，锻炼了他们健全器官的动能，补偿了他们的缺陷，培养和发展了他们的特长。在各种形式的综合性学习活动中，通过自我组织或参与活动的实践过程，凸现了视障儿童的主体性地位，增加他们学习和生活的自信心，在相互交流帮助中，培养他们的合作意识，便于他们扬长避短，相互促进。

(三) 注重小组合作探究，培养视障儿童独立解决问题能力和合作意识。

综合性学习的基本方式是小组合作和自主探究。在实践活动中，仅有合作是不够的，要培养视障儿童独立自主探究的精神，培养他们独立解决问题的能力。

(四) 运用活动类型与方式的灵活多样性，提高视障儿童的语文素养，促进他们的身心健全发展。

教师要充分优化视障儿童学习语言的环境，努力联系设法构建校内外、学科间的合作体系，拓展他们语文学习的空间。使他们在广阔的空间中增强学习和运用语文的能力。如可参照积累知识型、才艺技能展示型、游艺或趣味型、操作实践型等几种类型的活动方式。

二、盲校小学语文综合性学习的实施建议

(一) **发掘主题的途径**：主题的发掘要遵循"大语文观"。语文即生活，生活即语文。教师要启发视障儿童在语文学习中、在视障儿童生活中、在学科联系中、在自然风光中、在社会环境中发掘综合性学习主题。

(二) **主题开发方式**：在主题的开发方式上，有结合型综合学习方式，就是将各种知识和能力的巩固与锻炼结合设计活动；有专题型综合学习方式，就是依据某个特定的内容设计活动。

三、盲校小学语文综合性学习应遵循的原则

(一) 活动主题内容要密切联系教材

综合性学习活动的主题内容大都与教材内容有直接或间接的联系。在进行综合性学习活动时，要注意密切联系学过的课文，引导视障儿童自觉运用在课文中学到的知识来解决综合性学习活动的问题。如《语文》二年级上册在学习了《秋天的图画》之后，接着在本单元的"活动园"便安排了"找秋天，说秋天"的综合性学习活动。可见，主题内容的安排是密切联系教材内容的。这样安排可以让视障儿童在活动中获得亲身感受，促进对课文内容的掌握。

(二) 加强综合性学习活动的计划性

综合性学习既与教材内容有密切的联系，又有相对的独立性，综合性学习的内容，往往采取不同的形式多次出现，逐步提高。教师在教学前，应了解每一项训练内容，在各册中是怎样安排的，哪一册为重点，这样才能加强练习的计划性。如《语文》二年级上册中的"活动园4"，是让视障儿童自己动手做一个纸风车，玩一玩。类似的综合性活动必须在活动之前做好周密的

计划,否则无法开展。因为这个活动对大部分寄宿在学校的视障儿童来说,在材料的准备方面不如普校的视障儿童那样方便。因此,材料的准备一般要由教师负责。而且在具体制作的过程中,需要先指导视障儿童触摸模型,再了解风车的结构,然后讲解制作方法,并要有序地指导每一步。最后,教给视障儿童玩风车的方法。这个活动如果事先只是像普校的教师那样安排视障儿童回家准备材料,然后模仿模型进行制作,其效果就不理想。

(三)明确综合性学习活动的目标,做到有的放矢

综合性学习中的各种活动安排,都是围绕语文教学的目标要求编排的,因此了解每项活动主题内容的训练目标,是引导视障儿童达到训练要求的基础。教师认真钻研、思考教材中的各项综合性学习活动安排的训练要求,在教学时才能把握教学要求,有的放矢地进行指导。如《语文》一年级下册综合性学习的活动栏目"展示台"中,展示盲文读写技能的活动有两次,分别在"园地四和园地八",展示内容是一分钟摸读和书写速度。具体目标要求是在规定的时间内,用正确的姿势摸读和书写出相关音节。这项活动目标明确,主要是展示视障儿童盲文摸读和书写的能力,又检验他们的读写是否达标。在活动中,如果教师对活动目标缺乏了解,就无法进行指导和评价,影响活动的效果。

(四)综合性学习活动主题内容的设计要符合视障儿童实际,不能流于形式,要讲求实效

综合性学习教学只有从实际出发,讲求实效,才能更好地达到训练的目标。综合性学习活动内容中涉及到字、词、语法、修辞、自然、社会知识等,在安排活动前要充分考虑到视障儿童的年龄及身心特点,要考虑他们的现有能力和认识规律,活动的安排不能流于形式,要在形式多样的活动中真正达到教学目标要求。任何低于或超越视障儿童实际的活动都是徒劳的,只能流于形式,实际效果并不理想。

(五)要做到教师启发引导和视障儿童多练相结合

综合性学习是让视障儿童通过各种形式的实践活动巩固知识、培养能力。教师要在课内外给各类视障儿童创造更多的训练机会,放手让他们活动。但他们的"活动"必须在教师的启发引导下进行,教师在教学中要充分发挥主导作用,始终把调动视障儿童学习的自觉能动性和探究性学习放在首位,这是新课程理念的要求。否则会造成盲目的、就事论事的、机械性的练习。在让视障儿童明确训练目的基础上,引导他们在各种形式的活动中巩固知识,形成技能,发展思维。同时还要有针对性地对活动中出现的各种问题及时指导。当然,对活动中可能出现的问题和困难,事先要有充分估计,这样才能在活动中做到心中有数。要抓住关键问题启发引导视障儿童,使其

在复习巩固并综合运用学过的知识的同时,发展思维能力,并逐步掌握认识事物的规律和运用语言的规律,懂得举一反三,触类旁通。

(六)在综合性学习活动中积极倡导自主、合作、探究的学习方式

语文综合性学习有利于视障儿童在感兴趣的自主活动中全面提高语文素养,是培养其主动探究、团结合作、勇于创新精神的重要途径。在活动中,要关注各类视障儿童的个体差异和特殊需要,依据他们的身心特点和语文学习的特点,保护他们的好奇心和求知欲,充分激发他们的自主意识和积极进取的精神,活动主题内容的确定,活动方式的选择,评价方式的设计都要有助于倡导自主、合作、探究的学习方式的形成。这是符合课程基本理念的。

附:范例分析

《走进春节,了解春节,感受春节》

一、教学目标

1. 通过查资料、品诗歌、对对联等活动,使视障儿童感受春节这个中华民族的传统节日的美好,受到民族传统文化的熏陶。

2. 在活动中产生情感体验,记录所见、所闻、所感,在此基础上进行口头交流并写出具有真情实感的作文。

二、课前准备

1. 收集关于春节的年节歌、诗歌、对联、传说等。

2. 了解自己的爸爸、妈妈等长辈小时候是怎样过春节的。

3. 去市场调查关于春节所送礼品或燃放的各种烟花爆竹的种类和价格。

三、设计思路

开展综合性学习要因地制宜,因材施教,体现学生的主体地位。

四、活动过程记实

(一)激发情感,谈话导入

除夕之夜,每家人都会围坐在一起吃丰盛的年夜饭,还要向远方的亲人和朋友拜年问候,借此表达他们对远方亲人的怀念。之后还要"消夜",一家人吃着花生、点心、水果、糖果,或嬉笑玩耍、或款言细语,静待天明;这便是守岁。新年的钟声敲响，中华民族的传统佳节——春节来到啦。这一切都是同学们亲身经历过的吧。但也许在以往的春节大家只是感觉热闹罢了，对春节的相关知识大家了解得不多。今天，就让我们一起度过这个美好的节日，感受我们中国深厚的文化底蕴吧。

（二）以学生为主体的师生互动过程

师：这次活动之前就让大家做了很多准备工作，现在，请大家把收集到的那些关于春节的年节歌和对联展示出来。要求用标准的普通话朗读收集的内容

生：北京有一首歌唱年终的民谣（略）

生：关于年节的诗或对联（略）

师：启发引导视障儿童理解诗和对联的含义。

师：播放《常回家看看》，激发孩子们的思乡情。

师：听了这首歌，大家有什么感受？请有歌唱特长的会唱这首歌的视障儿童给大家唱这首歌。

生：他们争先恐后、七嘴八舌谈感受。然后听同学演唱。

师：在这一天，还有一个重要的活动，那就是和亲人一起吃花生、点心、糖果、燃放鞭炮等。下面，请大家介绍一下自己在市场上看到的花生、点心、各类糖果、水果、鞭炮等的种类和价钱。

生1：我在一家超市里看到一种点心，标价一百多元。

生2：我看到超市里的袋装或散装的精美的糖果，价钱不等。

师：下面我们开始品尝糖果，在吃的过程中，希望你留心观察它的形状和味道。（由班干部分发糖果，每人两块。孩子们兴奋地边吃边讨论。）

师：我们现在多么幸福啊，可以吃到各式各样的点心、糖果，下面请大家谈谈自己的长辈小时候是怎样过春节的。

生1：我妈妈说，过春节时他们边吃花生、糖果边玩或看电视。

生2：我奶奶说，他们小时候家里很穷，能吃上一顿饺子就不错了。

师：是啊，我们的长辈小时候家里穷，吃不上好吃的，但他们还是很喜欢过春节，可见这个节日在我们中国是多么重要。现在我们的生活条件好了，春节不光是吃水饺或年夜饭了，有些地方还举行一些活动进行庆祝呢。可是，大家应该知道我们现在的生活来之不易，我们要节约粮食，大家应该知道，现在还有一些人生活贫困，我们要为他们奉献自己的爱心。

师：关于春节，有很多美丽的传说和歌颂春节的优美诗篇，下面就让我们共同欣赏大家收集来的资料。

生1：讲春节传说之———"过年的传说"（略）

生2：讲春节传说与习俗之二——过年给红包即压岁钱的传说。

师：补充春节传说与习俗。

师：接下来品味诗歌。（孩子们在老师的指导下有滋有味地读着收集的诗歌）

师：启发、引导视障儿童自发设计组织活动。

生：各自向大家介绍自己家乡的过年习俗。

生：分组或各自随机进行对对联的比赛。

师：指导低视力儿童学习安全地点燃爆竹，让他们在爆竹点燃的同时体验自己的心情。

（三）课外延伸，交流展示

活动后指导视障儿童作文：为了解春节文化，我们进行了一系列实践活动，在这一活动中，哪一个片段给你印象最深，请你把它写下来，并进行相互交流。

评析：以上教学设计，体现了因地制宜，因材施教，体现学生主体地位的设计思路。教师充分开发和利用各种相关的语文资源，创造性地设计并组织语文综合性学习实践活动，将视障儿童的语文课堂学习延伸，拓宽他们的学习空间，增加他们语文实践的机会。如，在义务教育课程标准盲人学校实验教科书《小学语文三年级》上册第五单元安排的综合性学习主题是：了解生活中的传统文化。在视障儿童对祖国传统文化有了初步了解之后，把视障儿童引向社会。教师根据本地实际情况，与视障儿童一起充分利用适合其开展本次活动的资源，避免了教材的局限。春节是人们非常喜欢的节日，教师生动的导语从一开始就激发了视障儿童活动的兴趣与热情。这个环节为视障儿童创设了良好的活动氛围，调动了视障儿童的学习动机。

其中，还培植了视障儿童热爱自己祖国语言文字的情感，认识中华文化的丰厚博大，吸收民族文化智慧，吸取人类优秀文化的营养。激发并养成探究性学习的习惯，还及时渗透思想品德教育。

整个活动中，尝试培养视障儿童积极主动进行思维和想象的能力，还给特长生提供了锻炼和展示自己才华的机会。

活动结束后，还可通过各种不同的方式让视障儿童展示自己的活动成果，让他们感受到成功的快乐。

总之，这个综合性学习活动，使视障儿童在收集资料、交流资料、理解资料、运用资料等过程中提高了综合性学习能力，提高了视障儿童的语文素养。

思考题：

1. 盲校小学语文综合性学习的特点是什么？
2. 盲校小学语文综合性学习形式有哪些？

第十章 低视力儿童的汉字教学

低视力儿童掌握了汉字，能够用汉字进行社会交往，广泛阅读明眼人的汉字书籍，从事自己力所能及的工作，为社会做出应有的贡献，不仅自身得到良好的发展，而且减轻了家庭、社会和国家的负担。

第一节 低视力儿童汉字教学的内容

对低视力儿童进行教育，是用盲文还是用汉字，曾经有过长时间的争论。在我国目前的教育体制中，低视力儿童虽因视觉障碍有碍于接受普通教育而归属于盲教育的范畴，但与全盲生相比，他们有着不同的心理特征，其中很重要的一个特点是视觉在他们的认知等活动中仍然起主导作用。低视力儿童通过残余视觉的训练和助视器的帮助，其视觉仍然可以起主导作用，仍然可以使用印刷教材进行学习。低视力儿童依靠良好的助视设备及专门教师指导，完全可以学习明眼文字。

每个汉字都包括音、形、义，低视力儿童每掌握一个汉字都应该读准字音、认清字形、了解字义。从这个角度来看，识字教学的内容，包括字音、字形、字义教学；对于低视力儿童来说，汉字教学还包括书写技能训练和读字技能训练。

一、字音教学

首先要指导低视力儿童读准字音，字音教学是学生识字的基础，是汉语拼音综合能力的运用，包括声母、韵母、声调和拼音方法。要在识字、学词、学句、读短文和阅读注音读物的过程中，充分发挥汉语拼音的作用，培养学生应用拼音的能力，在实际应用中使拼音得到巩固。

二、字形教学

字形教学是低视力儿童学习汉字的主要困难，由于视觉能力的限制，他们对一定数量（如几点、几横）、一定量度（如笔画的长短、出头与否、封口与否）、一定空间结构（如左右、上下、内外）的基本笔画的理解远远不如正常儿童，因此，掌握字形是低视力儿童认读汉字的难点，特别是对于刚入学的低视力儿童，由于视觉在轮廓知觉中占优势，但因其视觉模糊不清，汉字的分辨能力比较差，对字形的细节和空间结构辨别极为困难，需要一个逐步训练、提高的漫长过程。

三、字义教学

字义在教学中实际是词义教学，正确地理解字义是发展低视力儿童语言和培养读写能力的起点，在教学中教师要根据汉字字义方面的特点，运用多种方法帮助他们理解字义，或运用第六章所提供的词语教学策略帮助他们在理解词义的基础上理解字义。

四、书写技能和读字技能的训练

（一）书写技能的训练。书写技能的训练对低视力儿童来说是较难的，可以从以下几方面进行。

1. 书写技能训练的步骤

首先，要把书写汉字的环境布置好，如合适的照明条件，适合不同残余视力儿童写字的练习本；其次，培养良好的书写习惯，如正确的执笔方法和身体的坐姿；再次，要有良好的训练方法，一般来说低视力儿童书写技能训练要经过以下过程：掌握正确的书写方法，认识汉字的结构和形状，能够进行连续书写，能够注意到书写的细小环节，最后，达到熟练运用阶段。从认识汉字到书写汉字是低视力儿童学习汉字一个质的飞跃，学以致用，学习汉字是为了更好地运用汉字，能运用汉字进行交流，所以书写汉字是低视力儿童在认识汉字以后必须要掌握的基本技能。

2. 写字教学要处理好几个关系

（1）"一个字"与"一类字"的关系

写字教学在小学阶段是一个很重要的内容，教师必须要有整体的训练思路。汉字之间是有联系的，有的汉字部首相同，有的汉字写法相仿，把"一个"与"一类"有机结合起来。在掌握一个字的同时，了解一类字的写法；在写好一类字的情况下，更好地写好一个字。这样就大大优化了写字教学的效果，提高了写字的能力。如在教"食"字时，可以对学生说："'食'字上面的'人'有一捺，因此下面'良'的一捺要改成点，不然两个捺笔显得重复，写字要体现变化美，避免笔画重复。"等学生在写字的过程中明白道理后，让学生寻找如"奏"、"林"、"焚"、"众"等汉字中的笔画的变化写法。在此基础上，扩大"类"的范围，让学生进一步明白：写字要体现笔画变化的特点，写好基本笔画是写好汉字的基础。

（2）"写字教学"与"情趣调动"的关系

低视力儿童不能机械地写字，要让他们认识到写字是一种乐趣，调动他们写字的积极性，培养他们写字的兴趣，是写字教学中教师的一种教学技巧。那么在写字教学中该如何调动学生的积极性呢？

在指导学生写字的时候，结合字形、字义方面的内容，把音、形、义结合起来，这样可以有效地达到整体掌握汉字的目的。如教学生字的时候，可以把读生字、写生字、说字义几个方面的内容结合起来。字形、字义的分析可以促进写字教学，写字指导又能促进对字形的掌握和对字义的理解。三方面有机结合，相互促进，效果远比"单打"来得强。如在教"矗"时，告诉学生："下面两个'直'字，左边底下的一横要懂得谦让，给右边的'直'有舒展开来的余地。我们同学之间也要懂得谦让，这样才能把事情做好。"这就在写字的同时进行了思想教育，帮助学生理解了"字理"，写好了汉字，学会了做人。

（3）"传道"与"授技"的关系

小学阶段的写字教学还处在习字阶段，主要任务是形成写字技能，提高写字水平。但我们不能因此而忽视了"道"的传授。提高审美能力也是写字教学范围内的要求。反过来提高学生的欣赏能力，让学生具有一定的审美眼光，知道自己写的汉字美还是不美，养成认真观察汉字的习惯，对于提高写字兴趣、提高写字能力也是有帮助的。而这些对于普通学生可能在老师的帮助下容易做到，但是对于低视力儿童可能难一些，需要逐步提高，不能因为难做我们就不去做。

当然，小学生的认识能力有限，"传道"也好，"授技"也好，要注意度的把握，对于特殊儿童必须经历一个"儿童化"的过程才能被学生吸收和掌握。儿童化的过程主要是把抽象的道理形象化，让学生明白易懂。如在指导学生写"典"时，告诉学生说："中间是一块面包，横着一刀，竖着两刀，要切得均匀才好看。"教师在示范的过程中，经过这样形象化的处理，深奥的道理显得并不高深，学生自然掌握了写好这个字和这类字的方法。

（4）"写字工具"与"人"的关系

要做好一件事，一半靠的是人的技术，另一半与所用的工具有关。对于写字来说，也是同样的道理，写字的工具显得特别重要。有的学生并不是字写不好，而是写字的工具不行，特别是对于低视力儿童来说，初学写字，教师一定要为学生选择好写字的工具，例如钢笔字的书写，帮助他们选择适合他们的钢笔，钢笔粗细适中，钢笔的弹性正常等等。还要选择合适他们使用的本子，根据低视力儿童的个人视力选择行距适当大一点的本子。另外还要教给学生使用钢笔的方法。钢笔的用法与铅笔不同。写字时不像铅笔一样经常转动，它始终以一个面接触纸张。这些都要向学生交代清楚，让学生明白道理，并在实践中运用和体会。还要教给学生保护钢笔的方法：不能使劲按，写好后要用笔套套住钢笔，几种墨水不能混合使用，等等。

（5）"课内示范"与"课外影响"的关系

课内示范，从小的范围来说，指写字课上教师的示范，一般小学有专门的写字老师上写字课。但是这里我们讲的课内示范，不仅仅包括写字老师的示范，而且包括所有任课老师的示范，教学生写好字并不只是写字老师的任务。课外影响指的是课堂外教师的写字，因为示范是最直接最明白的，符合学生形象思维占主导地位并善于模仿的年龄特点，他们时时处处都在模仿。课内与课外做法不同会给学生带来误导，让他们认为认真写字是课堂上的要求，课外的时间可以不好好写，家庭作业和课外作业就可忽略写字，就可降低写字的要求了。而这些想法，都大大削弱了写字教学的效果，因此教师的示范要有全程意识，要做到课内课外一个样。实践证明，许多字写的比较好的老师，都是在小学阶段从老师良好的示范中学来的。

但是在低视力儿童写字教学中，教师一定要注意不能过分要求学生，低视力儿童个人视力差异较大，教师要允许学生写出的字有差异，启发学生向写字好的同学学习，切不可因写不好字而伤害了低视力儿童学习写字的自尊心。

（二）读字技能训练的方法。读字技能对于低视力儿童来说是一个不断提高的过程，要求教师在教学中要刻意进行训练，特别是对患有斜视、视野狭窄、眼球震颤等问题的学生，教师要耐心地引导他们。一般来说训练方法可以从以下几步着手。

首先，教学中要为每个低视力儿童配备助视器、大字课本和可根据需要调节亮度的台灯，要开设视功能训练课；其次，引导学生先找到老师，再找到老师的手，然后顺着老师的手看黑板上的字。如出现看字跳行现象，就教他们用手点读，或制作"阅读器"帮助阅读；最后，在老师的帮助下正确读出要读的汉字。

总之，识字是阅读和作文的基础，是小学语文教学的重要内容之一。识字有利于发展低视力儿童的思维，对字形的分解组合可以培养分析综合能力，识字教学还可以培养学生的观察能力和记忆能力。低视力儿童的汉字教学是盲校分类教学的前提。在盲校实行分类教学，是十分必要且完全可行的，分类教学提高了低视力儿童的自信心，拓宽了他们的知识面，促进了他们的视功能发展；跳出了盲文的局限性，提高了他们回归社会和在社会中生存的能力；汉字教学为低视力儿童随班就读打下了基础。低视力儿童能够进入普通小学对其家长而言是非常高兴的事情，可以说汉字教学让无数低视力儿童家长的心理得到了康复，减轻了家庭、社会和国家的负担。

第二节　低视力儿童残余视力的保护工作

对低视力儿童来说,现有的视力对他们今后生活、学习和工作都有很大意义。在低视力家庭中,家长常常担心对低视力儿童进行汉字教学,会更加损伤孩子的视力,这种担心违背了人类感知器官"用进废退"的规律,同时也对我们教学提出了新的要求,要求我们在教学中要科学地使用他们的视力,使其为扩大知识面、培养能力服务,更要根据视力实际,在保护视力的前提下,切实考虑他们用眼的负担。那么,应如何做好低视力儿童残余视力保护工作呢?

一、给低视力儿童多开一盏灯

在一定的范围内,随着照明强度的提高,能改善人的心理状况,从而使人的干劲提高,降低疲劳感。如高水平的照明能降低疲劳程度,并提高工作效率。照明强度增加,人就会看得更加清楚。所以,对于视力情况很差的学生来说就更加重要了。因为低视力儿童更需要光,而且需要更强的光。要改变以往盲校不需要光的错误观念,并重视低视力儿童学习和生活环境照明强度的改善,给低视力儿童多开一盏灯,让低视力儿童看得更加清楚。

特别应该注意的是,有的教室采光较好,白天将日光灯都打开,照度还能达到照明技术指标,但是在晚上、阴天或阴沉昏暗的冬日里,照度离技术指标相差较远。所以,为了进一步改善照明条件,学校要加大教室日光灯的功率,并给低视力儿童配备台灯。

二、为教室摆设增加对比度

对比度是指由两个相邻界面的亮度差异产生的量值。对比度对视觉效果的影响非常关键,一般来说对比度越大,图像越清晰醒目,色彩也越鲜明艳丽;而对比度小,则会让整个画面都灰蒙蒙的。高对比度对于图像的清晰度、细节表现、灰度层次表现都有很大帮助。如在一面白墙上挂一顶白色的帽子,对于视力正常的人,如果不仔细地去辨认,是较难发现的。这对于视力有障碍的低视力儿童来说,就更难发现了。在这种情况下,就可以想办法增强帽子与墙面的对比度,如可以在帽子的下面衬一张深色的纸,白帽子的颜色就和墙面的颜色区分开来了,这对于视障生是非常重要的,因为这种方法可以使低视力者能很快找到帽子,方便了他们的生活。再如,课桌、椅子与地面的颜色不要相同或太接近,应该加强对比度,并且,学生课桌不要求用同一种颜色,便于低视力儿童能快速找到自己的座位。如果课桌椅在现实中,已经是一种颜色了,这时可以在课桌上加铺不同颜色的衬垫,问题同样可以得到解决。只要我们在平时的工作中做一个有心人,就会发现有很多地方并不需要花很多时间和资金就能使低视力者的教室环境得到大大的改善,从而方便他们的学习。

三、用灯罩、窗帘等方法减少光线反射,防止眩目

眩目是指由于照度差或照度过高,而引发的视觉干扰,科学研究发现:反射眩目会使影像模糊化,阅读吃力,容易造成眼睛疲劳,降低阅读效率,甚至造成眼睛酸痛,头痛等问题。

如教室的日光灯不装灯罩,灯光就会自由散射,使人的视觉受到干扰,影响人看事物。再如课桌面太光滑,会间接将光线反射,影响人的视觉,这些现象就是眩目。在这种情况下,就需要对灯和桌面进行改造,如可以在荧光管灯具上加装光栅屏;将桌面换成不反光的雅光漆或在桌面上加铺带有摩擦力的深色衬垫等。做法不难,但确实能解决实际问题。

另外,为了防止太阳光的直接照射产生眩目,可在教室里安装窗帘。视障教育工作者应该经常带上低视力模拟眼镜及时发现低视力儿童学习环境里产生的一些眩目现象,给他们一个安全、舒适的学习环境。

四、让学生的座位更合理

在普通学校,学生的座位一般是按照个子的高矮来安排的。在盲校,视障教育工作者决不能仿照这种方法,应该考虑到教学对象的特殊性。一般让低视力儿童坐在前排,靠近黑板,并且靠窗向阳的地方,对于怕光的低视力儿童,如患白化病的,安排座位就不能按同一种方法,应该安排在光线不太强的地方。当然,座位安排好后并不是固定不变的,有时需要根据季节等因素的变化进行适当的调整。如夏天,太阳光太强,就不能直接让学生在太阳光下阅读,就要调整座位。总之,视障教育工作者要从教育对象的实际情况出发,合理安排座位。

五、利用多媒体辅助教学,让低视力儿童从课堂上获得更多的视觉经验

在制作低视力儿童使用的课件时,应更多的考虑到低视力儿童是否看得更加清楚。所以,制作的课件要考虑到颜色的对比度和画面内容的大小是否适合低视力的特殊要求。颜色搭配与低视力儿童视觉效果相适应。据调查得知,低视力儿童对于蓝色背景和白色字体的搭配最敏感。因此,制作的课件和网页,避免使用花哨的画面,主要采用蓝白搭配的色调来展现内容。画

面颜色过于丰富,显得杂而乱,会造成低视力儿童不知道看什么,什么是重点内容。所以,每一幅画面上的内容不要安排得太多或太满。

六、在作业量上,注意区别对待

低视力儿童眼疾不同,用眼时间也要有所不同。有的学生用眼时间一长,眼睛就会发红、发胀,对这样的学生,用眼的作业量要减少。重视对学生用眼卫生的教育,要求不在光线不适宜的地方看书,防止眼睛过分疲劳,一旦疲劳,应马上休息,使学生能自觉地讲究用眼卫生。教师要一天两次带领学生到校园看绿看远,从绿色的树到蓝天白云,以调节学生的视力,放松眼神经,并坚持做眼保健操。定期为低视力儿童进行视力测定,眼病检查,最好一个月一次,一学期去医院全面检查一次,发现问题,应及时查找原因,立即检查治疗或调整教学安排。

第三节　低视力儿童的汉字教学

对低视力儿童进行汉字教学,需要从各个方面采取有力措施,促进汉字教学。

一、教材

大字课本对于那些贴近眼睛甚至带上眼镜也无法看清一般印刷文字的低视力儿童是有作用的,大字课本在印刷上要有一定的质量保证,除字体大小合适外,纸面与字体应有强烈的色彩对比,白底黑字对比明显,另外还要特别强调字迹清晰,文字的间距与行距不能太小,课本字体大小取决于学生不同的视觉,目前一般书刊正文用五号字,低年级语文课本用了二号楷体和三号楷体,高年级课本用宋体小四号,这是低视力儿童无法看清楚的。实践证明,低视力儿童通过助视器可阅读初号和大号字体,而视力在0.5左右的低视力儿童,则能直接看清小四号的文字,对这样的低视力儿童就不必要提供大字课本。没有大字课本或者暂时买不到大字课本的学校,低视力儿童的大字课本可用复印机把普校课本放大1.4倍后再复印的办法。复印时要注意版面清楚、字体清晰和纸张的黑白对比度要明显。但大字课本并不是所有低视力儿童都必需的。有的儿童近视力较好,或有的儿童有合适的助视器,能看清5号字,就可以直接适用普小课本。

二、低视力儿童学汉字对教材的要求

开始汉字教学时,就要使用放大的汉字课本,放大的比例以两倍为宜。

大字课本的放大倍数要根据低视力儿童的放大需求进行确定，并不是越大越好，因为大字课本如果太大就相当于缩小了低视力儿童的视野，他们虽然看得更清楚了，但能看到的范围缩小了，影响他们确定阅读对象和阅读的速度。或者根据低视力儿童的视力实际，用复印机印刷与低视力儿童视力相适应的大字课本。有合适助视器者也可使用普小课本。对一些视力偏低或属于进展型眼疾的儿童，可采用汉字和盲文同时学习，也可采用以盲文为主兼识汉字的办法，即课堂上使用盲文课本上课，课外时间教他们掌握一些汉字。

三、低视力儿童学习汉字的教学形式

1. 传统的教学形式，把盲和低视力儿童放在一个班级进行授课，开始学习以盲文为主，在他们掌握了盲文以后，从三年级开始安排一、二节课，对低视力儿童单独进行汉字教学。方法是先从笔画笔顺着手，进行常用独体字和简单合体字教学，在他们初步掌握汉字字形结构，具有初步分析字形能力后，识字的内容开始根据教学进度结合盲字语文课本，教授一些盲文教材中的内容。这样盲文与汉字并行，学生从盲文课上解决字的音和义，而把精力集中在生字的字形学习上。低视力儿童在残余视觉的帮助下，到小学毕业时也可学会六、七百个汉字。这些数量虽少的汉字，可帮助低视力儿童阅读简单的读物，还能写简单的便条、书信，大大方便了他们今后的工作与生活。由于教学中注意了识字方法和能力的培养，在他们今后接触汉字时，还可以利用分析字形的方法扩大识字量。这种形式主要适用于生源不足的盲校，采用这种形式教学，教学效果可能会存在低视力儿童"吃不饱"的现象，另外他们还要和盲生一样掌握盲文，用残余视力去学习盲文，会不会损坏他们的视力，目前展开这方面研究的还很少，但是他们感知依然是以视觉为主，他们对盲文的触觉灵敏度肯定是不如盲生的。从这个角度讲，学习盲文也加重了低视力儿童学习负担，因此我们应该对这种古老而传统的教学形式大胆地改革，教师应积极创造条件实行分组教学或个别教学，以提高教学质量。

2. 分类教学形式，即把低视力儿童单独编成一个班。生源好的学校要根据不同视力进行分班教学，依据不同视力提供良好的助视器，教学从汉语拼音入手，把汉语拼音作为学习汉字的工具，为低视力儿童准备大字课本。教学中，要求教师书写板书，对于有低视力儿童的班级来说十分重要，并且板书应该注意以下几点：一是板书时尽可能用与黑板颜色对比度较大的粉笔进行书写，如白色，因为黑白的对比度是最大的。要走出用彩色粉笔书写更加醒目的误区，因为彩色粉笔虽然颜色鲜艳，但是与黑板的反差不大，尽可能不使用彩色粉笔。二是根据低视力儿童的视力特点，板书要写大字。三

是板书的内容不宜过多,并且不是一定要将板书放在黑板正中央,应该根据低视力儿童的位置进行设计。总之,要根据特定的条件和环境设计板书,以收到最佳效果。教学上强调识字方法和识字能力的培养。这种办学形式,是目前国内外特殊教育界比较认可的一种教学形式,大大地克服了传统教学形式的弊端,促进了低视力儿童的学习,提高了他们学习的积极性。

3. 随班就读形式,这种教学方式是让低视力儿童和普通小学的学生在一起学习。他们入学后,普通小学要具体帮助他们逐步熟悉学校环境,要求他们同样完成小学汉字教学任务,教师在一二年级对低视力儿童提供更多的特殊帮助,在共同的教学时间里,要求他们和普通学生一起接受新知识,但是要为他们安排合适的座位,帮助他们选择合适的助视器、提供合适的照明,消除普通学生对他们的歧视,大力营造互帮互学、互相接纳的学习环境。对汉字的教学依然从汉语拼音入手,完全脱离盲文,或者不接触盲文,这样,低视力儿童最终走向社会时是一个身心健全的人。但是这种教学形式,这样的办学形式,对低视力儿童的视力要求比较高。

4. 个别化教学形式,这种教学形式,所要求的办学条件较高,需要配备的教师也较多,需要提供的教学辅助设备也较好。从低视力儿童个人发展来说,走向康复无疑是一种最好的办学形式,是对低视力儿童进行最优化教学的一种形式,是依据每个儿童学习的兴趣和能力及速度来进行教学。在汉字教学中,要求每个儿童掌握汉语拼音,掌握汉字音、形、义,但是老师要更多地照顾到不同低视力儿童自身的积极因素,制定不同的教学方案,运用不同的教学方法,使教学效果更理想。

各地可以根据当地的办学条件采用不同的教学方式,各个盲校可以根据自己学校的现有办学能力,尽最大努力采用先进的适合低视力儿童发展的教学形式,做好汉字教学工作,打好低视力儿童语文学习的基础。

四、汉字教学基本策略

老师在教学过程中要充分利用教材,突破字形教学难点,让低视力儿童扎扎实实地把笔画、笔顺、偏旁部首和独体字掌握好,优化识字策略,让他们成为认字快手。

(一)掌握汉字基本部件和结构,准确感知字形

1. 汉字虽然一字一形,但都是由23种笔画构成的。最基本的有"点、横、竖、撇、捺、提、折、钩"八种。笔画是组成字形的要素,是构成汉字的最小形体单位,掌握了笔画就便于书写汉字。

2. 汉字的基本单位,即偏旁或结构单位。能分析出一个字是由什么结构单位组成的,就便于掌握汉字字形和形体上的特点。如:"理想"的"理"

字,就是由"王字旁"和"里"字组成;"想"是由"本"、"目"和"心"三个结构单位组成的。从偏旁或结构单位出发来辨识汉字,是掌握汉字的途径之一,不必再从笔画上分析。

3. 汉字的结构。掌握了汉字的结构,便于把字写得整齐、匀称,也便于分析记忆字形。在合体字中有"上下、上中下、左中右、半包围、全包围"结构。另外还要注意汉字中有些以独体字做偏旁的,在形体上常常有变化的。让学生了解这些变化的规律,有利于掌握字形,并把字写得正确美观。变化的情形有以下三种:

一是独体字做偏旁,笔画有变化。如"文"字做偏旁时,"文"字上面的点变成了撇,并且位置也变了;

二是独体字做偏旁时,笔画减少,笔画的形体也有变化。如"衣、金"字做偏旁时,笔画减少了,同时笔画的形体也有变化;

三是独体字做偏旁时,不仅笔画变了,笔顺也变了。例如:"牛"和"车"做偏旁时,第三笔"横"都变成了"提",而且这一笔变成了最后一笔。

对于低视力儿童,教师可以把汉字的基本笔画、汉字的基本部件、汉字的结构制成放大的可活动的卡片,进行分解组合,加深对汉字形状记忆。

(二)引导低视力儿童寻找识字规律,形成识字技能

汉字是有其造字规律的,低年级学生的认字不是零基础,当学生的认字有一定量后,教师要考虑帮助学生寻找所认汉字的规律,并让学生用规律支配行为,将规律转化成识字技能。这样才能实现"多读字、快识字"。

1."图—字"对照,学习象形、指事字。利用象形、指事字与"图像"有联系的特点,在教学时可引导学生把抽象的汉字符号与一幅幅具体、形象的图画联系起来,变机械识记为意义识记,使学生轻松愉快地识记字形,理解字义。如教象形字"鱼",以多媒体显示一条挂着的鱼,并在图下依次写上"鱼"字从甲骨文到金文、篆文、隶书的演变过程。这样,借助图画,学生不仅很快就记住了"鱼"这个符号,而且初步了解了象形字的造字规律——把客观事物的形体描绘出来。一段时间之后,学生初步掌握了这种方法,并把这种方法运用于自己的识字实践:学习"飞"字,学生说"飞"就像一只展开双翅的飞鸟;学习"竹",学生说它像竹子上的六片竹叶……

2. 分析"部件",学习会意字。在教会意字时,应常利用会意字的"语义"与"符号"之间的巧妙联系,指导学生分析"部件",编故事或做动作,以理解字义,记忆字形。如教"看"时,告诉学生,上面部分就是一只手,然后让一个学生将手放在眼睛上,做"看"的动作,这样,学生很快就记住了"看"的字形。以后,学生会喜欢用这种方法学习生字:学习"泪"字,学生说,眼里流水是泪;学习"休"字,学生说,一人靠在树边休息……

3. 合理归类，学习形声字。据统计，在汉字中，形声字约占74%。利用形声字"图像"、"符号"、"意义"和"声音"之间的联系，采用形声归类的方法，能帮助学生识记大部分汉字。

形旁归类：有同一种形旁的字往往在语义上有一定的联系，如衣字旁的字都与布、服装有关。记得学生在初学"褐"字时，经常将其写成示字旁。为了帮助学生记忆，一位老师让学生查字典了解："褐"不光指"褐色"，还指"粗布或粗布衣服"。从此，"褐"在学生脑海中就与"被、补、裤"等归为一类，再也不会写错了。

声旁归类：带有同一种声旁的字往往读音相似，字形相近，容易混淆，因而，需经常进行归类复习。如学习"晴"字之后，出示一批带有"青"的字：清、睛，让学生猜猜这些字的读音。又让他们试着选字填空：小草（青青），河水（清清），今日天（晴）。在猜字音和选字填空中学生运用他们所掌握的形声字的规律，自己学会了一批汉字。

（三）掌握识字的工具，找出学习的捷径，重视培养学生识字能力

汉字量大形杂与低视力儿童视力不足给汉字教学提出了一个迫切任务，即需要寻求一条适合低视力儿童学习汉字的最佳途径。因此，汉字教学不能单纯追求识字量，而必须重视培养识字能力。学生对汉字学习产生浓厚的兴趣，是先决条件，因此在教学中教师要时刻注意调动低视力儿童的学习兴趣，在此基础上，教给他们学习汉字的三个有利工具。

第一，汉语拼音，是自学字音的工具；

第二，掌握构成汉字的零件，笔画、笔顺、部首、结构以及诸多的独体字，都是分析字形和记忆字形的工具；

第三，字典是汉字的宝库，小学阶段要求学生掌握按音序和部首查字典的方法，在字典里学生可以准确地掌握字音和了解字义。

三个工具能帮助低视力儿童掌握汉字、提高识字能力，能收到举一反三、无师自通的学习效果，从而有办法解决阅读中碰到的生字。

（四）突出字中容易弄错的部分和笔画，提高低视力儿童精细辨别字形的能力

低视力儿童由于辨别不清字形中的细微差别，书写中容易出错，为此，教师在教学时要突出字中容易弄错的部分和笔画，逐步提高学生精细辨别字形的能力。

1. 强调字形的内部结构。如"具"字，把它比作一架梯子，要学生数一数中间有几格，然后让学生用红笔在生字卡上把"具"字里面的三横加红。

2. 加强形近字比较。形近字形体相近，很容易搞错，在教学上指导学生把一些形近字并列写出来进行比较，可帮助学生正确识字和巩固字形。形近字有以下几种情况：

（1）字的笔画相同，位置不同。如："日——曰"、"天——夭"等；

（2）字形相似，只有一两笔笔形不同。如："处——外"、"干——于"；

（3）字或偏旁的形状相似，但笔画多少不同。如："浏——冽"、"梁——粱"；

（4）字的结构相同，位置不同。如："部——陪"。

比较时要分别找出相同和不同之处，要强调不同，突出不同，以加强正确记忆。有些形近字如果只是运用分析比较的方法找出异同点，还是不容易使学生掌握，这就需要结合词汇使学生理解词义，更有助于掌握字形。如："晴"、"睛"就必须用"眼睛"、"晴天"这两个词汇的意义来帮助学生区别字形。

此外，在无意状态下，学生对一个字产生知觉时，对熟悉的那一部分成为强成分，生疏的部分成为弱成分，而强成分往往掩盖弱成分，使学生对弱成分感知模糊，重现时就容易产生错误。如学了"候"以后，再学"猴"时，常常多写一竖。因此，字形教学还要根据字的不同特点和难易程度，以及学生的认知心理来确定难点和重点，并启发学生自己来突破难点。

（五）以字形为重点，促进音、形、义的紧密结合

汉字是音、形、义的统一体。让低视力儿童读准字音，认清字形，了解字义，从而获得对这个字的完整认识。低视力儿童学习汉字前已有大量的口头语言，掌握了汉语拼音后，音义结合不再是难点，但不知道字形。因此，对低视力儿童进行汉字教学，字形和字音、字义相比，形依然是重点和难点，在教学中教师该如何去把握重点，突破难点，是我们教师在备课中需要做好的工作。

初入学的低视力儿童掌握汉字一般要经过三个发展阶段：泛化阶段，对字形的记忆处于无意性、机械性阶段，对汉字字形联系建立不稳定，再认和回忆时容易出现泛化现象，以致出现错误；初步分化阶段，对字形的有意记忆，意义记忆起主导作用，对字的结构及音、形、义的统一联系有了初步分化能力，但是对汉字的细节有时还会出现错误；精确分化阶段，能牢固地掌握汉字的音、形、义，不仅能辨析字形，揭示字与字之间的区别，而且还能认识一般的构字规则，了解偏旁部首所表示的含义。

在这几个阶段中，低视力儿童可能要比正常儿童用更多的时间来过渡，如泛化阶段的时间更长，出现的错误可能还要更多，汉字量大形杂，特别是形近字多，好些字在笔画结构上往往只有细微的差别。如"戊"中间没有点，"戌"中间有点，"戍"中间有短横。要低视力儿童完整精确地记住这些字形不是一件容易的事。教师要做更多的个别辅导工作，因此教师要有更大的耐心,给学生足够的时间去消化新的知识。其实,低视力在许多辅助器的帮助下,学习效果不会是我们想象的那么差,入门工作做好了,教师良好的教学方法和学生学习兴趣紧密结合起来,相信他们能够学好汉字。因此,对低视力儿童的汉字教学,从整体上来看,音、形、义结合,应该着重指导认清字形,以字形为重点。当学生掌握了一定数量的汉字后,学生具备了学习汉字的一定能力,对于每个字来说,音、形、义应该突出哪个重点,还要具体分析,有时音、义也可能成为难点。

(六)采用灵活多样的教学方法,调动低视力儿童识字的积极性

字形教学有多种方法,好的教学方法可以很好地提高低视力儿童学习汉字的兴趣,孔子说:"知之者不如好知者,好之者不如乐之者。"(孔子《论语·雍也》)能否激发学生学习的兴趣是识字教学成功与否的一个重要标志。下面介绍10种情趣识字教学方法。

1. 直观比拟法。所谓直观比拟法,就是根据字形特点,用事物进行直观或者将生字比拟成某种具体事物,使之形象化。如"伞"字的教学:"伞"字就像一把伞,"人"是伞面,"丷"是伞撑,"一"是伞卡,"丨"是伞把,教师在教学中可以带实物来让学生观察。

2. 讲解会意法。将汉字的意思和汉字的形状联系起来进行讲解,如"裕"字,教师可让学生这样会意:左边是个"衤",右边是个"谷",既丰衣又足食,这不就富裕了吗?

3. 联想形象法。在生字中,有的字是象形字,这类字很容易让学生由字联想到它所表示的形象;还有一些字虽然不是象形字,但它的笔画组合在一起,往往是一幅图画。利用这一特点在识字过程中可以用联想形象的方法帮助识记。如学习"鼠"字,"鼠"像只小老鼠,上面的"臼"是老鼠的脸,下面是小老鼠的牙齿。这样一想,这个字就会深深地印在脑子里,学生的想象力和创造力也得到了发展。

4. 动作演示法。有些汉字,用动作演示一下,就可以加深低视力儿童的印象,从而突破教学中的难点。如教"掰"字,可用"两手掌心相对,然后分开"这一动作演示,可以使学生把"掰"的音和字义联系起来,达到听字音见字形想字义的效果,提高识字的效率。

5. 谜语识字法。汉字是音、形、义的结合体,根据这一特点,可以把生字编成谜语,帮助学生在猜谜语中识字。如"午"字,可编成这样的字谜:"远看像头牛,近瞧没有头,要问是啥字,看看日当头。"

6. 歌诀识字法。儿童对歌诀有一种天生的亲切感,利用歌诀可以帮助低视力儿童轻松地掌握一些难识难写的汉字。如:学习"朋"字,念歌诀:"两个月亮交朋友。"不但有助于识记字形,还能指导他们理解字义。

7. 图画展现法。图画能直接刺激学生的感官,并作用于大脑,具有很强的直观性。用图画识字,可使学生对要识的字产生强烈、深刻的第一印象。如学习"雁"字,可以给学生看大雁挂图,说明大雁成群地飞,飞起来成"人"字形,所以"雁"字的"隹"边多了一个"亻"。这样,学生就不会写错字了。

8. 比较联系法。在生字中有许多相近的字,在学习时,不让低视力儿童单独去认字,而是把相近的字一并出现,在比较中识字,在联系中区别。如学习"她"字,可与"他"、"地"联系比较,在学生观察比较后,让他们总结出:这三个字的右边都是"也",但又有不同,男人他是亻,女人她是女,地是土。这样,学生通过比较它们的偏旁及其表示的意义,便不会混淆了。

9. 实物演示法。对代表具体事物的名词或数量词,要尽可能地用实物演示说明。通过看看、摸摸、读读、认认,甚至尝尝,调动低视力儿童多种感官认字。通过这样的教学,汉字和实物紧密地联系起来,汉字的表象就会清晰地贮存他们的头脑里,就会明显地提高识字效率,如教"串"字,从他们熟悉的事物入手,用细绳穿上几颗算盘珠,告诉他们这就叫"一串"。然后引导他们通过实物与字形比较来理解字义,算盘珠就像"串"字的两个扁口,细绳就像"串"字中的一个竖。接着拿出一根羊肉串给学生看,说:"这也叫一串。"这样,学生对"串"的含义理解就具体深刻了。

10. 连词成句法。低视力儿童学过的字很快会忘记,在教学过程中,巧妙利用学过的生字,连成有意义的句子,并把句子贴在学习园地上。一下课,低视力儿童便会围在那儿读句子,这样他们乐学,喜欢学,便很快把生字记住了。到后来,他们能主动将生字编成句子,读着自己编的句子,学生的兴趣更高了。

以上识字方法,因低视力儿童视力差异大,他们对课堂教学的反映也各不相同,如同是看板书,有的看得见,有的看不见;有的希望板书字要大,有的则相反,字写大了反而看不全。因而教师在统一教学的前提下,重视区别对待和个别指导。要给每个低视力儿童准备一块小黑板,上课时既用大黑板进行整体教学,又在小黑板上书写适合他们看清的字,进行个别指导,以保证识字质量。书写和作业量上,也应根据视力区别对待。教学中可采用书空的方法,即边说字的笔画,边用手指空写笔画,这样既加深了学生印象,又提高了识字的积极性。

(七)拓宽认字空间,引导学生在生活中识字

汉字是世界上唯一的非拼音语素文字,具有音、形、义三结合的特点,教学中教师应让实物、声音、汉字"三位一体"结合起来给孩子以刺激,帮助孩子在整体上感知事物,采用生活识字教学法就能给学生带来这种整体

感知。

1. 课堂教学巧妙利用低视力儿童的生活经验。充分利用低视力儿童的视觉对所学汉字所对应的事物形成表象,在教学《自选商场》这一课时,在学词认字这一环节中,为了便于学生学习,教师最好能出示文中的牛奶、牙膏、铅笔、毛巾等9种学习生活用品,让低视力儿童看到精美的物品之后,依据他们的生活经验,读出它们的名称,让学生又快又准地贴上物品相应的名称,上述环节中,教师营造轻松、愉悦的生活情境,力求识用结合。通过实物,帮助学生建立起汉字符号与事物之间的联系,把汉字的音、形、义有机结合起来。这时学生对汉字的记忆就不再只是符号的记忆,而是表象的记忆,表象记忆中每个表象将大量命题以一个功能单元存入记忆系统,可节省很多记忆的空间,减少工作记忆的负担。

2. 课外充分利用低视力儿童的生活资源,鼓励他们在生活环境中认识并巩固所识的字。

（1）利用学校生活的资源认字。走入教室,教室里已有很多现成的物品,如讲台、黑板、电脑、投影仪、录音机等,一切对他们来讲都是那么新鲜,急于了解认识。教师应抓住这一机会,将教室里的物件向学生进行介绍。教室里的物件不多,易认、好记。在学生们都知道这些物件名称的基础上贴上写有名称的卡片。课余时间,学生可读读、问问、认认,还相互纠错。有不认识、念不准的,在老师帮助下,终于认识后,孩子们兴奋得很。这样识字轻松自然,印象深。

（2）刚入学的低视力儿童急于认识新同学。早期教育做的好的家庭,有的学生在家里就已经掌握和认识了一些汉字,在学习了一定数量的汉字后,可请每位同学自己动手制作卡片,设计出自己喜欢的样式,涂上自己认为最美的颜色,写上自己的姓名贴在课桌右上角,鼓励小朋友课间多去"串串门",看谁结识的小朋友多。活动中小朋友们奔来跑去,充满快乐。一方面为自己的"作品"能受到大家的关注和欣赏感到自豪,另一方面为自己能记住所喜欢的小朋友的名字而高兴。有的孩子不等别人过来认读,就跑过去拉住他们大声介绍自己是谁;有的还一边认读一边就拉住了这位同学,高高兴兴地去玩。为巩固他们对同学姓名的认识,还可让学生轮流当值日生发放同学作业本。

（3）刚入学的低视力儿童识字量少,不认识课表,课前准备比较困难,尤其需要回家准备的学习用具,往往因为记不住而影响了其他课的顺利进行。于是,每天下午放学前可将第二天的课表写在黑板的一角,念给孩子们听。用不了两三周他们就可以自己认识课表,完成好相应的课前准备。单就这一点,就使不少家长少了许多事,同时促进了其他学科教学活动的顺利开展,培养了低视力儿童的自理能力。

（4）校园中还有各办公室、功能室等牌匾,校园内的告示牌、橱窗里的宣传标语等,带领学生一边参观校园一边让其识字。碰到学生时,常把其拉到身边问:这上面写的是什么？校园里的这些汉字就在身边,学生都会有意无意地去注意它。很快他们就会在无意中认识许多字,视力较好的学生还可以认识复杂的字了。

（八）重视对低视力儿童汉字学习效果的检查,促进学生努力学习

低视力儿童汉字教学需要分散教学,学生个别差异较大,对他们掌握汉字效果检查也不能用一刀切的方法。考查可以采用不同的方法,以兴趣测试为主,如"组字比赛"、"给错字看病"等游戏性比赛活动,都可以起到检查的作用,阅读儿童小读物,就可以考查低视力儿童对汉字的掌握情况,但是教师对学生的学习情况大多应该用赞许的口吻去评价,不要用"笨蛋"等职业忌语去打消低视力儿童学习的积极性。

总之,低视力儿童学习汉字,教师所面临的教学任务很大,学生所面临的学习任务同样也很重,但是作为教师不可急于求成,被教学任务吓倒,进度上要考虑每个低视力儿童的视觉承受能力。特别是教学起始阶段,尽量放慢速度,正常学生一节课要求学10个左右生字,低视力儿童开始一般只能集中学3—4个生字,教学进度放慢了,就要很好地把握汉字教学的深度与广度,先从常用汉字着手,对于难以掌握、结构复杂、笔画繁琐的汉字,没有实在意义的虚词做一些适当调整,在运用的时候这些字可以先用汉语拼音代替,对于视觉良好的学生可以采取个别教学,或者放在课外辅导,解决好"吃得饱"与"吃得好"的问题。随着学生用眼效率提高,整体教学步骤才可逐步加快,切忌搞一刀切,要根据视力好坏确定教学要求。如对一级低视力与二级低视力在识字数量和要求上要有所不同。二级低视力儿童配置一定的助视设备后,可以接近普小要求,但开始速度要慢一点。而对视力在0.1以下的一级低视力儿童,则根据视力实际,有的则要减少识字量或降低识字要求。并且可允许在字的读写要求上不同步,对课文中的一部分生字要求能读出音、懂得意义,但书写可慢一步。

五、低视力儿童语文工具书的使用

1. 学会查字典的意义

九年义务教育全日制小学《语文教学大纲》中明确指出:"教给学生查字典,是培养学生自学能力的重要措施,必须予以重视。要教学生学会音序查字法和部首查字法,并能用数笔画的方法查难字,逐步加快查字典的速度,养成查字典的习惯。"对低视力儿童进行汉字教学,必须以培养识字能

力为中心。识字能力的具备,除了掌握识字方法外,还要学会使用识字工具,学生只有掌握了识字的工具,懂得了识字的方法,才能通过各种途径自己识字、培养识字能力。可见,字典是学习语文的重要工具,是否会查字典和习惯于使用字典是自学能力高低的标志。

总之,不论阅读或写作中遇到不会读或读不准、不会写或拿不准及不理解的字、词,都要学会利用字典等工具书来解决,在实践中提高查字典的速度,以提高语文自学能力。

2. 盲文版《现代汉语小词典》

盲文版《现代汉语小词典》由中国盲文出版社陆续出版。这套词典共12册,在版式编排结构上,采取传统的音序排列法,以中国社会科学院语言研究所词典编辑室编辑、商务印书馆出版的第4版《现代汉语小词典》(2004年版)为蓝本,根据盲人的需求和特点,进行修订、增补和删改而成,具有很高的权威性。在出版过程中,出版社组织专家进行审读、编校,精心组织出版制作,确保词典出版质量。考虑到盲文词典工具书在使用过程中的舒适性,每册词典容量在10万字左右,采用8开本,锁线装订,易于保存,方便耐用。该套词典问世,对我国877万盲人来说是一个福音。低视力学生中有一部分视力较差的学生学习了盲文完全可以用这套小词典。

3. 满足低视力儿童需要,出版大字版工具书

对于低视力儿童来说,由于他们的个性差异较大,每个学生视力损伤的程度也不同,在运用工具书方面,可能出现的情况是:一部分视力较好的学生可能在辅助器的帮助下,能运用正常学生的工具书;一部分视力较差的学生可能掌握了盲文,可以运用盲文版的工具书;还有一部分学生这两种工具书都不能用,那就需要为他们准备大字版的工具书,而这种工具书目前很少,这样就无法满足他们的需要,这就要求我们继续完善低视力儿童工具书的工作。随着人们对残疾人教育工作的重视,对低视力儿童分类教学的深入开展,和国家对特殊教育的经济投入的增加,相信不久的将来会有适合低视力儿童的大字工具书发行,以解决他们学习的需要,满足视力损伤程度不同的学生的需求。

附:范例分析

识字学词学句

教学目标

1. 学会本课的9个生字和词语。
2. 正确、流利地朗读短文。

3. 培养学生合作学习的意识,激发学习兴趣。

教学重点

1. 学会本课的9个生字和词语。

2. 正确、流利地朗读短文。

教学难点

1. 正确、规范地书写本课生字。

2. 正确、流利地朗读短文。

教具准备

放大的生字卡片、放大的昆虫图片、幻灯片、放大的教材。

教学过程

一、导入新课。

1.（教师出示适合低视力儿童观察的动物挂图）同学们,你们都认识这些小动物吗？它们都叫什么名字？

2. 让学生观看动物和昆虫的幻灯片,引起他们对这些动物的兴趣,从而激发他们学习的兴趣。

3. 我们先来一一认识这些小动物和昆虫,接下来,我们再一起认识并学习它们的名字是怎么写的。

二、学习新课。

1. 学生自由读放大教材中的课文,为不认识的生字新词标上拼音。仔细拼读音节,看看这些生字都读什么音,用心记住它们的读音。看谁记得准,记得快。

2. 同桌读一读短文,互相订正字音。

3. 指名读,做到正确朗读课文。

4. 学习生字。

（1）教师板书生字。（生字要写的略大一些,要注意把生字写在黑板的中间）看哪个同学反应快,能第一个说出生字的读音。如果说错了,其他同学立刻纠正。达成共识后,教师写上音节。（教师到每个同学的坐位上,把生字写在同学们的小黑板上,让同学们仔细观察生字的形状）

（2）拼读音节。可采用指名读、"开火车"拼读等多种形式。

（3）记住字形。（开展小组间的合作学习,启发学生用自己喜欢的方法记住这些字的字形）

杜:可以用熟字加偏旁的方法来记忆字形。左右结构。"土"字左边加上木字旁。

鹊：可以用熟字换偏旁的方法记忆字形。左右结构。"鸡"字左边的又字旁换成一个"昔"字。

蜻：可用熟字加偏旁的方法记忆字形。左右结构。"青"字左边加上虫字旁。

蜓：可用熟字加偏旁的方法记忆字形。左右结构。"廷"字左边加上虫字旁。（蜻蜓是昆虫，所以是虫字旁）

蝉：可以用熟字加偏旁的方法记忆字形。左右结构。"单"字左边加上虫字旁。

蜘：可用熟字加偏旁的方法记忆字形。左右结构。"知"字左边加上虫字旁。

蛛：可用熟字加偏旁的方法记忆字形。左右结构。"朱"字左边加上虫字旁。（蜘蛛是昆虫，所以是虫字旁）

5. 巩固字形。
（1）出示生字卡片指名认读、抢读。
鹊、杜、鹃、鹂、蜻、蜓、蝉、蜘、蛛。
（2）出示词语卡片指名认读、抢读。
喜鹊、杜鹃、蜘蛛、蜻蜓、蝉、黄鹂。
6. 指导书写。
（1）让学生仔细观察生字在书中田字格中的位置，看老师怎样写，记住笔顺。

重点指导：
鹂：左右紧凑些，不要写得又扁又宽。
蜓：笔顺，先写左面虫字，再写右面部分，撇、横、竖、横，最后写建字旁。
（2）让学生在自己的小黑板上描一个、写二个。写时要一气呵成，不能写一笔看一笔，要笔笔到位，不要涂改。
（3）让学生在自己的作业本上写生字，每字写两遍。

三、再读课文。

1. 在学生学习生字和词语的基础上，再联系课文，把生字和词语放在语言环境中理解。
2. 边读边看插图，看每幅图描绘的是什么。
3. 在学生看图时，要注意指导学生看图的方法。

四、作业。

1. 抄写生字和词语。

2. 朗读短文。

评析：

这节课设计步骤齐全，教学目标明确，教学重点突出，详略得当，注重电化教学手段的运用，能够充分考虑到低视力儿童学习的特点，能够运用图片、卡片等教具调动他们学习的积极性，突出了识字教学的重点，突破了字形教学的难点。通过学生小组合作学习和多种方式的练习，并且要求学生在词语中和课文中理解词义，促进了生字音、形、义的结合，使学生很好地掌握了生字。

教师到每个同学的坐位上，把生字写在同学们的小黑板上，让同学们仔细观察生字的形状，很好地体现出低视力儿童的个别化教学。

思考题：

1. 到盲校去实地观察低视力儿童汉字教学的方法，除了本文介绍的还有哪些？

2. 汉字教学中，教师应如何保护低视力儿童的视力？

3. 结合自己对视障儿童分类教学的认识，谈谈对低视力儿童进行汉字教学的重要性。

4. 结合见习、实习工作编写低视力儿童汉字教学的教案，并进行模拟教学。

第三篇 视觉障碍儿童数学教学法

第十一章 盲校小学数学课程概述

盲校数学教学法是《视觉障碍儿童教学法》中的一部分。盲校的小学数学课程在盲教育中占有十分重要的地位,它为视障儿童今后的生存与发展打下了基础。了解盲校小学数学课程的地位、作用和教材特点是学好本学科的保证。

第一节 盲校数学课程的地位和作用

数学是人们对客观世界定性把握和定量刻画、逐渐抽象概括、形成方法和理论,并进行广泛应用的过程。20世纪中叶以来,数学自身发生了巨大的变化,特别是与计算机的结合,使得数学在研究领域、研究方式和应用范围等方面得到了空前的拓展。数学可以帮助人们更好地探求客观世界的规律,并对现代社会中大量纷繁复杂的信息作出恰当的选择与判断,同时为人们交流信息提供了一种有效、便捷的手段。数学作为一种普遍适用的技术,有助于人们收集、整理、描述信息,建立数学模型,进而解决问题,直接为社会创造价值。[①]

在盲教育中,小学数学占有十分重要的地位。小学数学是基础教育中的一门重要学科,小学数学教学不仅使视障儿童学习适应社会必需的重要数学知识,而且使视障儿童的感官功能不断得到训练和发展。小学数学教学对视障儿童而言,具有下列几方面的作用:

1. 满足视障儿童日常生活对数学的需要

随着社会的发展,数学的应用已经渗透到社会生活的各个领域,每个人几乎每天都在和数学打交道(如买卖交换),正如《数学课程标准》所指出

---

① 中华人民共和国教育部制订:《数学课程标准(实验稿)》,第1页,北京师范大学出版社,2002年。

的:数学是人们生活、劳动和学习必不可少的工具,视障儿童也不例外。例如,在日常生活中,他们需要购物,进行购物时,首先要认识货币单位并对其进行元、角、分的换算,其次还要进行有关的数量运算。盲校小学数学教学能满足视障儿童日常生活对数学的需要,为其平等参与社会和正常人交往打下基础。

2. 为视障儿童学习其他知识奠定基础

数学是一切自然科学的基础,数学为其他学科提供了语言、思想和方法,因此数学知识的学习可以为学习其他学科的知识奠定基础。数学不仅是一切自然科学的基础,也是许多重大技术发展的基础,视障儿童将来走向社会,要独立生活,需要掌握一定的技术,而他们要掌握一定技术知识,需要一定的数学基础知识做基础。另外数学学科在教给视障儿童数学知识的同时,也让视障儿童获得数学的思想和方法,解决问题的策略,这些在很大程度上影响到视障儿童未来的学习和工作。

3. 促进视障儿童智力的发展和推理能力、抽象能力的提高

《数学课程标准》指出,数学在提高人的推理能力、抽象能力、想象力和创造力等方面有着独特的作用,因此数学学习能有效地促进视障儿童的全面发展。如由于视障儿童受书写工具的限制,视障儿童的计算主要靠口算和珠算,他们不能像普通儿童那样方便地利用竖式,看着数字进行计算,而要靠高度集中注意和较强的记忆力进行分析、综合等思维活动,因此,数学的教学对培养视障儿童的记忆力、思维能力,促进其智力的发展具有重要的作用。又如通过直观教具"小棒"、"三角板"的数数,使视障儿童逐步把数从具体事物中抽象出来,发展其抽象能力,同时对数学知识的学习和掌握也能促进视障儿童其他能力的发展。

4. 有效地补偿视障儿童的视觉缺陷,挖掘潜能

视障儿童分为两类:盲童和低视力儿童。对他们的视觉缺陷进行补偿是盲校数学教学与普通学校数学教学的根本区别。盲校数学教学是补偿视障儿童的视觉缺陷的一条重要途径。由于盲童和低视力儿童的根本区别在于认识事物的途径不同,盲童主要借助触觉、听觉,"以手代目""以耳代目"去认识事物;而低视力儿童可以合理利用残余视力去认识事物,因此数学教学时,要对他们区别对待。数学教学通过"以手代目""以耳代目"的训练,使得盲童多种感官(如触摸觉、听觉)得到一定的训练和发展,有效地补偿盲童的视觉缺陷;对于低视力儿童在数学教学中通过残余视觉功能的训练和现代科技工具的使用,使他们能科学地使用视觉进行学习,提高了社会适应能力。数学教学不仅可以补偿视障儿童的视觉缺陷,而且数学教学还关注视障儿童的个性发展,挖掘潜能。缺陷补偿和潜能开发是相互促进的关系,

缺陷补偿是潜能开发的前提和基础，潜能开发则是缺陷补偿的实现和升华。

第二节 盲校小学数学教材的特点

一、盲校小学数学教学内容

盲校小学数学教学内容不仅是实现盲校小学数学目标的重要保证，而且是教师进行教学的主要依据，是视障儿童学习的主要对象。因此，确定盲校小学数学教学内容是至关重要的。盲校小学数学教学内容和普通小学的内容大体相同，《数学课程标准》给出小学各个学段中"数与代数"、"空间与图形"、"统计与概率"、"实践与综合应用"四个领域的内容标准：

"数与代数"的内容主要包括数与式、方程，它们都是研究数量关系和变化规律的数学模型，可以帮助人们从数量关系的角度更准确、清晰地认识、描述和把握现实世界。

"空间与图形"的内容主要涉及现实世界中的物体、几何体和平面图形的形状、大小、位置关系及其变换，它是人们更好地认识和描述生活空间并进行交流的重要工具。

"统计与概率"主要研究现实生活中的数据和客观世界中的随机现象，它通过对数据收集、整理、描述和分析以及对事件发生可能性的刻画，来帮助人们作出合理的推断和预测。

"实践与综合应用"将帮助视障儿童综合运用已有的知识和经验，经过自主探索和合作交流，解决与生活经验密切联系的、具有一定挑战性和综合性的问题，以发展他们解决问题的能力，加深对"数与代数""空间与图形""统计与概率"内容的理解，体会各部分内容之间的联系。

由于视障儿童的视力全部丧失或部分缺失，他们与普通儿童又有不同的一面，因此，盲童小学数学教学内容还包括一套盲字数学符号，作为运算和书写的工具。

二、盲校小学数学教学内容的编排

在盲校数学教材中科学地编排教学内容，建立起合理的教材结构，以便于视障儿童顺利地掌握小学数学基础知识，更好地发展视障儿童的智力，培养视障儿童的能力。

1. 盲校小学数学教学内容的编排原则

（1）考虑到数学学科的特点，注重各部分知识间的内在联系

数学是一门系统性强、逻辑非常严密的科学，各部分知识间的内在联系

十分紧密。小学数学作为一个学科,必须考虑数学知识的特点;注重数学知识的逻辑联系和系统性,前面的内容是后面的基础,后面的内容是前面内容的发展与提高。例如认数的顺序基本符合数系的扩展顺序,先讲自然数,再引入分数和小数。

(2)符合视障儿童的认识规律和智力发展水平

盲校小学数学教学内容的编排,既要注重数学的逻辑性、系统性,又要符合视障儿童的认识规律和智力发展水平,只有把二者有机地结合起来,才便于教、便于学。由于视障儿童年龄小,再加上看不见或看不清,感性经验缺乏,抽象概括能力差,认识不宜一步到位,所以有些教学内容不能按照数学知识本身的逻辑系统来编排,否则会给视障儿童的学习增加困难,造成消化不良。如小数的学习在小学划分为两个阶段,在低年级通过和现实生活的联系初步认识小数,到高年级再进一步系统地学习小数的意义和小数四则运算,便于他们接受知识。

2. 盲校小学数学教学内容的编排特点

(1)由浅入深,由易到难,循序渐进,螺旋式上升

视障儿童与普通儿童一样,他们无论在生理方面还是心理方面,都处在逐步发展的阶段,他们的认识也是从具体到抽象、从感性到理性、从简单到复杂逐步提高的,因此,盲校小学数学教学内容采取由浅入深,由易到难,循序渐进,螺旋式上升的编排方法。如整数划分为"二十以内"、"百以内"、"万以内"、"大数的认识"四个阶段,这样的编排方法有助于视障儿童获得正确的数的概念;又如教学表内乘法时,先教学2~6的乘法口诀,再教学7的乘法口诀、8的乘法口诀、9的乘法口诀;分数乘除法,先教学乘数、除数是整数的,再教学乘数、除数是分数的,小数乘除法的编排顺序也是一样。这样的编排方法,符合盲生的认识规律和智力发展水平,不仅使得视障儿童容易掌握计算方法和规律,而且使得视障儿童的各个方面得到很好的发展。

(2)四个领域的内容齐头并进,相互配合

盲校小学数学教学内容的编排还有一个特点:"数与代数"、"空间与图形"、"统计与概率"、"实践与综合应用"四个领域齐头并进。例如:一年级在"数与代数"领域,认识100以内的数,教学20以内的加减法和100以内的整十数加、减整十数,两位数加、减一位数和整十数,认识钟面上的时刻及时间单位"时"、"分"、"秒"单位间的进率和简单的计算,认识人民币的单位"元"、"角"、"分"及其单位间的进率和简单的计算;在"空间与图形"的领域,初步认识长方体、正方体、圆柱、球、正方形、长方形、三角形和圆,初步可以用上、下、左、右、前、后描述物体的相对位置和对图形可以拼

组;在"统计与概率"的领域,进行简单的统计;在"实践与综合应用"的领域,安排了数学乐园、我们的校园、小小商店的实践活动。

四个领域的知识齐头并进,但它们相互不是孤立的,各个不同领域的知识是相互配合的。例如:从一年级开始,就用正方形、三角形、小棒等实物来帮助认数和计算;以后在认识一些简单的几何图形性质的基础上,借助数和数的计算,逐步使视障儿童会测量长度,计算正方形、长方形、平行四边形等平面图形的面积以及正方体、长方体等立体图形的体积;在学空间图形的过程中,进一步巩固和理解数的知识和计算,使视障儿童把数学知识的数和形有机结合起来,更好地理解和学习数学。四个领域齐头并进的编排方法,有利于视障儿童技能的全面发展,也能起到补偿视觉缺陷,挖掘潜能的作用。

三、义务教育课程标准盲人学校实验教科书的特点

义务教育课程标准盲人学校实验教科书是在人教版六年制普通小学教材的基础上,结合视障儿童学习实际改编而成的。为了适应视障儿童随班就读的需要,编写时基本保留了原有的内容和结构,只是在呈现方式上考虑到视障儿童视力缺失的实际情况,删去了原教材中的单元起始设计的情境图和不适合视障儿童的一些练习题;另外,由于盲教育的需要,在每个练习的后面增加了一些练习题,以便教师选用。义务教育课程标准盲人学校实验教科书充分体现了课程的新理念,其特点如下:

1. 素材源于生活,加强了数学与生活的联系

数学课程要关注视障儿童的生活经验是《数学课程标准》的重要理念之一,也就是说数学教学要从视障儿童的生活经验出发,以视障儿童熟悉的和感兴趣的现实问题为素材,激发视障儿童学习的兴趣与动机,让视障儿童在具体情境中通过操作、猜测、交流、反思等活动来逐步理解数学知识的含义,主动建构自己的数学知识结构。如教材安排了"生活中的数学"等联系实际的内容,以视障儿童已有的生活经验为基础,提供视障儿童熟悉的活动情境,不仅加深了视障儿童对数学知识的理解,而且使视障儿童体会数学与日常生活的密切联系,体验运用数学的乐趣。

2. 突出解决问题,让视障儿童经历探索数学知识的过程

解决问题是数学活动的核心,围绕问题的解决过程,让视障儿童经历观察、猜想、验证、推理、交流等丰富的数学活动,让视障儿童经历探索数学知识的过程,同时使计算教学与解决问题教学融为一体,以便于培养视障儿童解决问题的能力,形成应用意识。

如在三年级下册"解决问题"单元,结合现实生活的具体情境,使视障

儿童初步理解连乘、连除的基本含义及计算方法。教材以视障儿童做广播操和团体操内容为素材，展示视障儿童在实际活动中碰到的计算问题。在教学时，要让视障儿童自己提出问题，要求视障儿童通过小组讨论，寻找结果并交流解决问题的不同方法。

3. 给予足够的空间，改善视障儿童的学习方式

《数学课程标准》指出："学生的数学学习活动应当是一个生动活泼的、主动的和有个性的过程。""动手实践、自主探索与合作交流是学生学习数学的重要方式。"新教材的编排为视障儿童提供了独立思考、自主探索与合作交流的时间和空间，让视障儿童有更多的机会去操作实践、独立探索，如教材许多公式并没有写出，而是让视障儿童通过自己的探索并与同学合作得出；很多例题、"做一做"，都展现了小组活动、合作学习的学习方式和民主的学习气氛，如"分小组讨论，可以怎样算"等，力求改善视障儿童的学习方式。

4. 精心设计问题，培养视障儿童的问题意识

培养视障儿童提出问题、解决问题的能力是教学目标的重要组成部分。在义务教育课程标准盲人学校实验教科书中，可以看到精心设计的很多问题。如："你能提出什么问题？""还可以怎样平均分？""你是怎样想的？""你能想出不同的计算方法吗？""应该怎样想？""你还能提出什么数学问题？你会解答吗？"教材这样编排培养了视障儿童求异思维、发散思维，培养视障儿童的问题意识，这样有利于视障儿童个性的发展。

5. 体现算法多样化，尊重视障儿童的个性体验

提倡算法多样化是《数学课程标准》关于计算教学的基本理念之一。《数学课程标准》认为："由于学生生活背景和思考角度不同，所使用的方法必然是多样的，教师应尊重学生的想法，鼓励学生独立思考，提倡计算方法的多样化。"算法多样化的实质是鼓励每个视障儿童能独立思考，拿出体现自己个性的解决问题的方法，是对视障儿童个性的尊重。

义务教育课程标准盲人学校实验教科书的编排，较好地体现了算法的多样化，以"20以内的进位加法"的编排为例，教材中呈现了多种计算方法，比如在"9加几"部分呈现有"数数"、"接着数"、"凑十法"等，并且，教材中以"你喜欢哪一种方法"的形式表明允许视障儿童采用不同的方法进行计算的思想，尊重视障儿童选择适合于自己的方法进行计算，这样编排充分体现了算法的多样化，同时使视障儿童在计算时可以根据题目的具体情况，选择自己喜欢或掌握的比较好的方法进行计算，从而发挥视障儿童主动学习的积极性。

思考题：
1. 简述盲校数学课程的地位和作用。
2. 简述义务教育课程标准盲人学校实验教科书的特点。

第十二章 视障儿童的数学学习

视障儿童和普通儿童有共性的一面,但由于视障儿童视力的缺失,必然有其特殊的一面,因此,研究视障儿童的数学学习是非常必要的。了解现代学习理论对小学数学学习的影响以及视障儿童数学学习的特点和特殊性,以便特殊教育师范院校的学生将来更好地从事盲校的小学数学教学。

第一节 现代学习理论

一、布鲁纳的发现学习论和奥苏贝尔的有意义学习论

在20世纪,学习观经历了从行为主义到认知主义的发展,到20世纪六七十年代,认知主义取代行为主义已成必然之势。认知学习理论认为,学习是认知结构的组织和再组织,即将原有的认知结构和学习对象本身的内在结构相互作用,这是学习的实质。认知学习理论主要有布鲁纳的发现学习论和奥苏贝尔的有意义学习论。

1. 布鲁纳的发现学习论

布鲁纳是当代美国研究儿童认知发展和认知学习的心理学家和教育家,他创立的发现学习论对小学数学学习有着广泛的影响。

布鲁纳认为:知识习得过程是一个积极的认知过程,而非被动的过程。布鲁纳的发现学习论强调理解的作用,强调学习者的主动性和独立性,他认为学习者是通过认识、理解来掌握知识,获得对事物的反映的;发现学习能激发视障儿童内在的学习动机,可以促进视障儿童学会发现的探索方法,有利于视障儿童对所学知识的保持,有利于挖掘视障儿童的潜力,因此,他大力提倡知识的发现学习。布鲁纳的发现学习主要有以下一些特征:

(1)发现学习在视障儿童主动地发现数学知识的过程中,再现了数学知识的产生、形成过程,不仅使视障儿童获取了数学知识,而且从中也培养了视障儿童的探索精神和创新意识,提高他们的智力潜力。

(2)发现学习强调直觉思维在教育过程中的价值。布鲁纳说:"机灵的推测、丰富的假设和大胆迅速地作出的试验性结论,这些是从事任何一项工

作的思想家极其珍贵的财富,我们应该领导学校儿童掌握这种天赋。"① 因此,在教学中要鼓励视障儿童做大胆的猜想,对视障儿童靠直觉思维得出的结论不能轻易否定,培养他们的直觉思维和创造性思维。

(3)发现学习强调学习的内在动机。布鲁纳强调学习是一个主动的过程,学习的最初刺激乃是对于所学材料的兴趣,即主要是内在动机。因此,在数学教学中,要紧密联系视障儿童实际生活,使视障儿童更加积极主动地参与数学学习活动,从中感受数学就在身边,生活中处处有数学,调动其学习积极性。

当然,布鲁纳的发现学习论是有其优点的,让视障儿童主动,强调学习过程和学习方法的学习是必要的。但发现学习论也有其局限性:过分重视发现,而忽视知识的学习;强调学习者的主观努力,忽视了环境的作用和学习者自身条件对学习的影响,这是脱离实际的。而且,小学数学学习也不能单纯采用发现学习法,这样效率太低。

2. 奥苏贝尔的有意义学习论

奥苏贝尔是当代美国著名的教育心理学家。奥苏贝尔认为,学习过程是在原有认知结构基础上,形成新的认知结构的过程;原有认知结构对于新的学习始终是一个最关键的因素;一切新的学习都是在过去学习的基础上产生的。他提倡在课堂教学中学生以有意义地接受学习为主。与布鲁纳强调发现学习不同的是,奥苏贝尔的有意义学习论强调接受学习。其理论内涵主要表现在以下几个方面:

(1)有意义学习必须具备必要的主客观条件:一是学习者必须有有意义学习的心向,即学习者有积极主动地把符号所代表的新知识与学习者原有认知结构中已有的适当知识加以联系的倾向性;二是学习者认知结构中必须具有适当的知识,以便与新知识发生联系;三是学习者必须积极主动地使这种具有潜在意义的新知识与其认知结构中有关的旧知识发生相互联系,旧知识得到重组、改造,新知识获得实际意义,即心理意义;四是指学习材料本身必须具有的逻辑意义。奥苏贝尔认为:有意义接受学习是学生学习的主要形式。

(2)有意义接受学习的过程就是以符号为代表的新知识与学习者已有认知结构中原有观念建立非人为的实质性联系的过程。所谓非人为联系是指新知识与认知结构中有关观念在某种合理或逻辑基础的联系。所谓实质性联系是指新的符号或符号代表的观念与学习者的认知结构中已有的表象、有意义的符号、概念或命题的联系。

---

① 陈琦、刘儒德主编:《当代教育心理学》,第85页,北京师范大学出版社,2001年。

（3）新旧知识建立联系是通过认知结构中新旧知识"同化"或"类属"来实现的。

（4）尽管称有意义学习为接受学习，但奥苏贝尔认为，接受学习并非完全被动式学习。

奥苏贝尔的有意义学习理论，给视障儿童的小学数学学习一些启示。在小学数学教学中，教师要为视障儿童提供具有逻辑意义的学习材料，创设恰当的联系生活经验的学习情境，让他们具有积极主动的参与数学学习的心理倾向；综合运用有意义的接受学习和发现学习两种方式进行学习，实现视障儿童在接受学习中有所发现，在发现中更好地接受和掌握数学知识。

二、建构主义学习观与小学数学学习

建构主义的学习理论是行为主义发展到认知主义以后的进一步发展，是当代教育心理学的一场革命。建构主义最早是瑞士心理学家皮亚杰提出的，皮亚杰认为认识是一种连续不断的建构，"所谓建构，指的是结构的发生和转换，只有把人的认知结构放到不断的建构过程中，动态的研究认知结构的发生和转换，才能解决认识论问题。"根据皮亚杰的观点，他认为知识即非来自客体，也非来自主体，而是在主体和客体之间的相互过程中建构起来的。一方面，新经验要获得意义需要以原来的经验为基础；另一方面新经验的进入又会使原来的经验发生一定的改变，使它得到丰富、调整或改造，这就是双向建构的过程。

当今的建构主义者认为：知识是不能被传授的，教师传授的只能是信息。知识不是简单机械地从一个人迁移到另一个人，而是基于个人对经验的操作、交流，通过反省来主动建构的。视障儿童不只是模仿和接受老师的策略和思维模式，他们要用自己现存的知识去过滤和解释新信息，以致同化它，形成完善和优化的认知结构。

1. 建构主义的教学观

建构主义的教学观认为：用联系生活经验的故事呈现问题，营造数学问题探究的环境，帮助视障儿童在探究数学问题的过程中内化数学知识，变事实性数学知识为解决数学问题的工具。因此，在数学教学中，教师的责任就是创造含有丰富信息的问题情境，使视障儿童能够在其中积极思考、探究和进行知识的建构。

数学建构主义的教学观认为：（1）在数学教学活动中，视障儿童应当是认知行为的主体，而教师是行为的主导；（2）数学知识不应看成是与视障儿童的经验和思维毫无联系的东西，传授怎样的数学知识和传授多少，不仅要适应视障儿童生理和心理特点，而且要适应他们的认知结构和建构活动；

（3）学习不应是被动消极地从外界接受的过程，而应是一个主动积极的建构知识的过程；（4）有成效的数学建构活动应建立在"问题—解决"的原则上，即总是由问题的提出甚至从视障儿童思维误区开始，引入概念冲突，通过视障儿童自己的探索和再创造，以及对社会建构的参与，获得问题的解决。

2. 建构主义的学习观

建构主义的学习观认为：视障儿童要学习的数学"模式和秩序"都是前人已经建造好的，但对视障儿童来讲，仍是全新的、未知的，需要他们再现类似的创造过程来形成，即用自己的活动对已有的认知结构重组、整合，将具体问题上升到模式层次，对抽象问题能从具体对象中去把握，建构自己新的认知结构。任何数学知识只有经过视障儿童自己的感知、消化和改造，使之适应于自己的数学认知结构，才能被理解和掌握。其核心既是"知识不是被动接受的，而是认知主体积极建构的"。

数学建构主义的学习观认为：（1）数学知识并不能简单的由教师传授给视障儿童，而只能由每个视障儿童根据自身已有的知识和经验主动地加以建构，数学学习过程就是视障儿童主动地建构内部心理表征的过程；（2）这种建构一方面是对新信息的理解，并超越所提供的新信息而建构的。另一方面是已有认知结构中提取的相关信息也要按具体情况进行建构，而不是单纯的提取；（3）由于事物存在复杂多样性，个人的先前经验存在独特性，每个视障儿童对事物意义的建构将是不同的，因此学习者的建构是多元化的。总之，数学建构主义认为：数学学习并非是视障儿童对于老师所给知识的被动接受，而是一个以视障儿童已有知识经验为基础的主动建构。学习是学习者自己的事情，谁也无法替代。

建构主义理论，给视障儿童数学学习一些启示。视障儿童小学阶段的数学学习必须建立在视障儿童已有的知识和生活经验之上，为他们创设生动的问题情境，调动学习的积极性。让视障儿童通过摸一摸、估一估、掂一掂等方式自己去发现、探索知识的形成过程，使视障儿童主动积极地进行知识的建构，突出视障儿童自主地探索活动和交流争论等特点，进而把知识真正内化为自己的知识，从中使视障儿童不仅学到知识，而且体验到快乐和成功，为今后的生存和发展打下基础。

第二节 视障儿童的数学学习

一、视障儿童与普通儿童数学学习的差异

视觉是人的重要感觉器官,也是人的主要信息来源之一。视障儿童由于全部丧失或部分丧失获得信息的主要渠道,给他们整个的心理活动和行为方式带来巨大的影响。与正常人比较,视障儿童在认知途径和认知特点上与正常儿童都有较大的不同。反映在数学学习上,常常表现出与正常孩子的差异。了解这些差异,对于更好地帮助视障儿童学习数学有着重要意义。

1. 视障儿童与普通儿童学习方式的差异

视觉障碍使得视障儿童不能完全通过视觉进行学习,他们学习的主要方式是"以手代目"、"以耳代目",不能像普通儿童视觉和听觉并用来学习。盲童需要用手指尖触读盲文点字,低视力儿童可以利用残余视力,在课堂上他们主要依靠听觉进行学习。这种学习方式给视障儿童的学习带来不便,事实表明,视障儿童在学习数学的过程中,会遇到诸多困难,教师教得吃力,视障儿童学得费力,给视障儿童以后的数学学习带来很大阻碍。这就要求盲校教师在数学教学中,对盲童有意识地训练他们的触觉、听觉等其他感知觉,来补偿视觉的不足;对低视力儿童要让他们合理利用残余视力学习,促进低视力儿童的视功能发展,进一步促进儿童视觉潜力的开发。

2. 视障儿童与普通儿童运算方式的差异

由于视障儿童视力的缺失,他们和普通学校的学生的运算方式有一些差异。根据视障儿童的实际情况以及写字工具的限制,计算时不能像普通儿童列竖式计算,对此只要求视障儿童了解其算理,而计算更多依赖了心算、珠算,对于数字计算有些中间过程要暂时保存在记忆中,因此,普通儿童越算越简单,而视障儿童越算越感到麻烦。另外,视障儿童在做练习时是边摸题边做,正面摸,反面写,而要检查其是否正确,还得反过来正面摸。而普通儿童做题和看题都在一个面上,看起来很方便。尤其是大数的计算,普通学校的学生采用笔算,而视障儿童要理解笔算的算理,采用珠算来计算。这就要求盲校教师必须加强训练视障儿童对算式、数字和运算过程的记忆能力,来提高运算的速度。

二、视障儿童学习数学的特殊性

视觉是人类获取外界信息最重要的通道。人们借助视觉感知物体,辨认其形状、大小、色彩、远近等特性,获得空间表象,因此视觉在人的认识活动

中起重要作用。视障儿童和明眼儿童在学习数学时有其共性的一面，但由于视觉的损伤，在学习数学时也有其特殊的一面。

1. 缺少视觉表象，较难形成完整的概念

视觉在将感知到的物体的各种属性，综合成完整的概念的过程中起着至关重要的作用。盲童由于视觉的缺失，概念的形成会借助于听觉、触觉，而听觉、触觉提供的只是断断续续、零零碎碎的信息，它还需要有信息整合的能力，因此盲童形成概念会遇到较多的困难。相比较来说，有残余视力的儿童形成概念比盲童有利得多，因为他们利用残余视力在近距离还是可以进行视觉观察的，结合听觉、触觉等提供信息，仍然可以较快地形成对事物的完整认识。

2. 感性知识贫乏，影响理解能力的发展

心理学研究表明，儿童的认知方法由形象思维逐渐发展到抽象思维，而数学知识的学习正体现了这一规律，即从具体对象的运算提高到用图表表示对象，进而提高到最终用符号表示抽象运算的阶段。而视障儿童由于视觉的缺失，难以像正常儿童那样获得准确生动的形象思维，造成了感知经验的贫乏。由于缺乏必要的感性知识，视障儿童对事物进行比较、分析、综合、抽象会有很大困难。虽然有听、触、嗅等感官的代偿，但和视觉相比，它们的感知范围、感知速度和感知的准确性及整体性都比较差，因此影响理解能力的发展。这就要求盲校教师挖掘各种教学资源，充分利用视障儿童在触觉和动觉（即触摸觉）方面的长处来弥补视觉方面的不足，从而收到取长补短的效果。

3. 认识方位、形成空间观念较困难

小学数学教学内容概括起来是数和形两方面，由于视障儿童视觉的缺失，在形的方面学起来是比较困难的。因为盲童只能依靠听觉、触觉、运动觉反应现实的、复杂的空间关系；低视力儿童由于可以利用残余视力相对来说好一点。因此在教学时，必须根据视障儿童的空间知觉特点进行教学。

空间知觉是人们对物体的空间特性的反映。明眼儿童的空间知觉是通过视觉、触觉、运动觉来共同完成的，而视障儿童的空间知觉是触觉、听觉、运动觉联合活动而形成。因此，在教学时，教师要有意识地使盲生通过触摸、度量获得有关物体的形状、大小以及它们之间的位置关系的表象，在此基础上逐步培养和加强盲生更好地认识现实世界。例如对刚入校的一年级视障儿童来说，为了让视障儿童认识简单图形，最常用的方法就是将大量的生活物品作为学具，通过触摸实物，抽象出相关数学图形的概念，在视障儿童头脑中建立数学图形的表象，并强化训练学生摸图、识图的能力，进而发展视障儿童的空间观念。

思考题:
1. 视障儿童与普通儿童数学学习的差异表现在哪些方面?
2. 视障儿童学习数学的特殊性表现在哪些方面?试举例说明。

第十三章 盲校小学数与代数的教学

《数学课程标准》中的"数与代数"是对以往数与运算、量与计量、代数初步知识的整合,在此基础上,重新考虑了数与代数这一学习领域,在内容结构、课程目标等方面都有了较大的变化。了解数与代数在盲校小学数学中的地位和作用以及掌握数的认识与运算、常见量、式与方程、正反比例、探索规律在盲校中如何进行教学,便于提高师范院校学生的从教能力。

第一节 数与代数在小学数学中的地位和作用

数与代数是小学数学课程中的经典内容,它在义务教育阶段的数学课程中占有相当重要的地位。数与代数可以帮助人们从数量关系的角度更准确、清晰地认识、描述和把握现实世界,解决现实中的问题,是未来公民必备的基础知识。数与代数是一门内容丰富并且与现实生活及其它学科联系密切的学科,小学"数与代数"的内容主要包括数的认识、数的运算、常见的量、式与方程、正反比例和探索规律。这部分内容在盲校小学数学中的作用如下:

1. 使视障儿童体会到数学与现实生活的联系

《数学课程标准》理念指导下的数与代数,强调新知的学习建立在视障儿童生活经验的基础上,在此基础上抽象,促进视障儿童的全面发展。因此,在数与代数教学中,要引导视障儿童联系自己身边具体、有趣的事物,如在教学认数时,让视障儿童说一说身边的数,生活中用到的数:自己的学号、自己家单元号码、门牌号号码,使视障儿童感受到数学就在自己身边,体会到数学与日常生活密切联系,从而认识到数学是解决实际问题和进行交流的重要工具,从中感受到数学的价值。

2. 激发数学学习兴趣,培养创新意识

在"数与代数"的学习中,通过创设生活情景,引导视障儿童建立、扩充数的概念,体会数的运算的意义,探索公式的建立和推导、方程的建立和求解,从而激发视障儿童数学学习兴趣,培养创新意识。

3. 培养视障儿童的辩证唯物主义观点,使视障儿童用科学观点认识现实世界

"数与代数"有很多知识相互依存,相互对立,即对立统一,如正数与负

数、加法与减法、精确与近似等;"数与代数"的研究过程中也充满了对立统一,如具体与抽象、实践与理论。因此,"数与代数"的学习培养了视障儿童的辩证唯物主义观点,使视障儿童用科学观点认识现实世界。

4. 培养视障儿童数感,提高数学素养

数感是人的数学素养的基本内涵之一。所谓"数感",实际上是指视障儿童对"数"的敏锐、精确、丰富的感知和领悟。加强数感的培养是当前数学课程改革的一个重要理念,数感的建立是提高视障儿童数学素养的重要标志。因此,《数学课程标准》将培养学生的数感作为一个重要的目标。视障儿童由于视觉缺陷,限制了一些生活经验的形成,直接导致了他们的数字概念较差,培养视障儿童的数感已成为目前盲校数学教育的重要任务之一。而"数与代数"的学习,使视障儿童具有应用数学表示具体的数据和数量关系的能力;能将数与实际背景联系起来,用数学的方式思考问题;学会从现实情境中看出数学问题,提高了视障儿童数学素养,并有助于视障儿童数学地理解和解释现实问题。

第二节 数的认识与运算的教学

《数学课程标准》指出:第一学段在教学中,要引导学生联系自己身边具体、有趣的事物,通过观察、操作、解决问题等丰富的活动,感受数的意义,体会数用来表示和交流的作用,初步建立数感;第二学段应通过解决实际问题进一步培养学生的数感,增进学生对运算意义的理解。两个学段都要求应重视口算,加强估算,提倡算法多样化。

盲校在数的认识与运算的要求基本上和小学数学课程标准的要求相同,只是针对视障儿童的实际,普通小学要求笔算的部分,对于盲童只要求懂得笔算的结构与步骤,实际计算要用珠算;低视力儿童介于明眼儿童和盲童之间,对于他们可以根据每个人的实际情况对待。

一、数的认识教学

数的认识是正确进行四则运算的基础,由于视障儿童视力的缺失,数的认识对他们来说十分抽象,要使他们正确理解和掌握数的概念,在教学中必须联系视障儿童身边具体、有趣的事物,通过直观教学,使视障儿童获得丰富的感性认识,在此基础上逐步发展为抽象的数的概念。数的认识的内容有:整数、分数、小数、百分数和负数。

(一)整数认识的教学

整数的认识是视障儿童学习数学的开始,对发展视障儿童的智力水平,培养对数学学习兴趣,以及良好的学习习惯都很重要;另外,视障儿童若对数的概念不明确就无法理解数的运算算理,更谈不上掌握算理。因此,整数认识的教学至关重要。

整数认识的教学内容主要有:数数和数的组成,数的顺序和大小,数的读、写法等。整数的认识,在小学分为四个阶段来进行学习:20以内的数、百以内的数、万以内的数与大数的教学。

1. 20以内数的认识

20以内数的认识一般又分为10以内与11~20各数的认识两个阶段。

(1)10以内数的认识

一般来说,视障儿童在入学前大都会数10以内的数,但对这些数所代表的实际意义不一定理解的非常清楚,不一定都能读、写。因此,教学重点使视障儿童了解10以内每个数所代表的实际意义,掌握10以内数的顺序和大小,知道每一个数是由哪两个数组成的,并能正确读写。教10以内的数的教学策略有:

①通过数数逐步把数从具体事物中抽象出来。

教学时要让视障儿童结合实物一一对应地数,如教数"3"时,可让视障儿童数3根小棒、3张桌子、3个人等,然后异中求同,找出他们的共同点——数量相同,把数从具体事物中抽象出来。同时使视障儿童初步体会到一个数是代表一类物体的个数,与物品本身是没有关系的,并懂得数到最后的一个数表示的是所数物品的总数。

教学时,还可以联系生活实际,让视障儿童找一找生活中哪些地方用到1~10各数,如每个人有2只手、2只耳朵;有10个手指、10个脚趾等等,这样由具体到抽象,引导视障儿童逐渐能抛开物体的具体内容,抽象出数,使他们逐步形成数的概念,体会数的实际意义,体会数与日常生活的联系,感受到"数"的作用。

数字"0"比较抽象,要比认识1~10的数难一些,所以0的认识一般放在1~5的认识后。教学时,可以让视障儿童手里拿两个气球,用2表示;将气球都放飞,手里没有气球,用0表示,从而使视障儿童体会0和1、2、3……一样,也是一个数。另外,教学时可以让视障儿童交流生活中见过的0,视障儿童可能会说自己家的门牌号304,天气预报,在感受0与生活的联系中体会0的丰富意义:除了表示没有以外,还可以表示"起点"和"界限"等。

②了解10以内数的顺序与大小。

教学时,在借助实物教具认识1~10以内的数时,要使视障儿童体会到一个数可以在前面数上添1得到。如认识"6"时,可以先出现5根小棒,然后再添加1根小棒,并让视障儿童数出来,使视障儿童知道数5的后面是6,6前面是5,知道5比6小,6比5大。

通过数数可以使视障儿童加深对数序和数的大小的理解,可以叫视障儿童摸读带凸起刻度直尺上10以内的数,数数时可以顺着数,倒着数,还可以从中间一个数开始顺着数或倒着数,还可以说说某一个数离哪个数近,离哪个数远,使视障儿童进一步理解每一个数的位置和它前后的顺序,并能够按照数的顺序来比较数的大小。

在掌握数序的基础上,联系生活实际,如排队做操的场景,数数某一行一共有几个人排队,某人排在第几,使视障儿童体会到每个数不仅可以表示所数物品的总数,而且还可以用来表示次序,通过这些联系实际的练习,使视障儿童分清基数与序数的含义及区别。

③了解10以内数的组成。

视障儿童了解数的组成,不仅可以加深对数的认识,还为学习加减法做了准备,是认数教学的重要内容,而这也是视障儿童学习的难点。教学时,首先要利用实物让视障儿童自己摆放,如教学"6"时,教师在每个视障儿童课桌上放6根小棒,要求视障儿童把他分成两堆(自己动手),根据视障儿童不同分法,得出6可以分成1和5、2和4、3和3,并在实际操作的基础上过渡到用语言表达。同时教师引导视障儿童体会1和5、2和4、3和3都组成6,通过实际操作逐步掌握数的组成与分解,而不是靠死记硬背。这样使视障儿童掌握10以内数的"分"和"合",为学习加减法打下基础。

④正确读、写10以内的每一个数。

前面已经说过,盲童主要借助触觉、听觉,"以手代目"、"以耳代目";而低视力儿童可以合理利用残余视力。因此数学教学时,要对他们区别对待。

教学时,教盲童读数要先认识数字,盲字1~10是由数字符号和十个不同的点符组成的十个数字。认识数字有两种方法:一种是点位法,另一种是符形法。点位法是按照点的位置辨认数字,符形法是按各个点符位置排列的特征来辨认数字。教学时,两种认字方法结合使用,要求盲童记住点位,并利用符形加深记忆,这样效果更好。

在认识数字的基础上,再教盲童正确书写盲字。盲字反写正摸,写数字时从右向左,读数字时则从左向右,教盲童写数字,如写"6",告诉他们应该在右边先写上阿拉伯数字符号,左边再写点符,阿拉伯数字符号和表示数字的点符要连写在同一横行内,中间不空格。教学时,要培养视障儿童书写正确、整齐、规范的良好习惯,并要多练习写,否则容易出现写反字的现象。

教学时,对于低视力儿童要利用残余的视力,用阿拉伯数字书写。读写数字时,为了帮助视障儿童记住字形,可利用形象直观方法教学,如把每个数字与它形状相似的实物联系起来,如3像耳朵、7像镰刀等。

（2）11~20各数的认识

这部分内容包括数数、读数、写数、数的组成等,主要使视障儿童能正确数出数量在11~20之间物品的个数,掌握20以内数的顺序和大小,了解数的"十进制",了解11~20各数的组成,并能正确地读、写11~20各数。教学11~20各数的认识的教学策略如下：

①教会视障儿童正确数数,掌握11~20数的组成。

认识11~20各数,不仅要正确数数,而且要了解11~20各数的组成。教学时,教师发给视障儿童每人20根小棒,组织视障儿童一根一根地数,数到10根时,为便于记数要突出把10根捆成一捆,特别强调一捆是10根,即一捆是1个十,10个一是1个十。然后,再一根一根地数,添上一根是11根,11里面有1个十和1个一,数到20时,引导视障儿童将散着的10根小棒再捆成一捆,使视障儿童意识到2捆是2个十,就是20。

教学数的组成时,结合数小棒和分小棒过程使视障儿童知道十几是由1个十和几个一组成的,如15就是由一个十和5个一组成的,使视障儿童初步认识到"十"这个新的计数单位。掌握"十"这个计数单位是非常重要的,它是十进制计数法的基础。

②正确地读、写11~20的每一个数。

在视障儿童认识11~20各数之后,引导视障儿童通过小棒结合数的组成认识个位与十位,使视障儿童认识到个位表示几个一,十位表示几个十,并对照计数器,教学11~20的写法,使视障儿童体会到不同数位的数意义是不同的,如：读写13,先看有几个十,就在十位写几,再看有几个一,就在个位写几,注意一个也没有就写0；写"13"的时候从右向左,先写上数字符号,再写1的点符,再写3的点符；读的时候反过来从左向右,"13"读作"十三",通过这样实际操作活动,使视障儿童学会正确地读、写11~20的每一个数。

在视障儿童能正确数出数量在11~20之间物品的个数,能正确地读、写11~20各数的基础上,让视障儿童找一找说一说生活中的11~20的数,如我的学号是12,我穿14号的鞋子,今天最高气温是17度,这本书15元,哥哥今年11岁等。加强数学与生活的联系,体会数学就在我们身边,感受数学的作用,培养视障儿童的数感。

2. 百以内数的认识

教学百以内数的认识,主要使视障儿童通过数数认识100以内的数,进一步认识计数单位"一"和"十",了解个位和十位的含义。教学的关键是通过实物或直观教具使视障儿童掌握百以内数组成的基础上,理解数位的意义,会正确读写百以内的数,并能结合实际进行估计,发展视障儿童的数感,体会数学与生活密切联系。教学百以内数的认识的教学策略:

(1)结合实际情境数数,使视障儿童知道"一"和"十"都是计数单位

教学时,教师可以组织视障儿童数实物(铅笔、积木、小棒等)的活动,开始时,一根一根地数,数完十根捆成一捆,是1个十,然后十根十根地数,10个一捆可以捆成一大捆,使视障儿童认识10个一是十,10个十是一百,初步建立"百"这个数量概念。同时,通过数数使视障儿童体会到,数物体时,可以把"一"作为计数单位,也可以把"十"作为计数单位,并学会以"十"为计数单位的数数方法。

数数时,几十九后面的一个数是多少是视障儿童学习数数的难点,因此教学时接近整十的地方要用小棒帮助视障儿童过渡,使视障儿童弄清几十九后面的一个数是多少。如数到39根是3捆零9根,再添上一根,把10根捆成一捆,一共是四捆,也就是40。在此基础上,让视障儿童脱离小棒抽象地数,如29、30;49、50等。

教学数数时,可以先进行实物数数,最后完全脱离实物抽象地数数,以提高数数的速度,训练视障儿童的数数能力,使视障儿童能正确熟练地数100以内的数。

(2)结合数数,使视障儿童了解100以内数的组成

教学时,借助小棒帮助理解100以内数的组成,如组织视障儿童拿出4捆小棒和3根小棒,让视障儿童说一说共有多少根?体会四十三里面有4个十和3个一。最后,要求视障儿童达到脱离小棒,能很快地说出一个两位数是由几个十和几个一组成的,如28是由2个十和8个1组成的。

(3)通过操作,使视障儿童理解数位的意义,会正确读、写100以内的数

教学时,借助计数器使视障儿童理解数位的意义。例如:教师发给视障儿童3捆和5根小棒,然后用计数器各数位上的珠子表示小棒的数量,十位上拨3个珠子,表示3个十,个位上拨5个珠子,表示5个一,合起来就是35,读做三十五。通过教学使视障儿童懂得十位上是几就读几十,个位上是几就读几,合起来读作几十几或几十。

在读数的基础上,指导视障儿童对照计数器上的珠(视障儿童摸计数器上的珠子)练习写数,着重强调十位上几个珠子,就表示几个十,个位上几个珠子,就表示几个一,写数时要先写十位上的数,再写个位上的数,要特别强调写数时只写各数位上的数字,不写数位。如计数器上十位放2个珠子,个位放6个珠子,这样对照计数器写出来的数字为"26",读作二十六。对于整十数和100的写法,对照计数器教师予以指导,个位上一个也没有时要用"0"占位,读的时候个位0不读。

由于盲文是反写正摸，因此读写100以内的数，视障儿童读和写的顺序相反：读数时是从左往右，写数时，从右向左。

（4）使视障儿童掌握100以内数的顺序，会用"<"、">"比较100以内数的大小

教学数数时，视障儿童已体会到100以内数的顺序，教学中教师要加强这方面的训练，例如，可以让视障儿童分段练习数数，也可以随便从一个数起接着往下数，还可以说说某一个数离哪个数近，离哪个数远，使视障儿童进一步掌握100以内数的顺序。

教学时，通过具体情境，如数班级人数，引导视障儿童学会用"大一些"、"小一些"、"大得多"、"少得多"等语言来描述百以内数的大小关系，并用符号">"或"<"来表示它们的大小关系，让视障儿童体会数与生活的联系，培养视障儿童用百以内数进行表达和交流。

（5）学会对百以内数进行估计，培养估计意识

估计意识的培养是《课程标准》要求加强的内容，且在现实生活中非常有用。教学时，要充分利用有关素材培养视障儿童的估计意识，如让视障儿童估计一把黄豆有多少粒、一把小棒有多少根等，然后再数一数，来检测估计的水平，再估再数，以此来培养视障儿童的估计意识、估计能力，进而来发展视障儿童的数感。

3. 万以内数的认识

万以内数的认识非常重要，不仅在日常生活中经常用到，而且我国的计数习惯是四位一级，视障儿童掌握了个级的读写方法，数位再多的数都可以用类似的方法读写。现行教材一般是先认识1000以内的数，再认识10000以内的数，再比较大小。

教学万以内数的认识，主要使视障儿童认识计数单位"百""千""万"，明确相邻两个单位之间进率都是10，掌握万以内数的顺序，会正确读、写万以内的数。教学策略是：

（1）使视障儿童认识万以内数的计数单位及进率，并正确理解万以内数的组成

教学万以的内数，先复习计数单位，"一"、"十"、"百"，引出新的计数单位"千"、"万"，明确"10个一百"是一千，"10个一千"是一万。要使视障儿童明白，数数时，可以一个一个地数，也可以十个十个地数，还可以一百一百地数，一千一千地数，一、十、百、千、万都是计数单位，它们相邻两个单位之间进率都是10。为了让视障儿童感受"一千"、"一万"有多大，可以联系实际引导视障儿童思考和想象，如1000名视障儿童集合、万人体育馆场景等，同时使视障儿童体会数与生活的密切联系。

教学万以内的数,教师可以先借助计数器帮助视障儿童认识数位、计数单位、单位进率,形象地给视障儿童建立数位的概念,强调万位上有几个珠,就表示几个万,千位上有几个珠,就表示几个千,依此类推,使视障儿童正确理解万以内数的组成。例如:可以让视障儿童说出3756是由3个千、7个百、5个十、6个一组成的。

(2)掌握读写的法则,会正确读写万以内的数

掌握万以内数的读写法的关键,在于理解数位的意义和熟记数位顺序。教学时,结合计数器所拨的珠子,说明各个数位的意义,列成数位顺序表,指出千位上是几就表示几千,百位上是几就表示几百……要求视障儿童记住数位的顺序。然后对照数位顺序表进行读数和写数,通过多种练习使视障儿童掌握读写的规则,正确读写万以内的数。

写数法则

1. 由右到左,从高位写起,按照数位顺序表写。
2. 几千就在千位上写几,几百就在百位上写几,几十就在十位上写几,几个就在个位上写几。
3. 中间或末尾哪一位上一个也没有,就在那一位上写0。

读数法则

1. 由左到右,从高位读起,按照数位顺序表读。
2. 千位上是几就读几千,百位上是几就读几百,十位上是几就读几十,个位上是几就读几;
3. 中间不管有几个0,只读一个0;
4. 末尾不管有几个0都不读。

(3)比较数的大小

教学万以内的数的大小比较,可以加深对万以内数的认识,先比较两个位数不同的数,再进行位数相同的数大小的比较。通过教学,使视障儿童掌握比较的方法,位数不同的数要比较位数的多少;位数相同的数要比较相同数位上数的大小。在比较数的大小时,根据视障儿童的年龄特点,可以组织视障儿童进行猜数游戏,如两个同学一组做猜数游戏,甲:我想了一个四位数,你能猜中吗?乙:比5000大吗?甲:错。乙:比3000大吗?甲:对。看起来是做游戏,实际上是通过游戏,让视障儿童体会数的大小,加深对万以内数的具体感受。

4. 大数认识的教学

大数的认识是整数认识的最后阶段,是在视障儿童掌握了万以内数的认识、读法和写法的基础上进行学习的,教学的基本策略:

（1）结合现实情景，感受大数的意义

大数在日常生活中也会经常用到，但大数在视障儿童的生活中接触很少，对他们来说比较抽象。因此要创设现实情景，使视障儿童感受大数的意义，如：100万是一个正常人9.9天心脏跳动的总数；100万个小时相当于一个114岁的人生活的总时数；学校的操场能容纳多少人？100万人需要多少个学校这么大的操场才容纳得下？1200步大约有多长？100万张纸有多厚？等等，结合现实生活，发展视障儿童大数的数感。

（2）认识新的计数单位，掌握数位顺序，正确读写

教学时，在认识个、十、百、千、万计数单位的基础上，引导视障儿童一万一万地数，10个一万是十万，十万十万的数……得出新的计数单位"十万"、"百万"、"千万"和"亿"，并利用带有计数单位数位、数级等标识的学具，让视障儿童把各个计数单位说一说，使视障儿童了解各个计数单位的意义和数位顺序表，为大数的读、写、比较大小打下基础。

附：

亿以内数的数位顺序表

	亿级			万级			个级			级
…	千亿	百亿	十亿	亿	千万	百万	十万	万	千	百	十	个	数位

由于视障儿童掌握了数位顺序表和四位一级的分级，又有读万以内数的基础，就可以让视障儿童探索万级数的读法，教师加以引导，要强调万级数的读法与个级数的读法类似，只是最后多一个"万"字。如：80607400读作"八千零六十万七千四百"。两级的数会读了，三级的数就可以引导视障儿童类推，不会有太大的困难。

教学大数的写法要比大数的读法困难些，这是因为盲字要从右往左写，而这与数位顺序表从左到右的方向正好相反，加上数字较大，数位较多。教学时，要强调记准位数、级数、各数位上的数字，由右向左，从高位起，一级一级地写。特别要强调哪一数位上一个也没有，要写"0"，这是教学的难点，也是视障儿童最容易犯的错误。同时，通过大数运用事例，如身份证号码、门牌号码、电话号码、邮政编码等，使视障儿童了解大数的标记作用方面的知识，感受大数与生活联系。

（3）教会视障儿童使用带语音的盲用计算器

大数的认识，由于数字较大，数位较多，再加上书写工具的不便。因此，教学时要引进计算器，教师应把古罗马的算盘、苏格兰的数表、欧洲人的计算尺、机械计算器及电子计算器，尽可能地介绍给视障儿童。其中电子计算

器不仅让视障儿童了解,并且让视障儿童学会使用带语音的盲用计算器。

(4)体会近似数在现实生活中的意义,掌握用"四舍五入"法求近似数的方法

由于在实际生活中对于某些大数,不可能也不必要得到准确数,而常用与它接近的近似数来表示。教学时,先举一些实例,说明近似数在日常生活中的应用,如某城市人口,全国小学人数等。并引导视障儿童掌握用"四舍五入"法求近似数的方法,如教学省略万后面的尾数:764980≈76万,765980≈77万。在此基础上,省略亿后面的尾数可以引导视障儿童类推。并要提醒视障儿童不要忘记在求得的近似数后面注明计数单位"万"或"亿"。

(二)分数、小数、百分数、负数的认识的教学

从整数到小数、分数是数的概念的一次重要的扩充。《课程标准》将分数、小数分成两个阶段完成,交叉出现。第一阶段主要结合视障儿童生活经验,初步认识分数、小数;第二阶段系统地学习分数、小数的知识,并学习日常生活中应用广泛的百分数;负数是《课程标准》新增的内容,初步了解负数的意义。下面分别进行分数、小数、百分数、负数的教学研究。

1. 分数的认识

分数概念是数概念一次重要的扩展,分数与整数的意义、书写形式、计数单位等方面都有很大差异,且分数比较抽象,再加上视障儿童在实际生活中接触分数也比较少,因此,视障儿童理解和掌握分数比较难。为了便于视障儿童理解和掌握分数,《课程标准》仍然将分数分为两段:第一学段为分数的初步知识,第二学段为分数的意义。

(1)分数的初步认识

由于视障儿童的生活经验少,形象思维差,想象力远不如正常儿童。而且这是视障儿童第一次接触分数,因此这一阶段充分利用了分数与日常生活的密切联系,并结合直观从感性上学习分母相同或分母不同分子是1的简单分数大小比较。教学策略:

①通过实际情境,了解分数的含义。

教学时,要从生活中接触事物,如月饼、西瓜一人一半和分数卡片等,让视障儿童对分数有一个感性的认识。学习分数最重要的是要理解"平均分",教学时要充分利用教具(视障儿童人手一套),通过操作使视障儿童理解"平均分",并初步知道把一件物品平均分成几份,其中的一份就是它的几分之一,其中的几份就是它的几分之几。如把一个圆平均分成两份,每份二分之一;把一张长方形纸平均分成三份,每份三分之一,两份就是三分之二,从中使视障儿童体会"平均"的特点。

②正确地读、写分数,懂得分数各部分名称及意义。

在了解分数含义的基础上,向视障儿童介绍分数各部分名称,强调分母是把一个整体平均分成几份的份数,分子是所取的份数。然后,教分数的读法和写法,视障儿童的分数写法与普通小学是有区别的。普通小学先写分数线,次写分母,再写分子;而盲童分数的写法是,在数号后先写分数的分子数,然后降点位写分母数;读分数,要先读分母,后读分子,读作"几分之几",前一个几是分母,后一个几是分子。盲童由于读和写的顺序不一致,很容易读错,如把三分之二错读成二分之三。因此在教学中,一方面要加强读法的训练,另一方面要严格规范分数盲文的书写格式,为今后的分数学习打下良好基础。

③借助教具,会比较大小。

在这一阶段教学分数大小的比较目的是给视障儿童积累一些感性经验,使视障儿童更好地理解分数的初步知识,因此,教学时,应充分利用教具,加强直观,让视障儿童理解当它们每份大小一样时,即分母相同,所含的份数多,分数就大;每份大小不一样时,所含的份数一样都是1,每份大的,即分母小的,分数就大。如:

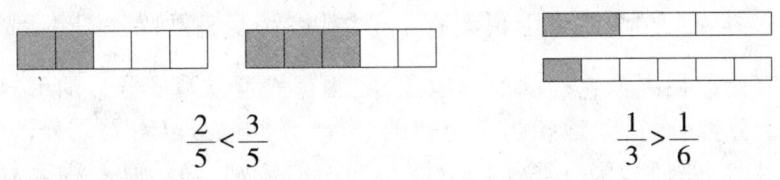

$$\frac{2}{5} < \frac{3}{5} \qquad \frac{1}{3} > \frac{1}{6}$$

(2)分数的意义

视障儿童认识分数的过程和正常的儿童基本上是一致的,这个阶段的教学要在分数初步认识的基础上进行抽象和概括,加深视障儿童对分数意义的理解。教学的策略:

①了解分数产生的必要性,调动视障儿童学习积极性。

教学时,教师组织视障儿童测量一些物体的长度,从中体会有些物体的长度不能用整数来表示,因而需要产生一种新数——分数来表示,调动视障儿童的积极性。

②了解单位1既可以表示一个物体,也可以表示一些物体组成的一个整体。

教学时,要通过举例使视障儿童了解单位"1"的含义,它既可以表示一个物体,如:一个月饼、一个苹果、一张图片、一个圆等;也可以表示由一些物体组成的一个整体,如一所学校的人数、一堆苹果的总数等,并联系实际让视障儿童考虑女生是全班人数的几分之几？从中体会把全班看成是单位"1"，进一步体会分数是用来表示单位"1"的一部分，分数是整体与部分的关系。

③使视障儿童理解分数单位的含义。

分数单位是一个重要概念。一方面分数单位在学习分数中有着非常重要作用；另一方面分数单位是随着单位"1"被分成的份数的变化而变化的，这样视障儿童理解起来感到非常抽象，给他们的学习带来很大困难。教学时，要结合分数的意义，让视障儿童利用教具反复操作，反复思考，深刻领会，使视障儿童理解分数是由分数单位组成的，不同分母的分数由不同的分数单位组成，如 $\frac{5}{8}$ 里面有5个 $\frac{1}{8}$，$\frac{5}{8}$ 的分数单位是 $\frac{1}{8}$；$\frac{3}{4}$ 里面有3个 $\frac{1}{4}$，$\frac{3}{4}$ 的分数单位是 $\frac{1}{4}$。

④使视障儿童理解分数与除法的关系。

教学分数与除法的关系，可以通过实例帮助视障儿童理解，如把3块月饼，平均分给4个人，每人分得多少块？用除法为3÷4，用分数表示为 $\frac{3}{4}$，从而认识到 $3÷4=\frac{3}{4}$，在此基础上说明有了分数以后，当整数除法得不到整数的商时可用分数来表示它们的商。因此，除法算式可以写成分数的形式，被除数相当于分数分子，除数相当于分数的分母，分数也可以看做是分子除以分母。同时，也要使视障儿童了解分数与除法的区别：除法是一种运算，分数是一种数。

⑤比较分数的大小。

教学时，结合视障儿童的特点既要借助几何图形又要联系分数单位的概念来比较分数大小，使视障儿童理解并掌握比较分数的大小方法。比较同分母的分数，因为分母相同即分数单位相同，比较它们的大小，要看它们分子的大小，如 $\frac{5}{8}$ 与 $\frac{7}{8}$，因为5<7，所以5个 $\frac{1}{8}$<7个 $\frac{1}{8}$，即 $\frac{5}{8}<\frac{7}{8}$；比较分子相同的分数，因为分母越小，分数单位越大，如：$\frac{5}{8}$ 与 $\frac{5}{7}$，因为 $\frac{1}{8}<\frac{1}{7}$，所以5个 $\frac{1}{8}$<5个 $\frac{1}{7}$，所以 $\frac{5}{8}<\frac{5}{7}$；比较分子、分母都不同的分数，要先通分，转化为同分母的分数再比较大小。在此基础上，得出结论：同分母分数大小的比较，分子大的分数就大；分子相同的两个分数，分母小的分数就大；分子、分母都不同的分数，要先通分再比较大小。

⑥引导视障儿童理解分数的基本性质。

分数的基本性质是分数概念中的一个重要内容，是约分、通分的理论依据。通过分数的基本性质的教学，不仅可以使视障儿童知道什么样的分数的值是相等的，而且还可以利用其比较分子分母都不同的分数大小，从而进一步加深对分数概念的理解。教学时，可以联系分数与除法的关系，借助被除数、除数同时扩大（或缩小）同数倍，商不变的规律来说明，最后引导视障儿童总结出分数基本性质：分数的分子和分母都乘以或者除以相同的数（零除外），分数的大小不变。

在理解分数的基本性质的基础上，要加强练习，如可以练习把一个分数化成指定分母（或分子）的练习，从而进一步加深对分数的基本性质的理解。

2. 小数的认识

由于视障儿童在日常生活中有机会接触小数，并且小数的计数单位和整数的计数单位的进率都是十，所以视障儿童理解小数比分数容易。但小数概念和性质比较难于理解，不容易一次学好，因此，在小学数学教学中，小数的认识一般分为两个阶段：

（1）小数的初步认识

这一阶段，主要使视障儿童对于小数的意义有初步的感性的认识。日常生活中，尽管视障儿童很少看到商店的价目标签，但他们有元、角、分的知识经验，因此教学时就利用元、角、分的知识经验，引出小数。告诉视障儿童商品的标价一般以"元"作单位，把物品的价钱看成小数，小数点左边表示元，小数点右边第一位表示角，第二位表示分，如一支钢笔8.75元，就是八元七角五分，使视障儿童初步认识小数。在此基础上介绍小数各部分的名称，使视障儿童初步知道小数是由整数部分、小数部分和小数点组成。

在视障儿童了解小数组成的基础上，教视障儿童小数的读法：整数部分按照整数的读法来读，小数点读作"点"，小数部分按顺序读出每一个位上的数字，如1.25读作一点二五，使视障儿童会正确读小数。教写小数时，引导视障儿童把几元几角几分的数改写成以元为单位的小数，加深视障儿童对小数的认识，同时规范盲文中小数的写法及用法。

在视障儿童掌握小数读、写后，可以做一些简单的比较小数大小的练习，如0.45元>0.42元，0.35元<0.67元等，从而进一步加深对小数认识。教学时，还可以通过组织视障儿童测量长度认识小数，进而认识小数的现实意义。

（2）小数的意义

小数实质是十进分数，是十进分数的另一种表示形式，教师可以通过实例、等分正方形方法，帮助视障儿童理解小数的意义。如1分米是1米的1/10，也就是0.1米，3分米是3个1/10，也就是0.3米；1厘米是1米的1/100，也就是0.01米；此外还可以让视障儿童观察作为单位"1"的正方形，把它平均分成10份（或100份），每份表示十分之一（或百分之一），写作0.1（或0.01），使视障儿童理解小数点右边的第一位的数叫十分位，第二位叫百分位，第三位千分位……，任意一个数字在不同的数位上，就表示不同的数，如0.55，小数点右边第一位上的5在十分位上，表示5个十分之一，小数点右边第二位上的5在百分位上，表示5个百分之一。在此基础上，引导视障儿童归纳出整数与小数的数位顺序表。

	整数部分				小数点	小数部分			
…	千位	百位	十位	个位	.	十分位	百分位	千分位	万分位	…
…	千	百	十	一		十分之一	百分之一	千分之一	万分之一	…

（3）小数性质的教学

小数的性质非常重要，它是小数四则运算的基础。小数的性质为：小数末尾添上"0"或者去掉"0"，小数的大小不变。教学时，利用视障儿童熟悉的商品标价说明，如0.40元和0.4元都表示4角；然后借助米尺直观比较，7分米、70厘米在米尺上对应着同一刻度，进而发现7分米=70厘米，即0.7米=0.70米，引导视障儿童归纳出小数末尾添上"0"或者去掉"0"，小数的大小不变这一性质。同时提醒视障儿童注意：添上"0"或者去掉"0"是在小数的末尾，不能在小数的中间或前面。

（4）比较小数大小

通过小数大小的比较，可以进一步加深视障儿童对小数意义的理解。教学时，可借助于商品的价格（以元为单位）先来比较小数部分位数相同的两个小数的大小，如比较3.35元与3.42元；然后再比较小数部分的位数不同的，如3.5元与3.05元，最后引导视障儿童归纳出比较小数大小的方法：先比较小数的整数部分，整数部分大的那个数就大；若整数部分相同，再比较十分位，十分位上的数大的那个数就大；十分位上的数相同，再比较百分位，依此类推。教学时，一定要让视障儿童掌握这种挨次按位比较小数大小的方法，并进行一定的练习，使得可以用此方法熟练地比较小数大小。

（5）小数点位置移动引起小数大小的变化

小数点位置移动引起小数大小的变化不仅是小数乘法、除法的基础，也可以使视障儿童更清楚理解小数的概念。教学时，要通过视障儿童熟悉的实例，引导视障儿童比较小数点位置的移动，如何引起小数值的变化，逐步引导视障儿童认识小数点位置移动小数的变化规律：小数点向右移动一位、二位、三位……，原来的数就扩大10倍、100倍、1000倍……；小数点向左移动一位、二位、三位……，原来的数就缩小10倍、100倍、1000倍……。教学时，还可以用珠算演示出小数点移动和小数位变化，以帮助视障儿童进一步理解变化规律。特别强调：整数部分是"0"的小数，小数点向右移动后，整数左边的"0"必须去掉；小数点向左移动时，整数部分的位数不够，要在左边用"0"补足。

以上所指小数的左、右移动，都是按盲字摸读方向来说的，写的时候，方向恰好相反，这给视障儿童学习这部分知识带来一定困难，需加强练习。

3. 百分数的认识

百分数是用来表示一个数是另一个数的百分之几的数，通常也叫百分率或百分比。由于百分数的分母化一，便于比较，因此百分数在生产、工作和日常生活中应用非常广泛，在各种媒体中也经常出现。

视障儿童在实际生活中已经对百分数有了初步的感性认识，再加上分数知识的基础。因此，教学时要充分利用已有知识经验和具体情境引入百分数，使视障儿童明确百分数知识的重要性，然后启发视障儿童自己得出百分数的概念，并介绍各部分名称和百分数的读法和写法；然后通过一些实际例子，如发芽率、学生达标率、命中率等等，使视障儿童进一步体会到百分数在实际中的应用，进一步体会百分数与现实生活的联系，并会用百分数表达和交流信息。

教学百分数、分数和小数的互化时，要使视障儿童掌握百分数、分数和小数互化法则，熟练地进行互化。通过百分数、分数和小数互化的教学，沟通了知识之间的联系，加深了对百分数意义的了解。

4. 负数的认识

负数是视障儿童数概念的又一次重要扩展，也是《课程标准》新增内容，要求在熟悉的生活情境中，了解负数的意义，会用负数表示日常生活中的问题，发展视障儿童负数的数感。负数虽说在日常生活中也遇到过，但在视障儿童生活中直接应用并不多见。

教学负数时，可从视障儿童熟悉的生活情境入手，组织视障儿童收听天气预报，记录三个城市的天气预报（有0℃以下），引导视障儿童讨论所收集的天气预报各表示什么意思，并介绍负数的意义和记法，从中体会负数来源于生活，更容易接受。在对负数有初步认识的基础上，引导视障儿童用负数表示一些日常生活中的有关量，如利用正负数记录家庭收支情况，收入的钱数用正数表示，支出的钱用负数表示；一次考试中选择题的评分标准：答对得3分，答错扣3分，没选得0分，得分可用正数表示，失分可用负数表示，在实际的应用中使视障儿童进一步体会负数的意义，加深对负数的理解。

二、数的运算的教学

"数的运算"非常重要，《数学课程标准》指出：应通过解决实际问题增进对运算意义的理解；应注重口算，加强估算，鼓励算法多样化。数的运算包括整数四则运算、小数四则运算、分数四则运算三部分，在每部分教学中，都要注意以下几点：

第一，把计算与实际问题情境联系起来，增进对运算意义的理解。

前苏联教育家赞科夫说过：从视障儿童生活经验中举出的例子，将有助于他们在所学习的概念跟日常生活中十分熟悉的事物之间建立起联系。只有当视障儿童把所学知识与生活经验联系起来，才能更好地掌握知识，内化知识。

数的运算是帮助我们解决问题的工具，在教学中只有把计算与实际问题情境联系起来，让视障儿童了解为什么要计算，选择什么方法计算，使视障儿童认识到计算是解题的一个组成部分，从中体会学习计算的必要性和重要性，同时在具体情境中增进对运算意义的理解。

第二，引导视障儿童探索运算方法，鼓励算法多样化。

教学中引导视障儿童利用已有的知识与生活经验，通过自主探索、合作交流等活动，探索运算方法。由于视障儿童生活背景和思考角度不同，所使用的方法必然是多样的，教学中，教师应尊重视障儿童的想法，不急于评价方法，由视障儿童选择适合自己的方法，鼓励算法多样化。

第三，处理好笔算、口算、珠算和估算的关系。

盲校小学数学的计算方式有口算、笔算、估算、珠算。由于视障儿童的实际情况，再加上用盲字板写盲字是从正面书写，反面摸读的，视障儿童不能在摸读数字的同时把心算结果书写下来，给竖式的书写带来很大的困难，因此对视障儿童的笔算适当降低要求，只让视障儿童明白其结构与步骤，不要求使用竖式进行计算。

在盲校小学数学的计算方式中，口算尤其重要，口算不仅是珠算、估算的基础，且在日常生活中经常会用到口算。因此，教学中应重视口算教学，加强口算，适当增加一些口算方法和口算练习题，提高口算能力，力求达到能用口算的就一定用口算。

在盲校小学数学口算是有一定范围的,为了弥补口算的局限性,增加了珠算内容,在盲校补充珠算教学,既能补偿视障儿童的视觉缺陷,减轻其学习多位数加减法、乘除法的压力,又能迅速提高视障儿童的心算技能。把珠算训练、心算训练渗透到每一节课,对提高视障儿童计算能力、生活能力极为有利。

估算是对运算过程、计算结果和一些数据近似地、粗略地进行估计的一种能力。① 估算不仅在日常生活中应用非常广泛,而且可以发展视障儿童对数的认识,有助于视障儿童数感的培养。在教学中,口算、笔算、计算器、计算机、估算都是供视障儿童选择的方式,都可以达到算出结果的目的。不管用哪种方法计算,计算前先估计结果大致范围,计算后再用计算来验证,培养视障儿童估算能力、估算习惯。在数的运算的教学中,笔算、口算、珠算和估算是相辅相成的,要处理好它们之间的关系,提高视障儿童的计算能力。

(一)整数四则运算的教学

1. 整数加减法的教学

整数加减法的教学,是同整数的认识的教学相结合,分成几个阶段进行:20以内、百以内、万以内。

(1) 20以内的加减法

视障儿童入学之前,有一部分已经能计算20以内的加减法,但往往是借助手指或其它实物,而求出得数的,这样计算得既慢又易出错。教学时,应鼓励视障儿童探索计算方法,使视障儿童找到适合自己的计算方法,有利于发展视障儿童思维能力。教学策略如下:

① 在具体情境中,初步体会10以内加减法的意义。

教学时要从具体情境入手,引导视障儿童初步认识10以内加减法的意义。如每个视障儿童左手有三根小棒,右手两根小棒,把两只手合在一起,一共有五根小棒,算式表示为:3+2=5,并向视障儿童介绍"+"(盲文加号使用第235点)和"="(盲文等号使用2356点),使视障儿童明白两数合在一起,用加法计算;又如每个视障儿童拿着5个气球,放掉2个,还剩3个,用算式表示为5-2=3,介绍减号(盲文减号使用第36点),使视障儿童明白从一个数里去掉一部分,求另一部分用减法计算,并向视障儿童介绍去掉可以是飞走了、拿出去、用完了等等,从而使视障儿童明确减法的意义。

10以内加减法的学习是视障儿童学习运算的开始,是后续学习的基础,因此,在理解10以内加减法的意义的基础上,要加强课堂练习,刚开始练习时要求计算的正确性,然后要求计算速度要快,最后要让视障儿童摸到或听

---

① 人民教育出版社小学数学室:《小学数学教材教法》,第178页,人民教育出版社,2002年。

到10以内加减法马上脱口而说出得数。

②通过实际操作,掌握20以内的进位加法和退位减法的计算方法。

在学习20以内的进位加法时,可创设问题情境:每个视障儿童左手拿9根小棒,右手拿4根小棒,每个视障儿童共有多少根?组织视障儿童用小棒摆一摆,独立探索并计算,然后交流自己是如何算出来的。不同的视障儿童有不同的算法:有的视障儿童受把10根捆成一捆的启发,把4分成1和3,9+1=10,10+3=13(凑十法);有的是一根一根数得出结果;有的把9分成6和3,6+4=10,10+3=13。然后让视障儿童通过合作交流,比较各种算法,让视障儿童选择自己喜欢方法计算。

教学20以内的退位减法,也要从实际问题引入退位减,组织视障儿童独立探索,交流算法,体现算法多样化。在教学20以内加减法时,要训练视障儿童的口算能力,为后面的学习打下基础。

(2)百以内数加减法的教学

这一段教学是在20以内加减法口算和掌握100以内数的组成的基础上进行的,主要使视障儿童能够正确迅速口算100以内的加减法,并初步了解简单的笔算为学习万以内加减法打下基础。

百以内的加减法在日常生活中具有广泛应用,结合具体生活情境,鼓励视障儿童从中发现问题,抽象算式,使视障儿童进一步体会加减法的意义。百以内的加减法主要是用口算,为视障儿童打好口算基础。教学时,应充分借助视障儿童已有经验,借助小棒或算珠,引导视障儿童探索百以内加减法的口算方法,如32+6教师先发给视障儿童3捆小棒和2根单根小棒,然后再发给视障儿童6根单根小棒,启发视障儿童想出口算方法:数位对齐,个位数相加,再和整数十相加;又如32-7还是借助小棒,2根小棒减去7根小棒不够减,启发视障儿童想办法,然后突出把1捆小棒打开,是10根,和2根合在一起是12根,然后引导视障儿童说出口算方法:数位对齐,2减去7不够减,然后从十位借1是10,合在一起是12,12减7是5,再和整数十相加。

百以内数加减法的教学是视障儿童学习笔算的开始,主要使视障儿童理解笔算竖式中相同数位对齐和从个位加(或减)的笔算方法,理解笔算中进位、退位的意义和方法并领悟从个位加起的必要性和合理性,进一步巩固口算,从而有利于提高视障儿童的计算能力。由于视障儿童的实际情况,对笔算达到理解就可以了,不要求用竖式计算。

(3)万以内加减法的教学

这部分内容是在学习百以内加减法口算和笔算的基础上教学的,是整数加减法教学的最后阶段。

万以内加减法的教学由于计算数字越来越大,数位增多,无论用笔算还是口算难度都增大了。根据视障儿童实际增加了珠算的学习（珠算在普通小学已经取消），但对珠算教学内容的安排及教学方法，并没有做统一要求，只是要求各地盲校根据自己学校情况自行安排，对低视力儿童根据实际情况处理。

万以内加减法和百以内加减法的计算方法一样，要引导视障儿童类推。在万以内加减法教学中不要求视障儿童使用竖式计算，但必须让视障儿童明白笔算的算法（如相同位数对齐），实际计算可用珠算，并讲授笔算与珠算的关系。对低视力儿童如果视力允许的话，可以使用竖式进行笔算。在这个基础上加强和提高视障儿童的口算能力，进一步扩大口算的范围。万以内加减法，视障儿童容易出现错误，为了及时发现和纠正计算中的错误，要让视障儿童掌握验算的方法。

在万以内加减法的教学中要培养视障儿童的估算习惯，并利用万以内加减法解决生活中的简单问题。万以内的加减法，先估算后计算，用估算的结果考证计算结果，用计算的结果验证估算的水平。如超市里手表148元、电饭锅195元、mp4 368元、护眼台灯268元。

回答：妈妈想买一个电饭锅、一盏护眼台灯，你估计大概需要多少钱？再计算需要多少钱。如果妈妈带700元，她能买哪几种商品？

2. 整数乘除法的教学

（1）表内乘除法教学

表内乘除法是视障儿童学习乘除法的开始，也是珠算乘除法的基础，表内乘除法是视障儿童必须掌握的基本功之一。表内乘除法的教学策略：

①在具体情境中，使视障儿童初步理解乘法的意义。

对二年级视障儿童建立乘法概念是比较困难的，应联系视障儿童的生活经验，从同数连加引入。教学时，通过具体情境，如一块蛋糕2元，买3块蛋糕需要多少钱？引导视障儿童列出算式：2+2+2=6并观察算式的特点：相同加数连加。像这样的加法问题我们需要找一种简便的表示方法，可以用乘法算式表示：2×3，使视障儿童从中体会乘法的意义：乘法是特殊的加法，是几个相同加数和的一种简便算法。在此基础上，介绍乘号×（盲文乘号使用236点）及各部分名称，使视障儿童初步理解乘法意义。

②视障儿童在理解乘法口诀来源的基础上熟记口诀。

有一部分视障儿童在学习乘法口诀之前已能背诵，但却不理解。教学乘法口诀时，不要把编好的乘法口诀教给视障儿童，应该通过实际操作，使视障儿童经历乘法口诀形成过程，体会编口诀方法，逐步学会"自编"乘法口诀，使视障儿童懂得乘法口诀是怎样来的，每句口诀是什么意思，有利于视障儿童在理解基础上记忆乘法口诀。

为了使视障儿童熟练记忆口诀,可让盲生挨着次序背熟,再打乱顺序抽着背,并要及时运用口诀,让视障儿童在"用"中"记",避免死记硬背,同时体会口诀的作用。

③在实际操作中,使视障儿童初步理解除法的意义。

教学时,要通过实际操作"分一分"来理解除法的意义。如发给视障儿童每个人6张图片,让视障儿童分成2份,并让视障儿童交流不同的分法:1和5、2和4、3和3。然后介绍像第三种情况,每份分得一样多,就叫平均分。在此基础上,组织视障儿童用学具进行平均分的操作,如拿出15根小棒,平均分成3份,每份几根小棒?在视障儿童真正了解平均分的意义后,介绍像这样平均分问题,可以用除法算式表示,并指导视障儿童写出除法算式:15÷3=5,然后介绍除号÷(盲文除号使用256点)及各部分名称,使视障儿童通过"分一分"来体会除法的意义。

④指导视障儿童掌握用乘法口诀求商的方法。

这部分内容是在除法意义和乘法口诀的基础上教学的,教学时通过实例说明乘除法关系,并逐步引导视障儿童掌握用乘法口诀求商的方法。如12÷3=( )就想3和几相乘得12,因为三四得12,所以12÷3=4在视障儿童掌握用乘法口诀求商的方法后,通过练习,形成灵活运用口诀的能力;并运用其解决一些简单实际问题。如同学们到公园去划船,每条船限乘4人,24人要租几条船?通过解决这些实际问题,不仅可以加深对除法意义的理解,而且进一步体会到除法的作用。

(2)一位数乘除法的教学

一位数乘除法是在表内乘除法基础上教学的,同时,它又是学习多位数乘除法的基础。

①一位数乘法的教学。

一位数乘法是在视障儿童掌握乘法口诀和两位数加一位数的口算的基础上进行教学的,关键是理解一位数乘两位数的算理并掌握乘的顺序,一位数的乘法,一般要求口算。教学时,使视障儿童理解一位数乘两位数口算法、笔算法,口算法是先用因数(一位数)去乘另一个因数十位上的数字,再去乘个位上的数字,然后把这两个乘积加起来,如25×3口算法是:3乘20是60,3乘5是15,60加15是75;笔算法是先用因数(一位数)去乘另一个因数个位上的数字,再去乘十位上的数字,然后把这两个乘积加起来,如25×3笔算法是:

$$\begin{array}{r} 25 \\ \times\ 3 \\ \hline 75 \end{array}$$

先拿因数3和因数25个位的5相乘,3乘5是15,在积的个位上写5,向十位进一,再用3乘2个十是6个十,加上进上来的1个十是7个十,在积的十位上写7。最后引导视障儿童比较口算方法和笔算方法的不同。

在理解口算法的基础上,为了使视障儿童正确、迅速地计算,要经常作一些口算练习。另外视障儿童不要求列竖式,但要理解笔算算理。一位数乘三位数的乘法口算,可启发视障儿童在一位数乘两位数的基础上类推。

②一位数除法的教学。

一位数除法的教学是在表内除法的基础上学习的,教学的关键是理解一位数除两位数(商两位)的算理、步骤和方法。教学时,要利用直观教具小棒,使视障儿童理解除法要从高位算起,每步除的方法和商的定位道理。如每个视障儿童发给28根小棒(2捆零8根),平均分给二个小朋友,问每个小朋友多少根小棒?视障儿童会想到给每个小朋友先分一捆,分二捆。再把8根平均分,每人4根。在此基础上,介绍除法竖式的写法,讲时教师要指导视障儿童按顺序摸竖式,手脑并用,左右手分工合作,还要讲清每一步的意思,并规范盲文除号的写法及用法。

一位数除三位数的除法是一位数除两位数的引申和推广,可以启发视障儿童在一位数除两位数的基础上类推。

(3)两位数乘除法的教学

两位数乘除法是在一位数乘除法的基础上教学的,这是乘除法在小学的最高要求,《数学课程标准》规定,能笔算两位数乘两位数、三位数乘两位数,三位数除以两位数,由于视障儿童实际情况,学习这部分计算知识,只要求理解计算方法,不要求用竖式计算,而采用珠算计算。

教学两位数乘两位数、三位数乘两位数时,先让视障儿童理解两位数乘两位数、三位数乘两位数乘的顺序和部分积的对位道理,然后配合珠算解决问题。同时,要扩大口算范围,提高视障儿童的口算能力。教学两位数的除法,试商是教学中的难点,教学中关键是理解试商的道理,具体计算则用珠算代替。珠算时,要教给视障儿童正确的指法:右手拨珠,左手协助保护计算结果。视障儿童学习这部分内容时,数目比较大,容易出错误,除培养他们利用乘除关系进行验算外,还可以充分利用估算,检查计算结果是否正确,既简便又实用。

教学两位数的乘除法时,切忌重珠算、笔算,轻口算、估算。口算与估算对视障儿童的生活有着重要作用,口算是估算、笔算和珠算的基础,也是视障儿童现实生活中十分需要的能力,估算更是他们生活中不可缺少的一种技能。估算的水平关系到尽可能地缩小准确计算的范围,口算的水平直接影响珠算的计算准确性,注意处理好口算、估算、珠算三者之间关系,做到三算相互促进。

（二）分数四则运算的教学

1. 分数加减法的教学

分数加减法的教学分为两个阶段教学，第一阶段结合分数初步认识，教学同分母分数加减法；第二阶段结合分数意义的教学，系统教学分数加减法。

分数加减法的意义与整数相同，其计算法则虽然形式上与整数的不同，但实质上都是相同单位的数才能相加减。教学时，从视障儿童的心理特点和他们的书写困难出发，严格要求他们按步骤演算，按格式书写，养成良好书写习惯。

（1）同分母分数加减法

同分母分数加减法的教学，通过具体的生活情境，引导视障儿童懂得同分母分数加减法和整数加减法的算理完全相同，都是相同的单位才能直接相加减，从而使视障儿童不仅掌握同分母分数加减的计算方法，而且还知道为什么。例如：小红读一本书，第一天读了全书的 $\frac{1}{5}$，第二天读了全书的 $\frac{2}{5}$，两天读了全书的几分之几？（指导视障儿童摸清图示）

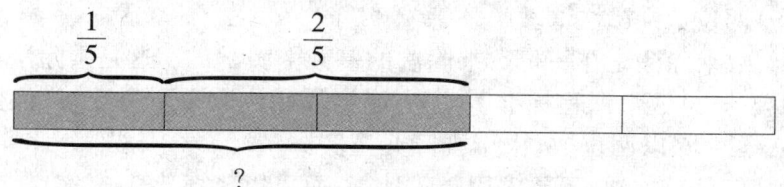

用算式表示：$\frac{1}{5}+\frac{2}{5}$，同时向视障儿童提问：两个分数的分数单位是否相同？$\frac{1}{5}$ 里有几个 $\frac{1}{5}$（1个 $\frac{1}{5}$）；$\frac{2}{5}$ 里有几个 $\frac{1}{5}$（2个 $\frac{1}{5}$）；那么1个 $\frac{1}{5}$ 加2个 $\frac{1}{5}$ 是几个 $\frac{1}{5}$？（3个 $\frac{1}{5}$）即 $\frac{1}{5}+\frac{2}{5}=\frac{3}{5}$。最后引导视障儿童得出同分母加法的计算方法：同分母分数加法，分子相加，分母不变。用同样的方法引导视障儿童探索同分母分数减法的计算方法。

在同分母分数加、减法的教学中，要指导视障儿童掌握正确的书写格式。

（2）异分母分数加减法

在同分母分数加减法的基础上，学习异分母分数加减法，异分母分数加减法要先通分，通分离不开最小公倍数的知识，因此学习异分母分数加减法要先来学习公倍数、最小公倍数。教学时,要通过对具体情境(如铺地砖)的探索,来理解公倍数、最小公倍数的实际意义,引导他们探索求最小公倍数的方法,为学习异分母分数加减法做好准备。

异分母分数加减法的法则是先通分,再按同分母分数加减法的法则计算。教学时,主要使视障儿童搞清异分母加减法时,为什么不能直接相加减,而必须先通分。因此,教学时,要通过问题情境探索异分母加减法为什么要先通分。例如:人们在日常生活中产生的垃圾叫生活垃圾,废金属占生活垃圾的 $\frac{1}{4}$,纸张占生活垃圾的 $\frac{3}{10}$,它们在生活垃圾中共占几分之几?

教师引导视障儿童列出算式 $\frac{1}{4}+\frac{3}{10}$,(视障儿童摸图)启发他们回答:这两个分数能否直接相加?为什么?经过分析使视障儿童知道分母不同就是分数单位不同,不同单位的数不能相加,必须把它们化成相同单位的数,即化成同分母的分数才能相加,这就需要先通分,接着向视障儿童介绍异分母分数加减法的书写要求。即 $\frac{1}{4}+\frac{3}{10}=\frac{5}{20}+\frac{6}{20}=\frac{5+6}{20}=\frac{11}{20}$。使视障儿童认识到把异分母分数转化为同分母分数的目的,就在于将分数单位不同的分数转化为分数单位相同的分数,最后总结出异分母分数加法的法则。异分母分数减法可启发视障儿童类推。

2. 分数乘除法的教学

(1)分数乘法的教学

分数乘法包括分数与整数相乘和分数与分数相乘的两个层次的内容。教学时,教师引导视障儿童通过问题情境探索分数与整数相乘的意义及计算方法。例如:小明每天读一本书的 $\frac{2}{7}$,3天读了全书的几分之几?用算式表示:

加法:$\frac{2}{7}+\frac{2}{7}+\frac{2}{7}=\frac{2+2+2}{7}=\frac{2\times 3}{7}=\frac{6}{7}$

乘法:$\frac{2}{7}\times 3=\frac{2\times 3}{7}=\frac{6}{7}$

使视障儿童理解分数与整数相乘的意义与整数乘法的意义相同,也是求几个相同加数的和的简便运算,只是这里的相同加数是分数,进而引导探索出分数乘以整数法则是:用分数的分子和整数相乘的积作分子,分母不变。

分数与分数乘法的教学是在分数与整数乘法的基础上进行的,这部分知识,难点是如何得出计算方法。因此,教学时,通过创设具体生活情境,利用直观图形,启发引导视障儿童逐步理解。

例如：一个工人每小时粉刷某面墙的 $\frac{1}{5}$，$\frac{1}{4}$ 小时粉刷这面墙的几分之几？用算式表示：$\frac{1}{5} \times \frac{1}{4}$，然后让视障儿童摸图：

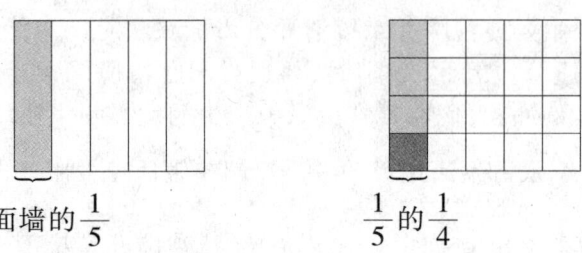

一面墙的 $\frac{1}{5}$　　　　　$\frac{1}{5}$ 的 $\frac{1}{4}$

求 $\frac{1}{5}$ 的 $\frac{1}{4}$，要把 $\frac{1}{5}$ 平均分成4份，取1份，也就是把这面墙平均分成20份，每一小份是这面墙的 $\frac{1}{20}$，即 $\frac{1}{5} \times \frac{1}{4} = \frac{1 \times 1}{5 \times 4} = \frac{1}{20}$。

使视障儿童懂得分数乘以分数的意义是求一个数的几分之几是多少，并引导视障儿童概括出分数乘分数的计算方法："分数乘分数，用分子相乘的积作分子，用分母相乘的积作分母。"

此外，在分数乘法的教学中，还要注意两点：第一，视障儿童的书写格式。第二，由于视障儿童一般都用心算，在分数乘以分数的计算过程中，能约分时不要在两个分数中直接约分，而要分成两个分子相乘，两个分母相乘后再约分。

（2）分数除法的教学

由于分数除法是作为分数乘法的逆运算来定义的。因此，教学分数除法前，要先学习倒数的概念，因为倒数是分数除法转化成分数乘法的必备知识。教学时，可举出几个两数相乘的积都是1的例子，引导视障儿童得出倒数的概念：乘积是1的两个数互为倒数。教学时，要强调"互为"的含义，并启发视障儿童发现求一个分数的倒数的简单方法，就是把这个分数的分子、分母调换位置。

分数除法的意义与整数除法的意义相同，都是已知两个因数的积与其中一个因数，求另一个因数的运算。通过对分数除法的学习，加深视障儿童对分数除法具体意义的理解。

分数除法包括分数除以整数、一个数除以分数两种情况。教学时，教师引导视障儿童通过对问题情境的分析、综合，先探索分数除以整数的计算法则。如：把一张纸的 $\frac{4}{7}$ 平均分成2份，每份是这张纸的几分之几？

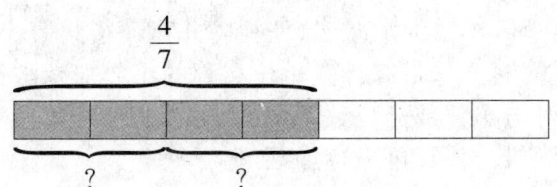

通过摸图使视障儿童知道是把4个$\frac{1}{7}$平均分成2份，只要把分子4除以整数2作分子，分母不变，即$\frac{4}{7}÷2=\frac{4÷2}{7}=\frac{2}{7}$；然后再分析把一张纸的$\frac{4}{7}$平均分成2份，也就是求$\frac{4}{7}$的$\frac{1}{2}$是多少，所以也可以用$\frac{4}{7}×\frac{1}{2}$来计算，因此得到$\frac{4}{7}÷2=\frac{4}{7}×\frac{1}{2}=\frac{2}{7}$，然后引导视障儿童得出分数除以整数（0除外）等于分数乘以整数的倒数的计算方法。

在此基础上，接着引导视障儿童通过实际操作探索一个数除以分数的计算方法。最后引导视障儿童把两种分数除法统一起来，得出无论哪种情况，其计算方法最终都转化为分数乘法，即分数除法都等于被除数乘以除数的倒数。

（三）小数四则运算的教学

1. 小数加减法的教学

小数加减法的运算法则和整数加减法的运算法则道理相同，都是相同计数单位的数才能相加减，而整数加减要求相同数位对齐，小数加减法要求小数点对齐，说法不一样，本质是一样的。教学时应沟通两者之间的联系。小数加减法的教学分两个阶段：

（1）小数初步认识，使视障儿童能计算简单的小数加减法，以便加深对小数的认识。教学时，结合视障儿童熟悉的实例，如：0.35元+0.46元，启发视障儿童说出是3角5分和4角6分相加，然后按照元、角、分一一对应相加。

$$\begin{array}{r}0.35\\+0.46\\\hline 0.81\end{array}$$

在此基础上，视障儿童体会相同数位对齐，即两个加数的小数点对齐，再按照整数加法计算，得数小数点与加数小数点对齐。小数的减法，可启发视障儿童在小数加法的基础上类推。

（2）系统地学习小数的加减法，使视障儿童懂得只要小数点对齐，相同数位就能对齐，同时要从带有计量单位名称的小数加减法提高到抽象的小数加减法计算。对与小数部分位数不同的小数，引导视障儿童运用小数性质转化为小数部分位数相同，再进行加减。

例如 6.78+4.3=11.08   4.8−2.17=2.63

$$\begin{array}{r}6.78\\+4.30\\\hline 11.08\end{array}\qquad\begin{array}{r}4.80\\-2.17\\\hline 2.63\end{array}$$

在小数点对齐相同数位就能对齐的基础上，最后引导视障儿童得出小数加减法的计算法则：小数点对齐，再按照整数加减法计算，得数小数点与加数小数点对齐。

2. 小数乘除法的教学

小数乘除法的教学，主要使视障儿童初步理解小数乘除法的意义，掌握小数乘除法的法则，并能利用其解决一些实际问题。

小数乘除法的计算法则跟整数乘除法的法则基本相同，只是多个小数点的处理问题，因此，处理好小数点的问题是小数乘除法教学的关键。

（1）小数乘法的教学

教学小数乘法时，通过问题情境，引导视障儿童探索小数与整数相乘的意义及计算法则，如：一支铅笔1.5元，买3支需要多少钱？

列算式：1.5×3=1.5+1.5+1.5，使视障儿童初步懂得小数与整数相乘的意义与整数乘法相同，也是求相同加数的和，不同的是这里的加数是小数，接着再探求小数与整数相乘的法则。

$$\begin{array}{r}1.5\\\times\ 3\\\hline 4.5\end{array}\xrightarrow[\text{缩小 10 倍}]{\text{扩大 10 倍}}\begin{array}{r}15\\\times\ 3\\\hline 45\end{array}$$

在此基础上，引导视障儿童归纳出小数与整数相乘法则：先按整数乘法来计算，积的小数部分的位数同因数的小数部分位数相同。

在得出小数与整数相乘的方法的基础上，根据"因数的变化引起积的变化"和"小数点位置的移动引起小数值的变化"的规律，再探索小数乘小数的方法。如：一斤橘子3.5元，买0.7斤需要多少钱？用算式表示3.5×0.7=2.45（元）

$$\begin{array}{r}3.5\\\times\ 0.7\\\hline 2.45\end{array}\xrightarrow[\text{缩小 100 倍}]{\begin{array}{c}\text{扩大 10 倍}\\\text{扩大 10 倍}\end{array}}\begin{array}{r}35\\\times\ 7\\\hline 245\end{array}$$

通过探索，引导视障儿童归纳出小数乘以小数的方法：先按整数相乘，积的小数部分的位数等于两因数的小数部分的位数和。教学中，要重点帮助视障儿童按整数乘法的法则算出积以后，如何处理小数点的问题，特别强调位数不够时用"0"补足，以便加深对小数乘法的计算法则的理解。此外，应加强视障儿童的口算能力并熟记一些小数乘法计算的常用数据，如：$0.5×2=1$　$0.25×4=1$　$0.75×4=3$　$0.125×8=1$，以便提高计算速度。

在小数乘法中，还有小数乘法的积取近似值的问题。因为乘积的小数位数等于两个因数小数位数的和，会出现很多小数，而实际生活中的计算并不需要这么多位小数，例如，每斤苹果1.25元，买13.5斤应付多少元？使视障儿童体会到小数乘法中积取近似值的必要性。在此基础上，向视障儿童介绍取积的近似值的方法：要求保留几位小数，就要把保留的末位数后面的尾数，按照"四舍五入法"来处理。

（2）小数除法

小数除法主要包括除数是整数与除数是小数的小数除法。教学时，通过问题情境引导视障儿童理解用整数除小数的具体含义并探索除数是整数的小数除法的方法，教学的关键是怎样确定商的小数点的位置。如：小红买了2斤西红柿，一共用了2.6元，一斤西红柿多少钱？

用算式表示：$2.6÷2=1.3$

$$\begin{array}{r}1.3\\2\overline{)2.6}\\\underline{2}\\6\\\underline{6}\\0\end{array}$$

引导视障儿童归纳出除数是整数的小数除法方法：按整数除法法则算出商，商里的小数点与被除数的小数点对齐。同时，向视障儿童介绍被除数小于除数商中间需要添"0"占位的情况。

在学习除数是整数的小数除法的基础上，引导视障儿童根据小数点位置移动引起小数大小变化的规律与商不变的性质，把除数是小数的除法转化为除数是整数的除法，进而解决除数是小数的除法问题。

例如：$10.25÷2.5$

　　$=(10.25×10)÷(2.5×10)$

　　$=102.5÷25$

　　$=4.1$

在实际应用中,小数除法的商有时不需要保留很多位小数,可以根据实际取商的近似值,用"四舍五入法"保留一定的小数位数。求商的近似值要比要求保留的小数位数多除出一位,然后按"四舍五入法"把末一位去掉。教学时可以教给视障儿童简便方法,即不用多除出一位商,而把余数同除数加以比较,余数大于或等于除数的一半,就在商的末位上加1;否则,商的末位不变。

(四)四则混合运算的教学

混合运算是加、减、乘、除的综合运用,《数学课程标准》将其放到第二学段,包括整数四则运算与分数小数混合运算与整数、分数、小数混合运算等,为了在教学中避免繁杂的计算,《数学课程标准》规定混合运算以两步为主,不超过三步。

由于盲字的书写困难和计算工具的限制,视障儿童不能像普通儿童看上步写下步,进行脱式演算,也不能像普通儿童可以用竖式帮助计算,这些都给混合运算教学带来很大困难。教学策略如下:

1. 充分利用现实素材,理解运算顺序

教学时,应充分利用视障儿童熟悉和感兴趣的现实素材,让他们体会四则混合运算顺序的意义,加深对四则混合运算顺序的理解,体会其与生活联系,调动其学习积极性。例如二年级下册的解决问题的例2:"面包房的师傅一共做了54个面包,一组的同学买走了8个面包,二组的同学买走了22个面包,还剩多少个?"计算方法一:54-8=46(个),46-22=24(个);计算方法二:8+22=30(个),54-30=24(个)。此方法能写成算式54-(8+20)=24(个),使视障儿童对如果算式里有小括号,应该先算小括号里面的运算顺序有更进一步的理解。

2. 培养视障儿童良好的学习习惯

教学时,培养视障儿童算前认真审题,弄清楚先算什么后算什么,再动手计算;同时培养视障儿童的计算能力,除进行一步口算练习外,还要练习多步口算,以适应混合四则运算的要求;其次要培养视障儿童自觉进行简便计算,增强简便计算的意识;再次要指导视障儿童规范、严格的书写格式,培养视障儿童良好的学习习惯。

第三节 常见量、式与方程、正反比例、探索规律的教学

《数学课程标准》中常见量的教学放在第一学段,式与方程、正反比例的教学放在第二学段,探索规律两个学段都有要求。

一、常见量的教学

小学阶段学习的常见量的计量单位包括：货币单位元、角、分；时间单位年、月、日、时、分、秒；重量单位吨、千克、克。

普通学校由于学生的社会常识比较丰富，学习这部分知识不会太困难，而视障儿童由于视力的失缺，这些知识对他们更加抽象，给教学带来一定困难。因此，教学时，要加强直观教学和实际操作，引导视障儿童通过观察和动手，并搞一些实践活动来弥补视障儿童感性认识之不足，运用多种感官来认识每一个计量单位，来感知它们的实际大小，从而理解所学的单位概念。常见量的教学策略：

1. 借助生活经验，认识货币单位

货币是日常生活中使用最为广泛的一种量，它的单位是元、角、分。教学主要使视障儿童认识人民币、人民币的单位及其进率。

视障儿童在日常生活中对货币单位有一定的感性认识，对其并不陌生，而且货币单位元、角、分之间的十进制关系和计数单位的十进制关系是一致的。教学时，充分利用视障儿童的购物经验，认识人民币面值，理解货币单位的元、角、分之间的十进关系，可以通过数钱活动，用不同币值的人民币兑换不同单位的钱，让视障儿童进一步建立货币单位概念，进一步熟悉单位间的进率。

在此基础上，教师可以组织视障儿童去超市购物，这样既有助于加深对货币单位元、角、分的认识，又有助于培养他们在实际生活中应用的能力。

2. 结合视障儿童的生活经验，体验时间单位

时间与视障儿童生活密切相关，视障儿童对时间的感悟是比较深的，他们往往能凭借生活中某些有规律的东西或现象，如学校钟声，收音机广播的节目等，比较准确估计出某个具体的时刻和一段时间的长短，这些对于视障儿童学习时间单位是有益的，但时间单位对视障儿童来说还是比较抽象的。

由于视障儿童在生活中缺少这方面的经验，教学时，一定要利用"盲表"教具，让视障儿童摸认作息时间，使他们会摸读钟面上的整点、半点、几点几分，真正掌握认钟表方法。并向视障儿童介绍一刻、半点、三刻的点和盲文的时刻写法。对低视力儿童要依实际情况而定，然后教师引导视障儿童通过操作了解时针、分针和秒针的运行关系，让视障儿童自己得出时、分、秒的进率关系：1小时=60分钟，1分钟=60秒，关于时间的计算教学，只要强调进率的特殊，依靠视障儿童的心算还是可以完成的。

时间单位比较抽象，为了让视障儿童体验1小时、1分、1秒各有多长，要安排一些练习和实践活动，加强对1小时、1分、1秒的感性认识，建立时间单

位观念。教师举出一些具体时间让视障儿童体验每个单位的持续时间是多长,如测验一分钟可以摸读多少个字、数一数一分钟脉搏跳动的次数来体验1分的持续时间;每节课45分钟加上下课休息十分钟,让视障儿童体验1小时大约持续的时间。

关于24小时记时法,由于盲用手表的语音报时时,有"凌晨、上午、中午、下午、晚上"的提示,另外视障儿童对广播电台的广播时间非常熟悉,所以视障儿童学习24小时记时法较易掌握。

3. 认识年、月、日,了解它们之间的关系。

教学年、月、日知识时,可以利用盲文月历,使视障儿童了解一年有几个月,哪几个月是大月(小月),大月、小月和二月各有多少天,了解年、月、日之间的关系,了解平年和闰年的区别。制作日历的实践活动,由于视障儿童书写条件的限制,可能有些困难。教学时,可以简化此环节,仅制作月历。

4. 通过实际操作,感受重量单位

重量单位不像货币单位直观、具体,教学时,需要教师准备各种重量的物品,如一千克的洗衣粉、一袋盐(500克)、一枚贰分币(1克),让每个视障儿童亲自掂一掂,使他们感受到重量单位1千克、1克的实际重量,以增加对重量单位的感性认识。

"吨"这一重量单位,视障儿童在日常生活中很少接触,对吨的认识比较抽象,可以让视障儿童提一提10千克的物品,并且告诉视障儿童100个同样重的物品重"1吨",通过这一实际操作使视障儿童间接认识比较大的重量单位"吨"。在此基础上,使视障儿童知道重量单位吨、千克、克的进率:1吨=1000千克,1千克=1000克。

在"重量单位"的教学中,要让视障儿童多操作、多实践,如让视障儿童提一袋大米、面粉,估一估他们的重量,然后再告诉实际重量,来提高视障儿童的估计能力,通过教学要使视障儿童能比较准确估计生活中物品的重量,丰富视障儿童的生活经验。

生活中的实际问题,往往与常见的量联系在一起。因此,结合视障儿童的生活实际,解决与常见的量有关的简单问题,例如:"有个12岁的同学站在磅秤上,看到上面的数是43,可他不知道后面的单位是什么?你们知道他有多重呢?"让视障儿童知道是43千克,而不是43克,使视障儿童进一步体会常见量在现实生活中的作用。

二、式与方程的教学

从算术到代数,从具体的数到用字母表示的数,是人们对现实世界的数量关系认识过程中的一个飞跃,也是视障儿童数学学习过程中的一个转折。

实践证明,视障儿童在小学阶段学习式与方程是完全可能的,方程的教学对视障儿童思维的发展有重要意义。教学策略：

1. 引导视障儿童在具体情境中会用字母表示数,体会用字母表示数的意义

从具体的、确定的数到用字母表示数是认识上的一个飞跃,用字母表示数简单明了,能概括出数量关系的一般规律,为研究解决数学问题带来很大的方便。然而用字母表示数比具体的数抽象,视障儿童开始学习时,会有一定的困难,因此教学时要选择视障儿童熟悉的实际问题,按照从具体到抽象、从特殊到一般的原则,引导视障儿童经历从具体的确定的数到用字母表示数的抽象过程,例如以计算年龄为例：已知弟弟5岁,哥哥比弟弟大3岁,则有

弟弟 5 岁时,哥哥是 5+3=8（岁）；

弟弟 6 岁时,哥哥是 6+3=9（岁）；

弟弟 7 岁时,哥哥是 7+3=10（岁）

⋯⋯

使视障儿童清楚地意识到,不管弟弟是多少岁,哥哥总是比弟弟大3岁,这个规律是不会变的。如果用 a 表示弟弟年龄,该怎样用式子表示哥哥的年龄呢？然后引导视障儿童得到 a+3 的式子,这个式子更简明地表示了哥哥与弟弟年龄的一般关系,利用 a+3 这个式子,只要知道弟弟年龄,就能求出哥哥的年龄。使视障儿童从熟悉常见的数量关系中,体会到用字母表示数的优越性,体会到抽象的作用。

在视障儿童掌握了用字母表示数量间关系的基础上,再学习用字母表示运算定律和计算公式,可以进一步加深视障儿童对字母表示数的意义的理解,培养视障儿童的抽象能力。教学时,先回忆计算公式和运算律的文字语言,在此基础上用字母表示,例如：长方形的面积=长×宽,可写成s=ab；交换加数的位置,其和不变,可写成a+b=b+a,使视障儿童进一步体会到用字母表示数比用语言表达简明、易懂、易记。同时,要指导盲童和低视力儿童正确、规范地书写含有字母表示数的式子。

2. 引导视障儿童用方程表示简单情境的等量关系

方程是用"未知数"和"等式"这两个概念来定义的,因此,方程的概念必须从等式和未知数引入。教学时,通过实际操作首先使视障儿童明确等式的含义,如左手拿一张10元的人民币,右手拿两张5元的人民币,这时两只手人民币一样多,用式子表示：5+5=10（元）。可告诉视障儿童,这就是等式,反映了等号两边存在着相等关系。然后从右手中拿走一张人民币,提问：右手加多少人民币（设右手加x元）使两手人民币相等？仍可以用等式来

表示它们的等量关系,即5+x=10,从而引出方程。在此基础上,引导视障儿童概括出方程的意义,含有未知数的等式叫方程,并强调方程的两点:未知数和等式缺一不可。

3. 引导视障儿童理解等式的性质,并会用其解简单的方程

等式的基本性质有两条:一是在等式两边同时加上或减去一个相同的数,等式仍成立;二是在等式两边同时乘以或除以一个相同的数(不为零),等式仍成立。利用等式的性质解方程是《数学课程标准》提出的新要求,过去小学阶段解方程,是利用加与减、乘与除的互逆关系。

教学等式的基本性质时,可通过实际操作帮助视障儿童理解,如:视障儿童左手拿10元,右手拿两个5元,即5+5=10(元),分别再给左、右手2元,问视障儿童两手的人民币是否相等?从而使视障儿童认识到在等式两边同时加上相同的数,等式仍成立,等式的其他性质可启发视障儿童用类似方法由自己得出。

教学方程$ax+b=c$时,启发视障儿童把ax看成一个数,利用等式的性质把方程变形为$ax=c-b$求解;教学方程$ax+bx=c$时,由于在小学不讲合并同类项的知识,教学时可以借助具体实例,使视障儿童从直观上理解合并同类项的含义,先化简等式左边,然后求解。解方程时,由于视障儿童习惯于算术四则运算的写法,因此要指导视障儿童掌握正确的书写格式,并养成解方程后要检验的良好习惯。

三、正反比例的教学

正反比例的教学是小学最后阶段学习的内容,是对视障儿童以前学过的数量关系的发展。正比例、反比例的知识在日常生活中运用非常广泛,它所反映的是两个变量间的比例关系,这部分内容渗透了函数思想,为后续学习打下了基础。教学策略如下:

1. 在实际情境中理解按比例分配,并能解决简单问题

按比例分配是平均分的扩展,按比例分配是把一个数量按照一定的比例进行分配。教学时,要在实际情境中理解什么是按比例分配,如:"一个班30人,分成三组参加课外活动,甲、乙、丙三组人数比是1∶2∶3,求每组多少人?"使视障儿童在解决问题的过程中,体会按比例分配的意义。

按比例分配问题在生产实践及日常生活中常见到,如配制农药、分摊水、电费等,因此,要让视障儿童利用按比例分配解决一些简单的实际问题,从中培养他们解决简单实际问题的能力,体会数学与生活的联系,调动学习的积极性。

2. 引导视障儿童通过具体问题认识成正比例、反比例的量

正比例、反比例是两个变量之间的比例关系,视障儿童理解并掌握了这种关系,不仅能应用其解决一些简单的实际问题,而且视障儿童学会了从事物的发展变化以及事物的相互联系中去研究问题,提高了分析问题、解决问题的能力。

这部分内容是在比和比例的知识的基础上进行教学的,主要使视障儿童理解正、反比例的意义,并通过具体问题认识成正、反比例的量。正、反比例关系是比较重要的一种数量关系,视障儿童了解这种数量关系,可以进一步加深对比例的理解,并能应用它解决一些简单的实际问题,同时通过正、反比例的教学,可以进一步渗透函数思想,为视障儿童今后学习中学数学打下基础。

教学时,在视障儿童已有知识的基础上从直观具体的实例入手,丰富视障儿童的感性经验,让视障儿童先建立起新知的上位概念"两种相关联"的量,在此基础上让视障儿童探索其中两种相关联的量,路程随着时间的变化而变化,如下表:

时间(小时)	1	2	3	4	5	……
路程(千米)	80	160	240	320	400	……

教师指导视障儿童摸读对应数值表,发现其变化规律:路程与时间的比(速度)是一定的,即路程/时间=速度(一定),然后概括出 y/x=k(k是常数)关系,这就是正比例关系。在此基础上,总结出正比例的意义,特别强调两种相关联的量对应数值的比是一定的;进而举出实例让视障儿童分析是否是正比例关系。举例时,既要举成正比例的例子,又要举不成正比例的例子,从中使视障儿童进一步理解正比例的意义。

反比例教学与正比例教学相似,通过实例使视障儿童认识到两个相关联的量还有一种变化规律:一个量扩大(或缩小)若干倍,另一个量反而缩小(或扩大)同数倍,而这两个量的对应数值的乘积是一定的,即 xy=k(k是常数),使视障儿童了解反比例的意义,并能判断是否成反比例关系。在教学中,还要通过实例帮助视障儿童把正比例、反比例的关系进行对照比较,以便使视障儿童更好地理解正、反比例关系。

3. 引导视障儿童找出生活中成正比例和成反比例的实例,并进行交流

学习了正比例、反比例关系后,要引导视障儿童去发现生活中存在着大量的正比例、反比例关系。如:一袋饼干5元钱,买饼干的价钱和饼干袋数成正比例关系;一支钢笔6.25元,买钢笔的价钱和钢笔的支数成正比例关系;

如果长方形的面积一定,长方形的长和宽成反比例关系等等。还要鼓励视障儿童互相交流,从中体会数学与现实生活的联系。

四、探索规律的教学

新的课程理念认为数学教学既注重演绎推理,又注重合情推理,演绎推理和合情推理是相辅相成的两种推理形式。培养合情推理的重要途径之一是"探索规律",因此《数学课程标准》在"数与代数"的内容目标中,第一、二学段都把"探索规律"作为内容结构的一个重要方面,以加强这方面的教学。《数学课程标准》要求第一学段:发现给定事物中隐含的简单规律;第二学段:探求给定事物中隐含的规律或变化趋势。

1. 引导视障儿童发现给定事物中隐含的简单规律

寻找与发现事物之间的关系以及事物的变化规律是数学学习的重要内容,通过寻找和发现规律,可以培养视障儿童观察、分析、归纳等能力,可以发展视障儿童的探索能力。教学时,引导视障儿童发现给定事物中隐含的简单规律。

例如:在下列横线上,填上合适的图形或数字,并说明理由。

1,1,2,1,1,2,____,____,____

□ 田 田 ____

2. 引导视障儿童探求给定事物中隐含的规律或变化趋势

在"探索规律"的教学中,第二学段提出的"探求规律"和"探求变化趋势"比第一学段提出的"发现规律"的要求有了明显的提高,因此教学时,可以先出现容易发现的简单情形,再出现复杂情形,循序渐进地引导视障儿童探求给定事物中隐含的规律或变化趋势。如:

a. 联欢会上,小明按照3个红气球、2个黄气球、1个绿气球的顺序将气球串起来装饰教室,猜猜看,第16个气球是什么颜色?

b. 观察下列三个数按序排列的规律,写出第四个、第五个数并说明理由。

①0.5,1.5,4.5,____,____

②1,2,4,____,____

教学时,先让视障儿童独立探索可能隐含的规律,并在全班交流,由于视障儿童思考角度不同,得出的结论可能有所不同,但只要视障儿童的解释是合理的,就是对的,同时通过交流进一步培养视障儿童的合情推理能力。

附：范例分析

11~20 各数的认识

一、设计依据

《数学课程标准》强调指出,在教学中,要引导视障儿童联系自己身边具体、有趣的事物,通过观察、操作、解决问题等丰富的活动,感受数的意义,体会数用来表示和交流的作用,初步建立数感。再加上小学低年级视障儿童的思维需要借助于实践操作的体验活动作为认识的基础,强调从视障儿童已有生活经验出发,让视障儿童在数学教学过程中,体验学习数学的乐趣。因此,教师应创设丰富的数学活动,帮助视障儿童在活动中体验,在体验中探索,在探索中建构。

二、教材分析

（一）教学目标：

1. 使视障儿童能熟练地数出 11~20 之间物体的个数,掌握各数的组成,顺序和大小,并能正确地读、写。

2. 通过动手操作,培养视障儿童的观察、操作和推理能力,培养视障儿童敢于创新、勇于探索、善于合作的学习品质。使视障儿童初步了解十进制。

3. 通过联系视障儿童的生活经验的数学学习活动,进一步体会数学的价值,体会数与生活的联系,获得初步的数感,初步培养视障儿童的估计意识。

（二）教学重点：能正确地数出 11~20 之间物体的个数,并能正确地读、写。

（三）教学难点：掌握数的组成,初步了解10的计数单位。

（四）学具准备：每生20根小棒、2根橡皮筋、1把直尺（盲用直尺,低视力根据实际情况选用）。

三、教学设计

（一）创设情境,激趣引新。

师：那天老师去买铅笔的时候,我对售货员说：我买12支铅笔。那个售货员阿姨居然数都不数,就把铅笔拿给了我,老师呢,也只看了一眼就知道有12支铅笔,你们知道是怎么回事吗？（视障儿童很好奇,但百思不得其

解)

（创设紧密联系视障儿童的现实生活情境，激起强烈的求知欲与好奇心，形成积极探索的心理定向）

（二）操作实践，自主建构：

1. 操作探究。请视障儿童拿出12根小棒放在课桌上。

师：用小棒代替铅笔，试试看，怎么样摆让别人不数就看出是12根？

（1）独立尝试。独立摆小棒，鼓励他们自己想出方法来摆。

预计视障儿童的摆法有：一是一根一根地摆；二是先摆10根，再摆2根；三是两根两根地摆；四是5根、5根和2根。

没有视障儿童把10根小棒摆在一起，把2根小棒单独放在一边。

师：别急，我们先来做个游戏，同桌一个同学伸出双手，他有多少个手指？

生：10个。

师：另一个同学帮帮忙（伸出2个手指）。现在有多少个手指？

生：12个。

师：你们数了吗？

生：没有。

师：你们没有数过，怎么知道是12个？

生：因为一双手有10个手指，又伸了二个，10和2合起来是12。

师：对啦，因为我们知道一双手有10个手指，所以就不用数了，那你们现在能猜到老师和售货员阿姨为什么不用数也知道是12支了吗？再用小棒来摆给老师看看。

师：老师给你们提点建议，为了方便好拿，我们可以用橡皮筋把十根小棒捆在一起。（视障儿童捆小棒）

师：我们来理理思路，开始我们想不数就一眼看出有12根小棒很不容易，我们改进了方法，把其中的10根小棒捆成一捆，这一捆表示什么？（表示10个一，表示1个十）

1个十，2个一合在一起是12，拿起小棒同桌互相说一说。

（2）借助操作，了解数的组成。

师：请小朋友将11~20各数用摆小棒表示，并说出各数是怎样组成的。

生：1个十，1个一合在一起是11。

……

1个十，9个一合在一起是19。

1个十，10个一合在一起是……

生：老师，这10个一又可以扎成1捆了。

师:为什么?
生:因为10个一是1个十,有道理吗?
师:好,扎起来。这样2捆就是……2个十,也就是几十?
生:2个十是20。(一起读)
概括:1个十,几个一,合在一起是十几
在此基础上,要求说出各数是由几个十和几个一组成的。
(视障儿童在操作中体验10个捆成一捆的好处,在操作中感悟11~20各数的组成,使视障儿童在"做数学"中对数学有更深刻的理解。)

2. 结合数数的小棒图和计数器,指导视障儿童进行数的读写。

在视障儿童认识11~20各数的组成的基础上,引导视障儿童结合数数的小棒图和计数器认识个位与十位,使视障儿童认识到个位表示几个一,十位表示几个十,有一个十和几个一,就读十几;并对照计数器,教学11~20的写法,有一个十就在十位上写1,有两个十就在十位上写2,有几个一就在个位写几。

3. 培养数感。

(1)读一读:请视障儿童拿出直尺(盲用直尺,低视力根据实际情况选用),摸着读数11~20各数。

(2)议一议。

比10大的数有哪些?在10的哪一边?

15前面一个数是几?15后面一个数是几?

17的邻居有哪些?19和20中间是几?等等。

你还能提出什么问题?

(3)估一估:请抓出一些小棒,先估一估有多少根,然后再数一数。

(通过读一读、议一议、估一估数学学习活动,很好地培养、发展了视障儿童的数感)

(三)巩固知识,学会解决问题

1. 数数:从9数到18,从11数到20。

2. 摆数:用小棒摆出下面各数:13、15、20。

3. 写数:两个人合作,一人拨计数器的珠子,另一人摸计数器写出这个数。

4. 估算:

(1)给每个视障儿童一叠纸(10张)。摸一摸感觉一下有多厚,并估计有几张纸?然后一起来数数……

(2)再给每个视障儿童添10张纸,再估再数;然后再拿出一些,估一估还剩多少张?

（培养视障儿童的估算意识，体会数学与现实生活的联系，发展数感）

5. 请视障儿童找一找生活中 11~20 的数。

（四）小结并布置作业。

四、评析

一年级的视障儿童参与数学活动，一方面是感受到数学与他们的现实生活有联系，另一方面主要是对数学活动本身感兴趣。因此，在 11~20 各数的认识教学中，教师除了落实知识技能的教学目标外，更关注他们的情感、态度和价值观，让他们不仅要学到知识，而且在学习过程中获得成功的体验。此范例体现了数学课程的新理念，表现在以下两个方面：

第一，数学走向生活。

范例中组织视障儿童摆小棒、联系生活事物感悟用一个十表示的简便性、找生活中的数等活动，有效地使书本数学走向生活数学。这些取材于视障儿童生活实际的素材与数学活动，让视障儿童置身于现实的问题情境之中，在解决问题的过程中探究发现数学知识，体验到数学来源于生活，生活中处处有数学，运用数学知识能较好地解决生活实际问题，感受到数学的作用，从而调动学习的积极性。

第二，让视障儿童经历知识的形成过程。

由于数学知识、思想、方法必须由学生在实践活动中理解、感悟、发展，而不是依靠教师的传授获得的，因此，此范例在教学中紧紧围绕视障儿童的心理和实际情况，从视障儿童的认知规律和知识结构出发，让视障儿童通过有目的地操作、观察，使其经历知识的形成过程，主动构建自己的认知结构。

思考题：

1. 简要地说明怎样使视障儿童掌握数的概念和数的读、写法则。
2. 怎样处理好视障儿童笔算、口算、估算和珠算的关系？
3. 你怎样理解"鼓励算法多样化"？试举例说明。
4. 小数的教学是分为两个阶段进行的，你对此有何看法，这样的编排有何意义？
5. 在下面的课题中任选一个，写出授课计划与教学要点。
   （1）20 以内的进位加法；
   （2）6 的乘法口诀；
   （3）异分母分数加减法；
   （4）乘数是一位数的乘法；

（5）除数是整数的小数除法。
6. 设计"克与千克"新授课的教学课时计划。
7. 举例说明怎样教学用字母表示数。
8. 如何引进方程的概念？
9. 怎样帮助视障儿童理解成正比例、反比例的意义？

第十四章 盲校小学空间与图形的教学

《数学课程标准》将以往的"几何初步知识"拓广为"空间与图形",这是数学课程改革的一种国际趋势。"空间与图形"相对于"几何初步知识"来说,增加了图形的变换、位置的确定、视图与投影等内容。空间与图形在盲校有特殊的教育价值和意义。

第一节 图形的认识及图形与变换的教学

一、图形的认识的教学

1. 平面几何基本概念的教学:包括直线、角、垂线、平行线的概念。

（1）直线认识的教学

直线认识的教学主要使学生认识直线、射线和线段,学会画直线与线段。可以组织视障儿童对线段、射线与直线进行比较,让其体会它们之间的区别与联系:直线无限长,没有端点;射线无限长,有一个端点;线段有限长,有两个端点;射线与线段都是直线的一部分。在此基础上,让视障儿童指出周围环境中哪些是线段或射线,以便进一步加深理解。

（2）角的认识的教学

这部分内容包括:认识角的特征、组成和大小,认识直角、锐角、平角和周角等类型,懂得角刻度的含义,不同角的画法等,为学习垂线、平行线以及四边形和三角形做准备。

角是比较抽象的概念,因它在日常生活中不是以独立的形式出现,所以,视障儿童对角的概念比较生疏,甚至比建立直线的概念或多边形的概念都难一些。角的初步认识的教学从视障儿童熟悉的具体实例开始,如课桌的四角、三角板与张开的剪刀等,再引导他们观察角的特点,抽象出角的本质特征,并介绍角的各部分名称,认识角的顶点和边。通过活动的角的教具,初步知道角有大小之分,并且意识到角的大小与开口度有关,而与两边的长短无关。

（3）垂线和平行线的教学

这部分内容的教学要使视障儿童认识垂直和平行,了解垂线和平行线的意义,学会画一条直线的垂线或平行线的方法。平行线是他们较难理解和掌握的几何概念,教学时要从实际例子引入,如课桌的两对对边,盲文字板上的两条长边等。还可以采用移动铅笔的方式,让他们明白平移以后的位置变化,理解平行的含义。

垂直的教学可以借助学生熟悉的"剪刀"和"红十字"引出两条直线相交的两种不同情况。在学习这部分知识时,可以让视障儿童先说说他们所感知的生活中两条直线的相交情况,并让其用小棒或铅笔摆一摆,进而引出相交的概念。接着,可以观察、讨论这些相交的图形线与线之间形成什么角,从而引出其中的一个特殊角——直角,进而引出"垂直"的概念。在此基础上,引出"两条直线互相垂直时,其中一条直线叫做另一条直线的垂线",特别强调不能孤立地称某条线是垂线。当然,视障儿童在确认两条线之间的直角关系时,要让其懂得用三角尺中的直角来验证。

2. 平面几何图形的教学

这部分内容包括认识常见的平面几何图形及其特征,了解它们之间的联系,培养视障儿童的空间观念和逻辑思维能力。

(1)长方形和正方形的教学

长方形和正方形是最基本的平面几何图形,它们是日常生活中应用最广泛、接触最多的平面几何图形,也是学习其他图形的基础和切入点,是十分重要的教学内容。

对这两种图形的认识可以分成两个阶段:低年级主要任务是通过实例让视障儿童能够识别这两种图形,初步知道长方形有两条长边,两条短边,正方形的四条边都相等,形成对图形的初步认识;到了较高年级学习图形概念时,要从周围实物(如课本面、黑板面)出发,引导他们弄清什么是长方形的边和角,边和角有什么特点,有几组对边,每组对边有什么特点。通过视障儿童亲自动手操作,量一量、比一比,认识长方形的各种特征,最后概括出长方形的特征。正方形的认识也可以采用同样的方法教学,但要注意进一步比较和认识长方形和正方形特征的异同点,掌握它们之间的联系和区别,懂得正方形是长方形的特例。

(2)平行四边形的教学

由于在实际生活中,视障儿童对平行四边形接触比较少,这就使教学成为难点。要使他们认识平行四边形的特征,了解平行四边形同长方形、正方形之间的联系和区别,要从生活中寻找适当的实例,让他们有感性认识,主要可用活动教具,让他们感觉到平行四边形与长方形是可以互换的,另外有一些特征也是相同的。继而找出两组对边分别平行的关系,再概括出平行四边形的定义。平行四边形的另一个特征是不稳定性,这也可以通过用木条或硬纸条制作的活动的长方形,并拉成不同的平行四边形得出。

（3）三角形的教学

三角形是日常生活中比较常见的图形，只是在视障儿童的活动空间里，它不作为主要图形出现。教学时要以三角形的结构及其分类，三角形的内角和等知识点作为重点，从视障儿童熟悉的实例（红领巾、小三角旗等）出发，抽象出图形特征。通过数三角形边、内角和顶点的个数，使他们知道三角形有三条边、三个内角和三个顶点。三角形的内角和，可以用测量后三角相加的方法和将三个角拼在一起两种方法获得，让他们动手试一试，加深对三角形内角和的认识，体验三角形内角和性质的探索过程。

三角形分类的教学可以从角的不同开始，通过让视障儿童发现每个三角形中至少有两个锐角，还有一个角分别是锐角、直角或钝角，而归纳出按照这个角的大小把三角形分成三类，并概括它们的定义。再按边的特点进行分类得出等腰三角形和等边三角形的概念，了解等边三角形是特殊的等腰三角形。

（4）梯形的教学

梯形的概念应从日常用的梯子或梯形玩具引入，也可以用梯形的教具或图片来开始教学，抽象出图形。通过引导视障儿童观察、操作，认识梯形的特点是只有一组对边平行，再概括出梯形的定义，进一步认识等腰梯形及其对称性。

梯形是小学中最后学习的平面折线图形，这时要及时复习联系前面学过的四边形，并分析它们之间的关系。

（5）圆的教学

圆是最简单的曲线图形，也是日常生活中最常见的，应用较广泛的几何图形。限于视障儿童的知识水平和认识能力，它的一些概念只能通过描述、实验使其去体会、理解，并不直接给出严格的定义。

圆的形状认识可以从视障儿童熟悉的圆形物体引入，如硬币、口杯等，了解圆的大概特征，通过测量了解圆心、半径和直径的概念，形成一个圆的半径都相等，直径都相等，直径的长度是半径的2倍等相关概念。最后，用折叠的方法来认识圆是轴对称图形，并使他们明确圆的直径都是它的对称轴。

3. 立体图形知识的教学

我们常见的物体大多为立体图形，认识常见的立体图形并初步掌握其特征，有利于视障儿童空间观念的发展。

（1）长方体和正方体的教学

进行长方体和正方体的教学要借助生活中的场景，如让视障儿童通过摸认装墨水瓶的纸盒等形状，认识长方体和正方体，然后让其说说生活中还见过哪些长方体或正方体物体。接着呈现一些长方体、正方体的几何形体，从而认识顶点、面、棱。教师要设计一些探索活动,引导他们通过动手操作及小组合作,在自主探索的基础上进行交流,总结长方体和正方体的特点。为了使视障儿童对长方体、正方体的特点有更清晰的了解,教师可以提供一个表格,以面、棱、顶点的概念入手明确其产生的过程,再探索和揭示其特征,引导他们对发现的特点进行整理,在整理和比较中加深对长方体、正方体特点的认识,并指出"正方体是特殊的长方体"。此外,课后让他们制作长方体和正方体的模型,可以加深他们的认识。

(2)圆柱概念的教学

在第一学段时视障儿童通过"认识物体"的活动对圆柱的形状有了初步的认识,在此基础上,到第二学段时才深入学习圆柱的特征,主要是通过直接观察和实际操作,让他们了解圆柱的两个底面是圆,并探索发现两个底面的距离是处处相等的,这个距离就是圆柱的高。

4. 不同位置观察物体的教学

这部分有三个主要内容,一是通过观察实物,体会到从不同方向观察物体所看到的形状可能是不同的;二是会辨认从不同方向观察到的单一物体的形状,发展空间观念;三是根据观察位置的高低与远近变化,让视障儿童想象、判断观察对象画面所发生的相应变化,发展他们的空间观念。教材中以视障儿童实际观察自己熟悉的物体为线索,从简单双向观察到多方位观察逐渐加深其空间意识和感受图形的能力。教学时,教师可以充分利用教室里已有的物品,如观察教室的讲台,使他们体验从不同的位置观察物体看到的形状是不一样的,教师可以引导他们体会到仅仅从一个面或两个面是无法确定一个物体形状的,引导他们学会从物体的不同方向观察物体,并初步感受只有从不同方向全面观察物体才能准确把握物体形状。

二、图形与变换的教学

1. 轴对称图形的教学

轴对称图形是日常生活中常见图形,人们装饰、布置生活环境时也经常利用这些图形。通过轴对称图形的学习,视障儿童既可以了解轴对称现象在生活中的普遍性,又能提高数学欣赏能力与空间想象能力。教材最初出现轴对称是在长方形、正方形的学习过程中,但真正出现概念化的内容是在学习"圆"之后。所以,作为重要的图形的变换内容,轴对称图形的学习也经历了先渗透、后明确概念的学习过程。所以,教师在教学过程中应前后联系,纵向分析综合:一是让视障儿童能够感受到现实生活中普遍存在的轴对称现象;二是让他们在"折一折、比一比、画一画"等活动中,认识轴对称图形的基本特点,即对折后两边能完全重合,并知道这一条折线就是对称轴;再有是在参与活动中,通过提供轴对称图形的一部分,让他们充分地发挥自己的想象力,进一步巩固对轴对称图形的认识。教学时,教师要注意以下两点:一是多给视障儿童展示有轴对称现象的图片和物体,使其从中充分感受对称的意义和图形中的美。二是多组织"折一折"、"猜一猜"等活动,以增强他们对轴对称图形特点的体验。对于低视力儿童可以在高年级进行"镜面对称"的教学活动。

2. 平移与旋转

图形平移与旋转的内容,目的是让视障儿童认识现实生活中图形运动变化的规律,从而发展其空间观念。这一部分对低视力儿童问题不大,对盲童来说操作比较困难,从而会直接影响他们对知识的理解。因此,教学时,为了弥补视障儿童做不了图的缺陷,建议教师制作教具来帮助演示平移现象。

教学时,可以借助日常生活中物体的平移与旋转现象,如升降电梯、小风车等,让视障儿童初步理解平移与旋转的特点。在此基础上,判断日常生活中物体运动的平移与旋转现象,根据生活中平移与旋转的具体实例,体会平移与旋转的本质特征,感受其普遍性。另外,用形象的手势表示平移与旋转的动作,指导他们通过形体语言来加深对平移与旋转运动特征的理解。在学习旋转时要注意提醒视障儿童:图案发生了哪些变化,是绕着哪一点旋转的。

第二节 测量及图形与位置的教学

一、测量的教学

测量的教学任务主要包括:使视障儿童建立计量单位的概念;初步学会用合适的单位进行计量;掌握有关单位间的进率,学会利用合适的测量工具。其中最重要的就是对测量单位的"大小"有比较明确的鉴别。

1. 长度测量的教学

主要学习"米、分米、厘米、毫米和千米"等几个常用的长度单位。

利用视障儿童能够直接比较物体长短的生活经验,引导其明白有的时候两个物体不可能放在一起直接比较,如比较前后两块黑板的长短,门窗的宽窄等,这时必须用同一件物品作为标准去量,再判断它们的长短,由此引出量物体的长短需要选用一定长度做单位。教学时,必须准备好盲用的测量工具,在具体的活动中,体会建立统一度量单位的重要性,体会长度单位:米、分米、厘米、毫米和千米的含义,让他们进行长度单位的转换,使视障儿童明确长度单位观念,熟悉长度单位间的进率。

如对"千米"的认识,教师可以通过下面三个步骤帮助视障儿童体会。第一步:通过同学们手拉手站成一排,体会10米大约有多长;第二步:通过全班同学手拉手站成一排和100米大约要走多少步,体会100米有多长;第三步:通过10个100米跑道的长是1千米或标准跑道两圈半的长度等场景,体会1千米有多长,使视障儿童亲身感受到千米有多长。同时要让他们明白的是:"表示较远的距离时,要用'千米'作单位",如表示汽车、火车每小时所走的距离时,就要以"千米"为单位来表示。

教学时,教师可引导学生先估计所测量物体的长度,然后再仔细地测量,得出具体的数值,与自己估算的数值相比较,做出总结判断,培养视障儿童的估测能力。

生活中要培养视障儿童估算行程速度和距离的习惯,如教师可以在教室测量出5米长的一段距离,请他们走一走,5米长的距离大约要走多少步,正常速度用多长时间走完;再让他们想一想,10米长的距离大约要走多少步?大约用多长时间?100米呢?再通过长度的学习,来估计从宿舍到餐厅、教室的距离长度,计算所用的时间,或反过来计算单位时间里走完的路程。这些练习对于视障儿童熟悉环境、进行有效地定向与行走是非常重要的。

2. 角度测量的教学

首先学会区分直角和非直角,然后学会比较两个角的大小。对于角度的测量,普通小学往往从量角器的认识开始,而在盲校学习角度测量时,教师需要帮助视障儿童改造普通学校学生使用的量角器,让他们摸识;另外,视障儿童还可以借助常用三角板的几个特殊角来度量、估计一个角的度数,这需要在掌握平角、直角、钝角和锐角等概念的基础上进行。如直角的一半是45°,比直角大的肯定超过90°,等边三角形各角度数都是60°等,这些特殊角的加减拼叠也可以帮助视障儿童认识、度量一些角。低视生也可通过普通学生量角器的学习,学会角度的测量。

3. 周长的教学

周长是指围成一个图形的所有边长的总和。周长教学时需要用演示的方法,要视障儿童亲自参与到实际的操作当中,在探索中发现周长的计算公式,真正理解掌握周长的计算原理。

(1)长方形和正方形周长的教学

长方形是视障儿童日常生活中比较常见的图形,在计算其周长时首先通过操作测量出长方形四边的长度分别是多少,然后再计算其四条边长度的和,这个和就是周长。在计算时,教师不要限定必须用某一种方法,最后让视障儿童自己概括出计算周长的方法。启发他们得出求正方形周长的方法。

(2) 圆周长的认识和计算的教学

在教学圆的周长时，教材给出了比较常用的两种方法：一种是把圆在直尺上滚动测量；一种是用线绳绕圆一圈，再量出线绳的长度。教学时用圆形的纸让视障儿童摸一摸圆周，再在米尺上滚动，得出具体的圆周长度，理解周长的概念。课前准备两个不同大小的圆，在得出两个圆的周长后，可以让他们比较一下，直径大的圆的周长要大一些，为下面对圆的周长的进一步研究提供感性认识，也为圆周率的概念的学习提供基础。通过实验，用大小不同的圆在米尺上滚动一圈，找出圆的周长与直径的倍比关系是3.14……，这是一个无限不循环小数，通常用π来表示。这里还可以介绍我国古代数学家祖冲之在计算圆周率上的成就。

4. 面积的教学

这部分内容包括面积概念和面积单位，它们是学习面积计算的前提和基础。视障儿童理解了面积的概念和单位，才有可能正确理解和掌握面积的计算方法。物体的表面或围成的平面图形的大小，叫做它们的面积。测量或计算时要用面积单位，常用的面积单位有平方厘米、平方分米和平方米。这部分的主要内容有：

(1) 面积和长度单位区别的教学

为了防止视障儿童将面积和长度、面积单位和长度单位相互混淆，可以通过比较使他们知道，长度单位是线段，相应的面积单位是一个正方形的面，如图14-1所示。先用面积单位度量一个长方形的面积，再用相应的长度单位量长方形的周长，并比较量得的结果。通过比较帮助视障儿童建立清晰、正确的观念。

1厘米　　　　1平方厘米

图14-1

(2) 面积单位换算的教学

教学时把单位换算的内容安排在解决实际问题的背景下，其目的是让视障儿童体会统一单位的必要性以及渗透问题解决的策略。教材呈现的方式是先提出问题："这个大正方形的面积是多少？"出示两个视障儿童不同结论的思考过程，展示在解决问题时遇到的新困难，同时把面积单位换算的方法渗透在其中。教学时，教师可以根据教材呈现的内容，提出需要解决的问题："1平方米等于多少平方分米？"这时，可以利用直观图形帮助他们解决这一问题，并得出"1平方米=100平方分米"的结论。面积单位的简单换算,要借助直观操作,教学时,结合具体情境让他们重点理解面积单位的换算关系与长度单位的换算关系之间的区别。

(3)长方形和正方形面积的教学

长方形与正方形的面积计算公式是重要知识,是后续学习平行四边形、三角形以及梯形面积计算的基础。为了让视障儿童充分地体验长方形面积公式的发现过程,教材分三个部分呈现。一是让他们思考:如何得到一个长5厘米、宽3厘米的长方形的面积(如图14-2所示)?二是让他们通过"摆一摆"、"填一填"的活动,通过标准的1平方厘米的小方格测量,得到长方形面积。三是在尝试过程中总结出长方形的面积公式。课前教师可以准备一些长方形以及1平方厘米的小正方形,以供操作。导入阶段,可以直接请视障儿童估一估所准备的那些长方形的面积,在交流估计的面积时,教师应引导他们说说自己估计的依据,以帮助其形成良好的估计方法。接着,教师可以启发他们用标准的1平方厘米的小方格进行测量,来检验估计结果是否准确。测量时,应要求他们把每一次测量的数据都记录下来。然后观察、比较所得的数据,让他们从中发现长方形面积的计算公式。最后,要再一次组织他们检验公式的适用性,即用尺子测量图14-2中长方形的长和宽,并用公式计算其面积,检验结果是否与用小正方形摆出的结果一致。这是让视障儿童经历实验操作、建立数学模型的过程,这一过程对他们理解数学会有很大的帮助。

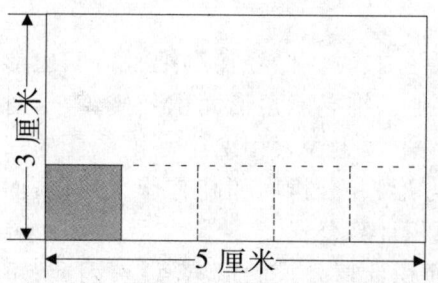 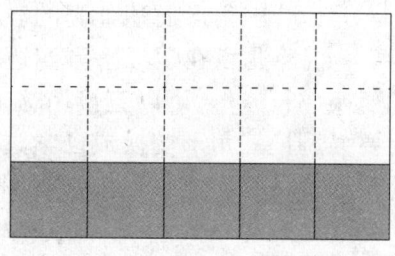

图 14-2

在理解长方形的面积计算公式后,可以让视障儿童计算一些直观的长方形图形的面积,然后引导其算一算身边常见物体表面的面积。如桌面、书面、铅笔盒表面等的面积,这样,可以为其今后解决实际问题打下基础。正方形面积计算公式可以让视障儿童自己得出。

(4)平行四边形面积的教学

在已经学习了长方形、正方形面积的计算方法之后,平行四边形的面积计算就可以借用这些知识了。教师可以从具体的情境入手,提出计算实际生活中某一个平行四边形(如一块空地)面积的问题,提出新的课程内容。

教材中设计的是数格子和拼接两种方法,教师可以在此基础上,组织引导视障儿童进行独立或合作的探索。至于用什么方法探索,教师不要过早地介入暗示,要在他们自主动手并思考的基础上给予必要的指导。对于探索后的交流与指导,教师可以先安排数格子的方法,再说明数格子的基本要求,以便让学生知道当出现不满1格时,要当作半格数。在介绍剪拼的方法时,教师要把割补教具发给学生(参见图14-3①),接着要追问视障儿童,是沿着哪一条线剪的?因为他们在剪拼的过程中可能会出现各种各样的剪法,但无论怎样剪,如果要拼成长方形,那么需要沿着高剪,这是视障儿童必须理解的。同时,也应追问他们,为什么要把平行四边形转化成长方形?让他们明白转化的目的。最后学生通过操作搞清楚剪拼后的长方形的长就是原平行四边形的底,宽就是原平行四边形的高,剪拼后的长方形的面积就等于原平行四边形的面积,从而推导出计算平行四边形面积的公式。

图 14-3

(5)三角形面积计算的教学

视障儿童在学习平行四边形面积计算公式时,已经接触把平行四边形变换成长方形,可以直接用这个思路引导他们推导三角形面积公式。教学时要强调把三角形变换成已学过的图形,经过学生探索用两个一模一样的三角形拼接就形成了一个平行四边形或长方形,并分析底和高有什么变化,面积大小有什么变化,然后概括出三角形面积计算公式。

由于视障儿童已经有了平行四边形面积计算公式的探索经验,因此,可以把探索解决问题的方法作为独立思考的活动。对于解决问题的方法,除了数格子的方法外,就是将三角形转化为平行四边形或者长方形。对此,应充分发挥他们的积极性,尊重他们的选择,不必强求统一。

(6)梯形面积计算的教学

教学梯形时,宗旨仍然是利用已经学过的平行四边形和长方形的面积计算原理,让他们在原有知识的基础上,理解和接受新的知识。剪切各种梯形如下几种情况(参见图14-4)。要分析底和高有什么变化?面积有什么变化?找出比较简便的变换方法,即图14-4中的①,再概括出面积计算公式。

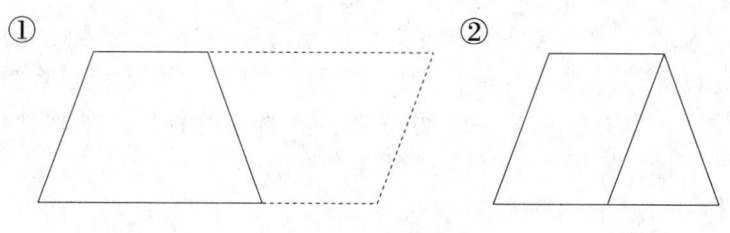

图 14-4

（7）圆的面积计算的教学

把未知的问题转化为已知的问题是常用的思想方法，而"化曲为直"是推导圆面积公式的基本思想，教材注重这些思想方法的渗透。教学时，启发学生思考求圆的面积能不能设法把圆变成已学过的长方形，然后通过教具使视障儿童触摸到把圆等分的份数越多，拼成的图形越接近长方形，再引导他们分析长方形的长与宽同圆的哪个部位有关系，有什么关系，在此基础上，得到圆面积公式。

5. 体积概念和测量的教学

体积的计算是在一定的空间思维能力的基础上形成的。这部分内容的学习对于视障儿童而言，有一定的难度，需要采用大量的事实为教学参考。

（1）体积概念的教学

体积的概念要通过实验和生活中的实例来说明问题。如首先要证明物体都占有一定的空间，如把两个苹果分别放进两个水面相同的杯子里，杯子里的水面会因苹果的大小而有不同的升起，这表明苹果大小的不同，所占有的空间就有所不同。如果视障儿童感受不到水面的抬升，可以用盛满水的杯子来做实验，水因苹果的加入而外溢，就表明苹果占有了水的位置，苹果的大小不同，就决定了它所占有的空间的大小有所不同。然后说明，物体占空间的大小，叫做物体的体积。注意要防止和面积概念的混淆。

（2）体积单位的教学

在进行体积单位的教学时，从长度单位和面积单位引出，说明不同的测量，要有不同的单位与之相对应，如厘米是长度单位、平方厘米是面积单位，而体积单位就是立方厘米。引导视障儿童用橡皮泥或其他物品制作出1立方厘米和1立方分米的教具，让视障儿童感受它们的实际大小和实际含义，同时拿出1平方厘米和1平方分米的薄纸，让视障儿童区别面积和体积的不同。

在能够区分面积和体积的基础上，组织视障儿童开展操作活动，组织他们用1立方厘米的橡皮泥或学具拼一拼，感受2立方厘米、5立方厘米、10立方厘米的大小，然后让他们制作一个体积是1立方分米的正方体。这个可以引导视障儿童通过小组分工合作完成，或在课外制作一个体积是1立方分米的正方体。1立方米的直观感受主要来自于用几根1米长的木棒在墙角处搭出一个正方体，教师要注意引导他们观察、比较。与现实生活相联系，让学生说说生活中体积为1立方厘米、1立方分米、1立方米的物体，加深他们对体积单位的实际感受，发展他们的空间观念。

（3）长方体和正方体体积的教学

进行长方体和正方体的教学时，要注意加强实物或教具的演示和视障儿童的动手操作，以发展他们的空间观念，加深对长方体体积计算公式的理解。教学时，可首先让他们猜测："长方体的面积与长和宽有关，长方体的体积可能与什么有关？"然后，教师准备几个不同形状的盒子或模型，引导他们观察两个盒子之间的联系与区别，使其感受到长方体的体积与长、宽、高都有关系。然后在里面摆放一个体积单位的小立方体，在摆放的过程中，老师要启发他们根据所给的长、宽、高等长度，摆一排这样的小立方体需要多少个，要摆几排，摆几层，一共是多少个小立方体？从而引导出物体的体积和小立方体个数的关系，最后，总结出长方体的体积计算公式。正方体的体积计算公式可以从长方体的体积计算公式中直接导出。

二、图形与位置的教学

1. 位置与方向的教学

这部分内容主要包括在熟悉的生活环境中辨认方向，体验东、南、西、北四个方向，培养方向感，发展空间观念；在指出一个方向的条件下，会辨认其余的三个方向；知道地图上东、南、西、北的方向；通过具体的情境，理解方向、距离两个条件对确定位置的作用，并能根据方向和距离确定物体的位置；能描述简单的路线图。

位置与方向的教学，对视障儿童来说有一定的困难。教学时，可从已有的生活经验出发，引导视障儿童说一说太阳升起的方向，认清操场的东、南、西、北四个方向；在操场的四个方向上分别找一个象征性的景物；分组探索，小组汇报、交流，进一步体会方位感，引导视障儿童体会绘制地图时要规定方向的必要性。

2. 方向与路线的教学

教学时，可以设计一条简单路线图，让视障儿童了解路线图的基本结构——由方向与距离确定两地的相对位置。让他们看懂这幅简单的路线图，能巩固辨认方向的知识，然后在小组内互相说一说，进行交流。让视障儿童明白：只知道方向还不能确定物体的位置，还要知道距离才能确定位置。教师可以充分运用创设的情境，让他们说一说如商场、医院等公共场所分别位于学校的什么方向，复习已学过的东、南、西、北四个方向。然后组织他们制作方向板,在制作方向板时教师要给出一个方向,由视障儿童讨论后自己制作。最后,让他们运用方向板,辨认教室中的八个方向,并能实际进行实践。

图形与位置的教学对视障儿童有特殊的意义,是非常必要的学习内容。

附:范例分析

长方形的周长

教学目的:使视障儿童初步建立长方形周长的概念,理解长方形周长计算的方法,并能正确地进行计算。

教具准备:三角形、梯形、圆、平行四边形、长方形各一;一根70厘米长的细绳;厘米尺;长30厘米、宽18厘米的长方形吹塑纸一张;用两根96厘米的铁丝,分别围成长30厘米、宽18厘米的长方形框架;剪刀一把;长15厘米,宽10厘米的长方形。

教学过程:

师:出示三角形、梯形、平行四边形、圆形和长方形教具,请学生摸一下这几个图形,并说出:哪个是长方形? 在此基础上引导学生说出长方形有两个长、两个宽。

师:大家是否知道,这个长方形的长有多少厘米?

评析:巩固复习,导入新课。

生:不知道。

师:怎样才能知道呢?

生:用尺子量。

评析:启发学生思考。

师:现在老师量好了,是18厘米,那另一条长边是多少厘米?

生:也是18厘米。

师:为什么?

评析:培养学生的探究意识。

师:宽是多少呢? 老师也来量一下,哦,宽比长短7厘米,宽多少?

生:是11厘米。

师:对。今天我们就在这个基础上来学习长方形周长的计算。通过这节课的学习,要知道什么叫做长方形的周长,还要知道长方形的周长是怎样计算的。现在先来了解什么是长方形的周长。拿出你们各自准备的长方形卡片,跟着老师的话开始做动作。

师:现在,用左手的拇指和食指拿起长方形的左上角,右手的食指从长方形的左上角开始,沿着长方形的边向右边移动,然后到右上角,再向下滑行至右下角,沿着底边向左边移动,至左下角后,向上移至开始处。好,我们刚才右手食指所走过的途径,就是一个长方形的一周,这一周的长度,就是长方形周长。(通过手的位置移动,体会周长的含义)

生:长方形的周长就是绕这个长方形一周的长。

评析:培养学生的参与意识,学生在主动参与的过程中,对教学内容的理解会更透彻。

师:那么,这一周的长是多少呢?老师用一根细绳量一下这一圈的长度。为什么用细绳而不直接用尺子量呢?

生:因为绳子能拐弯,尺子不能拐弯。

评析:启发学生理解周长的意义。

师:对。好了,我现在量好了。现在用尺子量一下细绳的长度是58厘米。现在请同学们也用细绳量一下手里的长方形或量一下自己的课本,看看它们的周长是多长。

师:请同学们想一想,刚才在量周长的时候,都经过了长方形的哪个边?(引导学生回忆刚才所做的动作,为进一步提出周长的计算提供实践基础)

生:长、宽、长、宽。(边摸边说)

师:这一周有几个长?几个宽?

生:两个长,两个宽。

师:这长方形的四边一共有多长,这个长度是这个长方形的什么?

生:是这个长方形的周长。

师:我们不能一直用细绳来量长方形的周长,我们还可以用尺子量,可是用尺子不能直接量出长方形的周长,只能量出它的长和宽。那么,现在我们就要考虑利用长方形的长和宽跟周长的关系,来计算出周长来。(引导学生探索周长的公式)

师:(出示吹塑纸教具)老师这有一个长是30厘米,宽是18厘米的长方形,(出示铁丝框架)老师又用铁丝围成了这个长方形的周长。(将铁丝围成的长方形和吹塑纸做的长方形比量在一起)大家摸一下,看它们是否一样大小。

生:一样长短。

师:现在我把这根铁丝展开。(教师一边拉直铁丝,一边说出被拉直的部分)长、宽、长、宽。大家看,这个长方形的周长就是这个长方形的——(展开看一个长方形周长的含义)

生:长加上宽,再加上长,再加上宽。

师:想一想,这个长方形的周长应该怎样列式计算呢?

生:30加18加30加18,等于96厘米。

师：（又出示一个用铁丝围成的长方形框架）老师又用铁丝围了这个长方形的周长。（让学生再次摸一下）现在，我把它从对角剪开（用剪刀把长方形框架剪成两段，出示其中一段），看看这一部分铁丝是长方形的几个长和宽？（为公式的推导提供条件）

生：一个长和宽。

师：这一段铁丝也就是这个长方形的长加宽的和。那么，这个长方形里有几个这样的长加宽的和？

生：有两个。

师：长方形的周长等于长加宽的和的2倍。用这种方法计算这个长方形的周长又该怎样列式呢？注意，要把长加宽的和先求出来，要先加。（为公式的推导提供条件）

生：(30+18)×2。

师：等于多少？

生：等于96厘米。

师：和我们前面计算的结果一样。由此看来，计算长方形周长有两种方法：一是"长+宽+长+宽"，另一种是（长+宽）×2。这两种方法都计算了长方形几条边的和？

生：四条边的和。

师：哪四条边的和？

生：两条长，两条宽。

师：计算结果呢？

生：都相同。

师：有什么不同？

评析：进一步整理思路，为公式的推导进行铺垫。

生：第一种方法是把每条边都加起来，第二种方法是把长和宽加起来后乘以2。

师：现在，老师还有一个长方形，同学们来量一量长和宽是多少？（把图形发下去让学生动手测量）

生：长15厘米，宽10厘米。

师：现在分别用两种方法计算一下这个长方形的周长。

生：周长是50厘米。

师：那么，我们来看一看这两种方法有什么特点。第一种方法是根据周长的定义来列式计算的，比较容易理解，但计算起来比较麻烦。而第二种方法，先要计算出长加宽的和，再乘以2，列式要用到小括号，但计算比较简便，你们可以根据自己的情况来决定用哪一种方法。下课以后大家再仔细想

一想，认真理解这两种方法。（促进视障儿童自主学习）

师：小结并布置作业。

总评：

本节课教学过程合理，主要运用理论联系实际的方法进行教学，使学生能更深刻地理解教学内容。整个教学过程渗透着新的教学理念：即注重让学生参与、体验教学过程，培养学生自主学习的能力。主要分了三个步骤来进行教学。

思考题：

1. 怎样帮助视障儿童建立面积单位的大小观念？
2. 视障儿童学习图形与位置的意义是什么？

第十五章 盲校小学统计与概率的教学

数学是人们生活、生产和劳动过程中必不可少的工具,数学的知识和理念就在人们的身边,统计与概率知识是帮助人们处理数据、进行计算、推理等思维能力训练的过程。

第一节 盲校统计的教学

统计的内容已成为现代小学数学中的一个重要部分,也是日常应用中的重要领域。人们为了有目的地调查和研究某些问题,就要搜集、整理数据,经过统计分析从中找出规律,从局部推知整体,或用统计材料来反映生活中的实际情况,掌握社会的发展变化。因此,结合生活情境培养视障儿童初步的统计意识,锻炼他们解决简单问题的能力,显得十分重要。

结合上述的社会需要和视障儿童的接受能力,在盲校让视障儿童接触必要的统计知识,能够培养一些利用统计知识解决问题的能力,更好地参与社会和生活。

1. 平均数的教学

平均数是一种最常用的特征数,它表示某类事物(或现象)中一组数据的集中程度,来刻画这类事物(或现象)的一般水平。它的作用是:(1)可以比较同一时期同类事物(或现象)在不同单位、不同地区上的差别。(2)可以反映同类事物(或现象)在不同时期的变化情况和发展趋势。(3)可以估计、推算其他有关指标,如事物总体的总量等。

怎么计算平均数,也要让视障儿童自己去思考、去发现。进行教学时,首先要讲清平均数的含义,使视障儿童理解平均数的概念,可以通过实例来说明。如一罐糖果平均分成四份,就是要求每一份的个数或重量都一样,从而帮助视障儿童理解平均的含义。其次,要讲清平均数的用途,它主要是表示一组数据比较集中的一个数值,它最具有代表性。视障儿童有丰富的"平均分"的体验,他们推理、计算出平均数(总数÷人数)并不太难。

在讲完求平均数以后,要介绍其他一些数可以代表一组数据,它们就是中位数和众数。解释中位数和众数的概念,并通过练习区分中位数、众数和平均数的不同。

2. 统计图表的教学

不论是进行描述统计还是推断统计，都必须根据一定的目的，采用一定的手段，搜集、积累数据。这些数据能为我们提供许多有价值的信息，但需要对数据加以科学的整理、分析并制成图表，以便对数据的状况和隐含的规律有一个初步的直观了解。在此基础上，再做进一步的统计分析，而统计分析的最后结果，也常常需要采用图表的形式加以表达，以便显示得更加清楚。统计图和统计表是统计当中常见的表达方式，它们因直观形象而在数据统计中占有非常重要的地位。

在盲校，为了提高视障儿童对统计图表的认识并加深了解，教师可先做好教具和学具，指导他们摸懂统计图和统计表，尤其是复式统计图。对于低视力儿童可以把统计图表标以鲜艳的颜色，合理利用残余视力去看。也可以介绍视障儿童认识一些简单的统计图表，这些表和图的模型，在一定程度上弥补了他们的视觉缺陷，让他们有更为直观的感受。通过触觉图表的认识和教学，让他们把数字和图表结合起来，理解数字所表达的含义。

教学表的标目时，要强调每一个数据都要找到适当的位置，不能填错表格。图的认识主要讲解图例和图的类型，如折线图、条形图和扇形图，并讲解不同类型的图各有其独到的特点，可以表达不同的含义，要教视障儿童学会选择适当的统计图来表示不同类别的统计资料。

第二节 盲校概率的教学

概率问题在小学阶段，主要预计某件事发生的可能性、对简单问题的预测等内容为主。教学中要结合实际情况，积累对某一感兴趣内容的具体数据，然后对这些数据进行分析、比较和综合，从中找出规律性的变化，用以证明某一推断的准确性，或某件事可能出现的概率。如，可以给视障儿童留作业，让他们在广播或电视上收集某篮球队的历史及近况，总结这些信息，推测在近期这支篮球队的竞技状况，从而判定其比赛的输赢，同时这也需要了解其对手的发展状况。

1. 可能性的教学

教学时，主要从经历事件发生可能性大小来进行探索，如放在盒子里7个白球、2个黄球，几个视障儿童在做摸球游戏。从中初步感受某些事件发生的可能性是不确定的，体会事件发生的可能性是有大有小的。

活动之前先"想一想"，摸到的球有几种可能，摸到什么颜色球的可能性更大；然后再去"摸一摸"，在小组（全盲儿童和低视力儿童结对）内摸球，把每次的结果记录在表内，第三步"填一填"，根据记录表，统计摸到什么颜色球的次数多,摸到什么颜色球的次数少。做完实验后,小组内进行交流,验证一开始的猜测是否正确。这一实验的意图是让视障儿童进一步体会到有些事件发生的可能性是不确定的,事件发生的可能性有大有小。视障儿童可能会对概率的某些结论产生疑问,一些视障儿童可能会通过做实验的方法去寻找答案,对于他们这样的做法我们应当鼓励。同时,也需要注意,实验次数很多时,只能说明某一个事件的发生有一定的规律性,如当实验次数很多时,硬币正面朝上的次数接近二分之一,但不一定正好等于二分之一。除此之外,还可以安排转转盘、抛掷骰子等试验活动,目的是让视障儿童通过试验的方法,进一步体验可能性的大小,同时,培养视障儿童科学试验的意识。

2. 必然性事件的分析

在进行可能性教学的同时,要具体分析一定出现某事的必然状况。一是自然现象,如太阳东升西落,春、夏、秋、冬的交替等,这些都是自然规律的力量,不是人为可以改变的,这种事情的出现有其必然性。二是有些事情则是人为的原因,如某些节日的规定,一些纪律的形成等。尽管这两种必然有不同的方面,但是,我们在理解和讲解这些时要注意应用逻辑思维的原理,客观而严密地形成缜密的思维模式。

附:范例分析

小小统计员

教学目的:

使视障儿童初步了解统计概念,建立统计意识,掌握简单的统计方法。

教具准备:

多媒体设备、声音资料(收录机、录音带也可以)、每个视障儿童一张小纸片、积木的木块、记录用纸、奖励用的小奖品如小红花、小红旗等。

教学过程:

师:同学们,今天课上老师请来一位大家既熟悉又喜欢的客人,我们来看看他是谁?(播放视障儿童熟悉而喜爱的播音员的声音资料)

评析:利用声响资料比较直观,符合视障儿童的学习特点。

师:大家听出来了吗?他是谁呀?

生:××叔叔。

师:对,××叔叔是电台的播音员,是大家的好朋友。我们都很爱听他的广播节目,那他今天到我们的课堂上有什么事吗?让我们来听一听。(播放事先录制好的声频资料　略)

评析:利用实例引出问题,激发学生的学习兴趣。

师:原来是这样啊,××叔叔想知道咱班同学最喜爱哪个栏目,大家听明白了吗?

评析:突出并强调问题的提出。

生:听明白了。

师:那咱们就帮助××叔叔一起完成这项任务吧。

生:好!

师:首先,我们应该知道××叔叔让我们评比的是电台的哪几个栏目,如果你听出来了,就大声说出它们的名称。(播放四个栏目的开始曲)

评析:明确被评价对象。

师:大家说的都很对,看来同学们对这些节目都很熟悉。现在,我代表××叔叔采访一下同学们:请问,这位同学,你最喜爱这四个栏目中的哪一个?

评析:体现学生的主体地位。

师:刚才同学们都发表了自己的意见,那么怎么才能知道同学们喜欢哪个节目的人最多呀?想个什么办法呀?

生:数一数喜欢每个节目的人数,比较一下就可以了。

师:对,在数学里,就把这个计数和比较的过程称为统计,而我们这节课就当一回小小统计员。

师:现在听老师的要求,把你最喜爱的栏目写在所发的纸片上面,你只能做一个选择,不能有多个选择。

评析:让学生充分参与教学活动。

师:做完后,请同学们交给组长,组长收齐交给老师,看哪个组做得又快又好,老师奖励一面小红旗。

师:都收齐了,该干什么了?

生:把喜欢每个节目的人数记录下来。

师:现在我们请两个同学来做整理,一个同学大声读出来,一个同学做记录。同学们也可以在自己的本上做记录,最后验证数据的正确性。

生:(具体操作)

师:好,记完了,把喜欢听每一个节目的人数整理一下,填在统计表中。×××说一下你的统计结果。

师:从这个数据来看,我们班喜欢听××栏目的同学最多,其次是××栏目,最少的是××栏目,看来这种方法还真不错。那除了这种方法,还有没有别的方法可以表示出人数多少呢?大家仔细想一想。(提出新问题,引出新内容)

生：可以用画图的形式来表示。

评析：对学生进行启发、引导。

师：对，我们还可以用统计图的方法来表示这个结果。竖条越高，表明它的人数就越多，这种做法，大家同意吗？

生：同意！

师：现在这里有一个用积木块制作的统计图，大家触摸一下，看一个木块代表几个人？

生：一个人。

师：对。现在老师这里还有一组数据，大家用积木在桌面上自己完成统计图。

师：怎么了，有什么问题？

生：格不够了。（在实际操作中发现问题）

师：想想有什么办法呀？每个小组商量一下。（视障儿童讨论，老师参与）

师：谁来说说你们组的办法？

生1：我们的办法是向上延长几个木块。

生：要是调查的人数有几百人，那该怎么办呢？

评析：激发学生自主探究。

生2：我们组决定在旁边再放几块木块。

生：这样就分不清是谁的数据了。

师：对，这种条形统计图主要就是看条形的高低来判断人数的多少的，这样就看不清实际的高度了。还有什么办法？

评析：扩展学生思维领域。

生3：我们组是用一个木块代表两个人，这样就够用了。

师：你说这种方法用一个木块代表两个人，那两个木块代表几个人？三个呢？更多呢？如果是三个人、五个人呢？也就是遇到了单数的人数该怎么办？

生：用半块木块代表一个人。

师：那么，我们就用这种方法来完成这道题吧。

师：现在看一看，谁的统计图完成的又快又整齐。

师：现在我们思考一下这样的问题，我们用一个木块代表两个人，解决了木块不够的问题，那么如果以后在调查几百人、上千人的时候，这一个木块如果还代表两个人就肯定又不够用了，这时就需要代表5人、10人、100人或1000人等任意数，据说中央电视台在统计春节联欢晚会中最受欢迎的节目时，一个格还代表了1万人呢！

师:现在再来看看我们做的统计图,知道××节目数值最少,这说明了什么?

生:说明××节目的收听率低,需要做进一步调整。

师:对,根据数据表达的现象,我们可以征询对收听率低的节目有什么意见和建议,从而改善和调整节目的内容。

师:现在,我们完成了××叔叔交给我们的任务,看他对我们的工作有什么意见没有。(放录制好的声音资料　略)

师:小结并布置作业。

总评:

本节课结构完善,目的明确,结合视障儿童的学习特点,教学时利用声响资料进行直观,既激发了视障儿童的学习兴趣,又促进了他们对教学内容的理解。整个教学过程恰当处理教师的主导作用与学生的主体性地位,体现了新课程的教学理念。

思考题:

1. 如何进行可能性教学?

2. 设计一个实验,将所有数据统计下来,并进行处理,绘出合适的统计图。

第十六章 盲校小学实践与综合应用的教学

"实践与综合应用"是数学课程中一个全新的内容,《数学课程标准》在"数与代数""空间与图形""统计与概率"这些知识性领域之外,设置了"实践与综合应用"这一领域,反映了数学课程与数学改革的要求。

"实践与综合应用"这一领域沟通了生活中的数学与课堂上数学的联系,使得数与代数、空间与图形和统计与概率的内容可能交织在一起同时出现,加深了视障儿童对"数与代数""空间与图形""统计与概率"内容的理解,体会各部分内容之间的联系,因此,理解和把握这个领域,对于数学课程发展和数学教学改革是非常必要的。

第一节 实践与综合应用的作用

一、加强数学与现实生活的联系

传统的数学课程不太注重数学与现实生活的联系,对数学应用的处理总有人为编造的痕迹,这在一定程度上造成了视障儿童数学应用意识、应用能力比较薄弱。而"实践与综合应用"的素材取之于生活实际,可以使视障儿童体会到数学与现实生活的联系,体会到数学就在我们身边,加强了数学与现实生活的联系。

二、改变视障儿童的数学学习方式

视障儿童由于视力的缺失,教学时极易造成盲生被动、单一的学习方式,改变视障儿童的数学学习方式是数学课程改革的一个重要目标。《数学课程标准》指出:"有效的数学学习活动,不能单纯地依赖模仿与记忆,动手实践、自主探索与合作交流是学生学习数学的重要方式。""学生的数学学习活动应当是一个生动活泼的、主动的和富有个性的过程。"因此,改变视障儿童的数学学习方式,变视障儿童被动接受式学习为主体参与式,成为当前数学课程改革的一大任务。

"实践与综合应用"可以采取自主探索、合作交流、大胆猜测等多种学习方式,使视障儿童能够综合运用数学知识和方法解决实际问题,提高探索数学规律的能力;同时在学习过程中,接触到一些有研究和探索价值的题材和方法，帮助视障儿童全面认识、了解数学，逐步发展对数学的整体认识。

三、促进创新意识和实践能力的培养

江泽民主席在1999年全国教育工作会议上指出："面对世界科技飞速发展的挑战，我们必须把增强民族创新能力提到关系中华民族兴衰存亡的高度来认识，教育在培养民族创新精神和培养创造性人才方面，肩负着特殊的使命。"第三次全教会把培养学生的创新精神和实践能力作为素质教育的重点。由此可见，培养视障儿童的创新意识和实践能力是一项迫切的任务。

在实践与综合应用的活动中，视障儿童往往会从自己的生活经验和思考角度出发，提出自己的问题。即使对于同一个问题，由于个人的生活背景的不同，他们也会从多种角度分析问题、寻求解决问题的策略。教师应当尊重与鼓励视障儿童的独立思考，并引导他们之间互相交流各自解决问题的方法，促进创新意识和实践能力的培养。

由于视障儿童视力的缺失，感性认识的不足，"实践与综合应用"这部分内容对视障儿童显得尤其重要，因此盲校的教师要给予足够的重视，不要因为他们看不见或看不清，就认为这部分内容可有可无。盲校教师找一些适合视障儿童的数学实践活动，并为他们创造条件去开展数学活动，使盲生从中体会到数学与生活的广泛联系，树立运用数学解决问题的自信心。

第二节　实践与综合应用的教学

一、实践活动与综合应用的学习特点

实践与综合应用是视障儿童在教师指导下，在已有知识体验的基础上，从所熟悉的现实生活中发现、选择和确定问题，主动运用知识解决问题的学习活动。"实践与综合应用"与"数与代数"、"空间与图形"、"统计与概率"相比，它没有成熟的确定的知识体系，因此其学习具有一些的特点：

1. 选材的现实性

让视障儿童体会数学与现实世界的联系，树立正确的数学观，是实践与综合应用的一个重要目标。在数学课程中强调数学知识与现实生活之间的联系，让视障儿童体会数学的文化价值和应用价值，拉近了数学和人的距离。以第一学段"认识钟表"为例，让视障儿童到生活中调查了解"1分钟"的实际意义。视障儿童通过实践活动知道了1分钟"我"能做五道口算题，1分钟"我"能跳绳80下，1分钟"我"能写12个字等等，从不同角度选取现实素材来理解原本抽象的时间概念，使"1分钟"变成视障儿童看得见、摸得

着的生活现象,增强了视障儿童对"1分钟"的深刻体验,赋予了"1分钟"的实际意义。实践与综合应用活动素材取自于生活,加强了数学与视障儿童生活联系,激发视障儿童的学习兴趣,同时体会到数学与现实生活有着密切联系。

2. 内容的开放性

"实践与综合应用"的学习没有预设的固定的知识点,素材是从其生活世界中选择感兴趣的主题和领域,引导视障儿童获得对生活的真切感受和亲历体验。数学实践活动的开展意味着数学开放的走向社会、走向生活。内容的选择可以是与课业学习有关的,也可以是课业学习之外的。凡是可以引发视障儿童数学思考或能够使视障儿童运用数学知识解决的问题,都可作为实践与综合应用的学习内容。如可以让视障儿童调查"学校各年级人数及男女人数",要求视障儿童对全校的各班的男女人数用表格形式做统计分析。

3. 方法的探索性

"实践与综合应用"本质上是一种解决问题的活动,其活动是充满探索和挑战性的活动,在解决问题的过程中,视障儿童独立思考、自主探索、合作交流,充分体现了他们是数学学习的主人,教师只是组织者、合作者。"实践与综合应用"的过程应当体现活动的自主性、探究性,帮助视障儿童学会发现、学会探究、学会创造,并从中体验到探索、发现、创造的无限乐趣,增强学习数学的自信心。

4. 形式的多样化

"实践与综合应用"的形式是多种多样的,如小调查、小制作、小课题等。对低学段的视障儿童可以开展一些健康的游戏活动、形象有趣的直观制作、联系生活的调查实践等。这些形式的共同特点是让视障儿童成为学习活动的主人,教师成为他们学习的组织者和合作者。视障儿童通过多种形式的活动,不仅增进了对知识的理解,而且学会活动的一些基本方法,如提出问题、构思工作计划、实践体验、汇报自己的成果等。

二、实践与综合应用的教学

实践与综合应用是一种新型的学习活动,也是一种新型的教学活动。怎样在教学中更有效地实施"实践与综合应用",有待于广大一线教师在教学实践中逐步积累和完善。教师在"实践与综合应用"的教学中,教学策略如下:

1. 帮助视障儿童选择活动的问题

在实践与综合应用活动中,关键是问题。对于选择什么样的问题,并没有统一的标准。但应以视障儿童的实际情况为基本出发点,以促进其在数学思考、解决问题、情感态度等方面的全面发展为目标。一个好的问题应该具备以下几点:

(1)问题要贴近视障儿童生活,并且要难易适中

在实践与综合应用的活动中,问题的选择是至关重要的。问题首先要贴近视障儿童生活,切合其实际,即课题应适合视障儿童的年龄心理特征,知识、能力基础等,这样才能调动其解决问题的积极性。其次,问题的难易要适中,问题太难,视障儿童没法入手;问题太容易,视障儿童学不到新东西,没兴趣,问题应设置在学生的最近发展区,所谓最近发展区就是在原有认知结构的基础上最易被同化和顺应的认知结构,也就是俗话所说的"跳一跳,摘果子"。问题应是视障儿童通过努力能够得到解决的,他们要能体验到解决问题后的喜悦,建立运用数学的自信心。

(2)问题的表述尽可能做到真实,并要有利于每个视障儿童都参与

根据视障儿童的特点,他们愿意接受具有实际意义的带有挑战性的任务,因此在实践与综合应用的活动中问题的表述尽可能做到真实。要选择那些来源于自然、社会和实际生活的数学实践问题,如制订旅游计划等。

问题要具有一定的弹性和开放性,以使不同发展水平的视障儿童都能参与进来,都能从中得到提高和发展,并且不同的视障儿童在解决问题的活动中能展示不同的个性和思考能力。

(3)问题要能给视障儿童提供充分的探究空间

所谓能给视障儿童提供充分的探究空间:一是指问题包含的范围广,使解决问题的切入点容易找到;二是指任务目标弹性大,可以使不同水平的视障儿童都有所收获。因此,问题要为不同的视障儿童提供探索和创造的空间,让他们经历独立探索、合作交流的过程,使他们在实践活动中,人人有所收获。

教师应鼓励视障儿童自己发现和提出问题。视障儿童可以从实践与综合应用的过程中发现新的问题,也可以独立地提出问题。

2. 在实践与综合应用的活动中,充分发挥视障儿童的主体性

视障儿童是学习的主体,这一特点在实践与综合应用的活动中更为突出。在实践与综合应用的活动中,要想充分发挥视障儿童的主体性,教师首先要转变观念,认识到教师只是他们的"同事、参谋、建议者、欣赏者",教师应有"充分放手,由视障儿童自己去做"的心态。但这并不等于对教师降低了要求,相反对教师提出了更高要求,教师应在视障儿童需要帮助时,给予帮助,如根据活动中出现的某些情况,提供建议和指导,引导他们大胆阐述并讨论他们的观点。

实践与综合应用是以视障儿童为主体的解决问题活动,实践活动时,教师可以向视障儿童推荐活动,视障儿童可从中做出选择并实施这些活动;在活动过程中,视障儿童往往会从自己的生活经验和角度出发,产生不同的思考方法,教师要鼓励和尊重视障儿童的独立思考,培养他们的创新意识和实践能力,使他们的主体性得到最大限度的发挥。

3. 科学评价视障儿童在实践活动与综合应用过程中的表现

《数学课程标准》指出:学习的评价要关注学生学习的结果,更要关注他们学习的过程;要关注学生数学学习的水平,更要关注他们在数学活动中所表现出来的情感与态度,帮助学生认识自我,建立信心。对视障儿童在"实践与综合应用"方面的评价应全面关注活动过程,而不仅仅是对视障儿童活动结果的评价。

与其他领域相比,实践与综合应用的活动更加注重视障儿童的学习过程,因此,对视障儿童实践与综合应用进行评价时,过程与方法、情感、态度、价值观等方面在评价中应该比知识与技能占有更重要的地位。视障儿童在活动中表现出来的兴趣、投入程度、合作态度、克服困难的毅力和探索精神,运用知识解决实际问题的能力,解决问题的策略,解决问题时表现出来的思维的灵敏性,在活动中表现出来的责任心和种种好的意识、好的品质等,都应该作为评价的内容。评价时,注意以下几点:

(1)评价主体的多元化

在实践与综合应用的活动中,由于活动方式通常是以小组进行的,评价时不应仅仅局限于教师对视障儿童的评价,可以开展学生间的自评和互评,介入视障儿童活动的其他人也要参与对他们活动的评价。

视障儿童间的自评、互评、教师评价更容易让学习者接受,引起其反思,起到促进作用,起到学生能够更公正地看待自己的作用。

(2)评价对象的多元化

实践与综合应用活动的评价既注重学习结果的评价,更重视学习过程的评价;既看重知识的获得,更注重学生的学习态度;既重视学生掌握知识的数量,更关注其知识的应用。

评价时,不要把实践与综合应用的内容作为书面考试的内容,而要更多地关注平时的考察。评价的内容包括:①能否主动运用数学知识描述并解决问题;②是否善于运用多种方法;③能否与他人合作,采纳他人的意见;④是否积极参与讨论与表达;⑤对结果有无反思的习惯。实践与综合应用活动的评价内容丰富,进一步激发了学生对实践活动的兴趣。

(3)关注视障儿童的个体差异

实践与综合应用活动的评价,要关注视障儿童的个体差异,就是首先要承认他们的个体差异是客观存在的,并关注和理解他们的个体差异,尊重和认可他们个性化的价值取向。在活动中,根据视障儿童的不同背景和特点,对每一个视障儿童点点滴滴的进步及时给予表扬,使他们建立自信心;为每一个视障儿童制订个性化的发展目标和评价标准,提出适合每个视障儿童发展的具体建议。评价时,切不可对视障儿童考察、评价的各个要素列成表格,逐一辅值,然后给出一个总分。

  实践与综合应用的过程充满着操作、尝试、研究和争论,是视障儿童亲自参与的丰富、生动的活动。教师要为视障儿童提供自主提出问题、自主进行探索、自主解决问题的机会,要尽量为不同视障儿童提供发展自我的舞台。

附:范例分析

小小商店

设计依据:

  《数学课程标准》指出:基本的数学知识和技能在现实生活中有着广泛的应用,运用他们解决实际问题的能力是视障儿童学习数学的最基本的能力之一。利用"小小商店"的实践活动,这对视障儿童来说实际上营造生活场景,丰富感性认识。将有的视障儿童平时体验不到的生活场景移植到课堂中,体现数学的生活化,提高视障儿童学习数学的兴趣。同时,在活动中学会运用所学知识与他人交流,进一步体会数学与现实生活的联系。

教学目标:

  1. 通过亲身参与购物活动,加深对人民币的认识,进一步掌握人民币的换算及简单的加减计算,培养思维的灵活性。

  2. 在活动中体验学习数学的乐趣和"用数学"的情感,在活动中学习与他人合作,获得学习数学积极情感。

  3. 培养应用数学解决实际问题、进行数学交流的意识及能力。

教学重点:让视障儿童通过购物活动,解决数学问题。

教学难点:在经历运用所学知识解决实际问题的过程中,培养视障儿童数学意识。

教学用具:各种面值的钱、小商品。

教学设计:

一、明确目标,提前准备

  师:我们要开展一次非常有意义的数学活动,需要把教室布置成一个小小的商店,并利用所学的有关人民币的知识开展一次真正的购物活动。

1. 请大家把平时使用过的玩具、学习用品和生活用品带来一些作为商品(每人带2~3样物品)。

2. 制作出你所带这些商品的价格标签。(盲文卡片)

(让视障儿童亲历创办商店的准备过程,通过不同的途径去调查、了解商品的价格,能使视障儿童感受到数学与生活的密切联系)

二、活动过程

1. 招聘"售货员"

师:同学们,今天我们小小商店开张!我们需要二名售货员,哪些同学想来争当优秀的小小售货员呢?

(1)老师要考考你的计算能力怎么样,看谁算得又对又快。(题略)

(2)请你们选出你认为最优秀的二名同学作为售货员。

2. 创办商店,展示商品。

师:小朋友今天带来了一些物品,打算办个"小小商店"。我们的小小商店需要准备哪些柜台呢?

生:"玩具总动员"、"咪咪文具"、"万家乐"3个柜台。

师:请同学们把你们带来的物品按学习用品、玩具、生活用品分一分。并按要求把自己带来的物品放在相应的柜台上。

在教师的指导下,视障儿童分别放在相应的柜台上。

(设计小朋友喜爱的、富有童趣的柜台名称"玩具总动员"、"咪咪文具"、"万家乐",有利于吸引视障儿童积极参与活动)

3. 购物指南

想一想我们在购物时,应该先做什么,再做什么,遇到问题怎么办。

(这一环节具有"向导"作用,丰富视障儿童的感性认识,为顺利实施购物活动提供保证)

4. 购物

(1)自由购物。

(2)记录你花了多少钱?买了什么东西?是怎样付钱的?并在小组内交流。

(创设分柜台购物的真实情境,让视障儿童人人参与简单的购物的活动,使视障儿童深深地体验到数学应用来源于生活,服务于生活)

5. 谈谈购物体会

活动结束后,组织视障儿童进行汇报,并对出现的问题进行讨论。

(1)你在购物过程中或售货过程中遇到了哪些问题?你是怎样解决的?

这种解决问题方法是不是最好的?请大家讨论一下。

（2）汇报:你原有多少钱?买了哪些物品?一共花了多少钱?还剩多少钱?判断一下算得对吗?

（3）请小售货员汇报结果:一共卖出多少物品?收入多少钱?

（4）你对"小小商店"还有哪些意见?

（通过检查核对以及讨论碰到问题如何处理,提高了视障儿童解决问题的能力）

三、活动总结,拓展提高

1. 今天这次活动,说说自己有什么收获。

（谈谈学习的收获,进一步巩固了所学知识,同时更激发了视障儿童学习数学的兴趣）

2. 红红到超市买东西,他付给营业员50元的人民币,营业员找给他5元钱,请你说一说他可能买了下面哪几样东西?

汽车38元　飞机5元　沙滩玩具10元　布娃娃30元　手电筒2元　纸扇3元。

（让视障儿童通过不同的组合,找出不同的策略,使购物更加生动并富有挑战性）

3. 今天进行了有趣的购物活动,回家后,请同学们运用所学的知识和爸爸妈妈一起购物,好吗?

（将课内活动延伸到课外,使视障儿童懂得学习到知识是有用的,将再一次体会数学与生活的联系）

评析:

数学实践活动重在学生参与,重在学生实践,旨在巩固知识、运用知识,培养能力。这节活动课从以下两方面体现了课程的教学理念:

第一,以视障儿童为主体,人人参与。

本节课是实践活动课,应让视障儿童"动"起来,做到人人参与。这节课从准备商品、制作商品标签、分类摆放商品、购买商品每个环节,都让视障儿童亲自动手,参与率为百分之百,充分体现了视障儿童的主体地位。而且这样做既符合低年级儿童的认知心理及认知特点,又符合教学规律,最大限度地优化了课堂教学。在活动中让视障儿童做自己想做、能做、乐做的事,最大限度地发挥了视障儿童的主体作用。

第二,在活动中,体验运用知识的快乐。

这节课通过购物活动,一方面加深视障儿童对人民币的认识,进一步掌握人民币的换算及计算方法,另一方面可以培养视障儿童应用数学的意识和解决问题的能力。在买卖物品的过程中设置问题:你在购物中遇到哪些问题?你是如何解决的?你购买了哪些物品,用了多少钱?经历知识获得的过程,经历深思熟虑的思维形成过程,让视障儿童在活动中探索,在探索中交流,在交流中获知,体验运用知识的快乐。

思考题

1. 盲校的小学数学教学中为什么要设置"实践与综合应用"这一学习领域?谈谈你的理解。
2. 简述实践活动与综合应用的学习特点。
3. 为盲校的低年级设计一份数学实践活动方案。

第四篇　视觉障碍儿童思想品德及其他学科教学法

第十七章　盲校小学思想品德概述

由于视觉缺陷，视障儿童在思想品德方面存在很多问题，使得他们思想品德的发展在遵循一般规律的基础上，呈现出一定的特殊性。对他们进行思想品德教育具有重要的意义。

第一节　盲校思想品德的教育作用

一、思想品德教育可以促进视障儿童的全面发展

思想品德教育是全面发展教育的重要组成部分。《小学德育纲要》明确指出：思想品德课是向学生比较系统地直接进行思想品德教育的一门重要课程，是实施小学德育的重要途径。《中共中央国务院关于深化教育改革全面推进素质教育的决定》中也指出："实施素质教育，必须把德育、体育、美育等有机统一在教育活动的各个环节中，学校教育不仅要抓好智育，更要重视德育，还要加强体育、美育、劳动技术教育和社会实践，使诸方面教育相互渗透，协调发展，促进学生的全面发展和健康成长。"一个不具备好的思想品德的学生，即使有较高的才能，将来也不可能很好地为社会与人民服务，甚至会走上歧途。

视障儿童接受外界刺激的渠道、直接认识周围世界的范围和数量都比普通儿童少，所以在生活、学习或是劳动中，常不同程度地表现出与普通儿童不同的一些特点。但是在成长、发展过程中，他们也具有与普通儿童相同的本质特点，其共性大于个性。在受教育的目的上与正常儿童不应该有多寡、厚薄之别。加强对他们的思想道德教育，使他们的思想道德获得健康的发展，能增强他们的自我保护与自觉抵制错误的能力，树立正确的人生观与价值观。

二、思想品德教育可以促进视障儿童个性的发展

当前,素质教育已成为中小学教育的重要组成部分。素质教育提出要培养受教育者良好的、健康的个性。个性是指人的个性倾向性和个性心理特征。人的个性倾向性包括需要、动机、兴趣、理想、信念、价值观、世界观等;个性心理特征包括人的能力、气质、性格等。个性结构中的核心部分是需求与动机。思想品德课的任务之一就是形成人的思想品德,它主要包括培养人的道德需求、道德动机、世界观、价值观等。这说明思想品德结构与人的个性结构的核心是相同的。可见,思想品德就是人个性心理品质结构的核心部分,这就决定了思想品德课在个性教育中的核心地位,对个性的发展起主导作用。

由于视觉缺陷及社会的偏见、不公、歧视等态度,大多数视障儿童都有这样那样的心理疾患。在性格方面具有如下特点:在对社会、集体、他人的态度上,表现出自私、孤僻等性格倾向;在对自己的态度方面,通常表现为自卑、缺乏自信心。大多视障儿童对待学习表现得非常认真、踏实,而对待体力劳动则表现得懒惰。在性格的意志特征方面,主要表现为不果断与缺乏坚韧性,多显得被动、依赖与孤弱。在性格的情绪特征方面,主要表现为情绪困扰、不稳定、缺乏安全感,经常处在一种"惟恐有失"的紧张状态中。与正常儿童相比更为敏感、消沉、爱钻牛角尖。

在思想品德课中开展对视障儿童个性教育,引导他们正确认识目盲,培养他们热爱生活、乐观开朗、不怕困难、积极向上的进取精神;培养他们自尊、自信、自强、自立的精神,促进他们的个性健康和谐地发展。

三、思想品德教育可以促进视障儿童个体政治社会化

个体政治社会化是指人类个体在与他人交往中,通过学习知识、技能及各种社会规范,使个体行为符合社会要求,掌握社会生活的本领,进而取得社会成员的资格,充当适当的社会角色,确定和养成社会成员必须具备的政治知识、政治态度、政治情感、政治思想与行为,发展和完善个人的社会性的过程。在人类尚无法根本控制残疾的当今社会里,残疾人享有与健全人一样的平等参与社会生活的权利已成为现代文明社会的基本共识,而教育则是残疾人通往享有平等人权社会的必由之路。视障儿童与健全儿童一样都是社会的一员,都要实现由"自然人"向"社会人"的转变。视障儿童要成为合格的社会成员,同样有个体社会化的过程。如果他们没有经过社会化的过程,就不能成为合格的"政治人"。思想政治课的教育与训练,可以在视障儿童的社会化进程中发挥十分重要的作用。

第二节　视觉障碍儿童思想品德的特点

一、视觉障碍儿童思想品德的特点

视障儿童在道德发展中存在的比较突出的问题是：

1. 道德认识水平低下，缺乏足够的道德判断力。

研究发现，视障儿童的智力并不比视力正常儿童差。因而应当明确认识到视障儿童是可以达到一定知识水平的，这就为教育他们提供了依据。在教育视障儿童时，不能降低对他们的道德要求。但我们在教育过程中，家长或教师往往鉴于他们的特殊性，有意无意地放松了对他们的要求，长此以往，最终导致他们的道德认识水平低下，对是非缺乏足够的辨别能力。如把吸烟、喝酒视为有派头等。

2. 道德情感体验不深刻。

思想品德学科作为德育课程，具有很强的情感色彩。道德情感的激发，对视障儿童深刻理解道德观点，自觉履行道德义务和行为规范有重要的作用。视障儿童由于无法直接对一些美丽的画面或动人的场景形成直接的情感体验，因而，感动之心、赞叹之情等道德情感体验不全面，不深刻。

3. 道德意志薄弱，缺乏坚定性。

视障儿童认识能力受到视觉缺陷的影响，往往不能明辨是非，遇到现实问题不能从书本中找到答案，而与家长、教师又得不到很好的沟通，因此，他们更易受别人的诱导，对于已经具备的一些道德品质，往往不能坚持。有些视障儿童在教师面前或在集体活动中还能按一定的规范来要求自己，但失去外在监督则不能坚持这些良好行为。犯错时，面对老师的批评教育，他们很快意识到错误，信誓旦旦，决不再犯，但一旦受到诱惑，则又会旧病复发。

4. 道德行为上的言行不一。

视障儿童主要借助听觉听别人讲话或者仅靠自己用手触摸在头脑中形成较为空洞、模糊的形象；因而往往会出现"语意不符"的现象。如正常儿童的文明礼仪行为通过模仿大人在不知不觉中就养成了。盲生则不然，因为他们无法进行视觉模仿，又无法判断自己行为的优劣，故缺乏面部表情、缺乏体态语言、缺乏眼神和微笑。诸如点头、握手、鞠躬等常见的礼仪行为对他们来讲没有视觉感受。因此，即使他们在道理上知道了应该如何对人有礼貌，有的视障儿童还是常常侧对或背对师长说话等。这表明他们并未真正理解相关概念，而只是机械地模仿他们听来的词句。

二、视障儿童不良品德行为的原因分析

1. 视障儿童自身的影响。

由于视力受限,视障儿童生活圈子和交往也十分有限,并伴随出现了一系列心理缺陷和特殊动作行为,如盲相、自卑等,这不利于良好品德的形成。

2. 家庭环境的影响。

家庭的影响是孩子品德形成的重要因素。许多家长对视障儿童怀着怜悯的心态,对他们过分照顾、溺爱,忽视严格要求,放纵其行为,使视障儿童很容易形成以自我为中心的不良品行。有的家长则对他们嫌弃,将他们关在家里,这势必滋长其不良品德行为的发展。

3. 学校教师的影响。

学校作为视障儿童品德教育的基地,对视障儿童形成良好品德行为起着极大的作用。视障儿童喜欢听有趣的故事、优美的音乐,对于那些抽象的概念、空洞的说教则不感兴趣,但许多盲校的老师在潜意识里觉得他们的学习就是"听课",仍沿用过去的说教方式向他们灌输大道理,因此,德育效果不理想。另外,盲校的老师基于同情,有时难免对视障儿童的错误行为多了一份包容,正是这份包容,也助长了视障儿童不良品德的形成。

4. 社会环境的影响。

目前,社会上的不良习气严重影响着青年一代,使视障儿童也未能幸免。各种不良影响像瘟疫一样,侵蚀着视障儿童的灵魂,对他们的品德行为产生极为严重的"反面导向",削弱与抵消了课堂教学的效果。给他们思想品德的发展、道德行为的形成带来了不好的影响。

思考题:

举例分析形成视障儿童不良品德行为的原因。

第十八章 盲校小学思想品德的教学

由于视障儿童的特殊性,在对视障儿童思想品德教育的过程中,应注意几方面的问题并采用一些特殊的教学策略,以取得最好的教学效果。

第一节 盲校思想品德的教学策略

盲校思想品德教育基本策略的选择要考虑到视障儿童学习的特点和认知特性。

一、运用多种直观手段

视障儿童主要依赖听觉与触觉等感觉器官进行学习,以感性作基础理解知识内容。离开了直观,他们无法感知具体形象,将导致教学内容成为空洞的抽象的知识。因此,教师在传授知识、培养其道德品质的过程中,必须注重教学的直观性。

1. 教具直观,包括实物、模型、标本、凸起的图形、仪器、工具等,其中以实物、模型的效果最好。实物作为教具是直观性最强的,盲校教师在教学新事物时最好使用实物教具。凡是可以使用实物的,一般不应用标本、模型替代。如在教学我国的国旗时,要给视障儿童讲解国旗的组成图案、大小比例、象征意义、颜色等,让他们亲手摸一摸国旗。教师要指导他们掌握触摸方法,提高触摸的效果。如按一定的顺序并给以充足的时间触摸,逐渐形成整体的触觉表象,从而形成对事物的整体认识。然后再触摸局部,让他们反复触摸,课后,要求他们动手做一面国旗,挂在教室里。这样能帮助他们恰当地理解教材,弥补认识上的缺陷。

对于不能提供实物的,教师可用模型、标本、制作凸线图来代替,如对全盲生进行爱国主义的教育。由于全盲生对祖国的大好山河没有直接的视觉感受,对祖国的物产、历史等,也知之甚少。教师可以自制中国地形模型和中国行政区划分图,让他们在触摸的过程中,结合教师的讲解了解祖国的大好河山,激发爱国主义情感。

2. 语言直观。有些很难用模型或实物等直观手段帮助感知的知识内容,教师可以通过用抑扬顿挫的语气、形象化的语言,唤起视障儿童想象,也能达到很好的直观效果。如在教学《不能忘记的屈辱》一课时,教师以详实的史料激昂的语气说明圆明园浩大的修建过程、内部丰富的收藏及它在当时世界建筑史上首屈一指的地位；然后又以低沉的语气向他们介绍其惨遭焚毁的历史结局，在他们心中形成了从引以自豪到痛感国耻的心理落差。通过学习，在视障儿童内心萌发了一股对侵略者的强烈仇恨和对自己民族命运的关切，从而达到思想教育的目的。

3. 动作直观。教材中出现表示动作的词，如"握手"、"鞠躬"等，由于视觉缺陷而失去了在日常生活中向周围人模仿的机会，致使视障儿童虽听到词语却不了解具体动作，所以对此类词语，必须指导他们实践这些动作，以领会其含义。

二、将课堂变为实验场

视障儿童在教师的指导下运用一定的仪器设备，按一定的条件进行独立或集体实验操作，可以获得亲身体验，使所学知识和实际事物联系起来，从而获取知识，受到感悟。实验前要做好准备工作。要向视障儿童说明实验的目的、方法、步骤、材料等。由于视障儿童视力上的残疾，行动不便，独立实验操作的能力比正常人差，因此在实际操作中，教师要进行具体指导。实验结束，教师要进行总结或者引导他们进行总结。如在指导视障儿童认识团结力量大，要发扬团结精神互帮互助时，可进行折筷子实验：教师分别出示一根筷子和一把筷子，请视障儿童上来尝试谁能分别将它们折断，并说出是一根筷子还是一把筷子更容易折断。通过刚才的实验，让视障儿童思考：这说明了一个什么道理？最后教师进行总结。

三、设置音乐游戏

结合教学内容，教师可以精心设置一些游戏，让视障儿童在游戏的过程中受到思想教育。如《手拉手，交朋友》是小学一年级《品德与生活》中的一篇课文，视障儿童是怀着渴望与不安的心情跨进小学大门的，他们将面临许多问题与挑战，其中首先是如何熟悉环境，认识老师和同学并与他们建立良好的人际关系。可以采用他们喜闻乐见的活动形式——游戏，在"找朋友"的游戏中，小朋友一边唱儿歌，一边做游戏。在游戏中，他们消除了不安心理，懂得班内每个小朋友都是自己的好朋友，感受到了学校生活的愉快。

四、通过辩论明晰道理。

教学中可通过创设道德认知冲突，让视障儿童采用辩论的方式解决问题，促使他们主动思考，积极探究，在辩论中明确道理，提高道德判断能力与道德行为能力。如在教学《朋友之间》一课时，教师根据视障儿童的思想与生活实际,可以开展这样的辩论赛:班上的同学过生日,该不该请其他同学吃饭?把视障儿童根据自己的意愿分成同意方、不同意方两组进行辩论,在辩论的过程中,让他们充分表达自己的意见,最终明白道理。

五、进行角色扮演

在教学中教师根据教学内容的需要,设置一定的情境让视障儿童根据自己的意愿进行角色扮演,使他们通过角色体验将自我融入情境,自觉地生情,潜移默化地移情。在教学《欢迎来我家》一课时,教师可以让视障儿童做接待客人的系列表演,让他们在直接的实践活动中获得情感体验,达到自悟的效果。

六、引导视障儿童参观访问

视障儿童的品德和社会性源于他们对生活的认识、体验和感悟,只有源于视障儿童实际生活的教育活动才能引发他们内心的、真实的道德情感体验和道德认知。因此,教师要引导他们走向社会、接触实际、丰富物体表象、发展形象思维。通过参观可以使视障儿童用自己的健全器官"观察"社会,用自己的心灵感受社会,用自己的方式研究社会。在教学《我们的校园》一课时,教师可以带领视障儿童参观校园。可以根据学校实际设计几条不同的参观路线,视障儿童可以按自己的兴趣自由选择,分组开展参观活动。在参观过程中,鼓励他们用自己喜欢的方式做适当的记录,把学习的主动权交给视障儿童,通过这样的活动使他们感受学习的快乐,加深对学校的认识。参观过程中,教师要指导视障儿童注意观察收集资料,采集信息,通过多种感官去感知事物、获取知识。同时,由于全盲儿童看不见,感知到的往往是零散知识,因此教师要辅以一定的语言指导,使他们所获得的零散经验组合成完整的经验。参观后要进行总结,指导他们整理材料、加工信息,要求他们写参观报告或心得,以加深理解和巩固所学知识。通过类似的参观活动,增进视障儿童对社会的了解,拓宽知识面,同时提高他们的认知能力,受到生动的思想教育。

以上几种基本教学策略都侧重于弥补视障儿童直接经验的不足,但教学策略是一个整体,教师在实际教学时,应根据教学的需要选择教学策略,并将几种教学策略有机结合,实现教学目标。

第二节　盲校思想品德教学应注意的问题

一、给视障儿童更多的爱，耐心教学，激发其自信心

　　古人说：亲其师而信其道。教师要以对视障儿童的爱开发他们的智力，唤起他们的良知。教学中的很多知识往往需要教师用足够的耐心来帮助视障儿童，他们才能理解和掌握，因此教师切不可有烦、厌的情绪，这是对视障儿童进行思想教育的前提。

　　视障儿童中相当普遍的一种情感体验是自卑感。激发视障儿童的自信心是培养他们良好心理品质的核心所在。其一，提高视障儿童的心理承受力。如视障儿童对于别人背后或当面叫他们"瞎子"，感到屈辱、愤懑。产生不愿交往、自我厌弃等心理。对此，教师应做适当解释。让他们了解语言有书面语与口头语之分，如同"爸爸"是口头语，"父亲"是书面语，"盲人"是书面语，"瞎子"只是口头语，并无褒义、贬义之分。使他们提高心理承受力。其二，对视障儿童进行赞美教育。心理学研究表明，适当赞美孩子对塑造儿童行为和培养好的品德有举足轻重的作用。其三，对视障儿童进行榜样教育。榜样能给人提供生动、可模仿的形象典型和行为模式，使人在对自己崇拜、喜爱的人物的思想行为的仿效过程中不知不觉地提高认识。教师要向他们讲述身残志坚的残疾人的感人事迹，激发其敬仰之情、仿效之行。

二、注意缺陷补偿

　　教学中，教师要合理利用各种方法，充分调动视障儿童健全器官的功能，进行缺陷补偿。如在教学中可以充分利用他们的听觉补偿视觉缺陷。媒体播放的音响材料能使人有身临其境的感觉，从而提高教学效果。如在《56个民族56朵花》教学中，教师要充分利用视障儿童的听觉功能，为他们播放各民族风土人情、生活特点的音响资料，加强"耳染"功能，使之有"目睹"之感，引起学习的兴趣。还可以运用现代化教育技术补偿视觉缺陷，如现代化教育技术开发和利用，为视障儿童的补偿教育发挥了巨大的功能。全盲儿童通过使用盲人电脑语音系统、盲人打印机等特殊的现代化设备，掌握了电脑技术，感受到现代科技带来的新成果，增强了和正常人交流的能力，为更好地适应未来信息社会打下基础。运用现代技术创设的教育环境，能使低视力儿童在课堂教学中同样能欣赏到图文并茂、有声有色的动态世界，提高他们残余视力的利用率，增强了自信心。

三、要注意发扬视障儿童的优点、克服其缺点

1. 要以"一分为二"观点看待视障儿童。每个人都有优点和缺点,这些优缺点也不是一成不变的。不能只看到他们的优点而放松了对他们的要求,或只看到他们的缺点以致简单粗暴地对待他们。只有全面的了解他们,才能进行教育。

2. 教育视障儿童正确评价和看待自己。视障儿童由于视力上的残疾往往不能正确评价自己。要么是评价过低,有自卑感;要么是评价过高,目空一切。教师要引导他们正确地认识自己的优点和缺点。

3. 为视障儿童改正错误创造矛盾斗争的情境。教师要仔细地分析他们品德中的缺点、弱点,并发现其中可以转化的积极因素,创造情境,引导他们在两种思想、两种行为的斗争中向积极的方面转化。如有的视障儿童有拿别人东西的坏习惯,教师就偏偏让他在集体活动中保管同学的财物,培养他对集体、对同学的责任心,使他克服拿别人东西的坏习惯。

四、注意集体教育和个别教育相结合

1. 以集体教育为主,充分认识集体的作用。视障儿童自私心理表现得比常人更突出,事事以"自我"为中心,缺乏集体主义观念,经常把个人位置摆在集体位置之上。教师要注意强化他们的集体意识,教育他们正确处理集体与个人的关系,积极开展一些集体活动来培养他们的集体责任感与荣誉感。

2. 要有必要的个别教育。教师在集体教育的基础上,抓好对个别视障儿童的教育,使集体教育与个别教育相互促进,相互影响。做好个别教育工作,就可用典型带动全面,对集体起到推动作用。

五、注意尊重视障儿童和严格要求相结合

1. 尊重视障儿童的人格与自尊心。视障儿童特别重视人格的尊严,自尊心相当脆弱,并对自尊方面的问题特别敏感。教师必须特别尊重他们的人格,保护他们的自尊心,不可动辄呵斥他们,尤其不能对他们讽刺、挖苦。

2. 尊重视障儿童的主体地位。在思想品德课的教学中,教师尊重视障儿童包括充分信任他们的学习能力,尊重他们的主体地位。彻底改变"你教我学,你说我服"的理论说教做法。教师要创设他们乐于接受的学习情境,灵活多样地选用教学组织形式,为他们的自主学习和生动活泼的发展提供充分的空间,力求使教学目标成为他们自我追求的愿望。注意引导他们用多种感官去观察、体验、感悟社会,获得对世界的真实感受,让他们在活动中

探究,在探究中发现和解决问题,得出有价值的观点或结论。只有通过主动获取并经过实践体验、内化建立起来的道德观念才是深刻的,道德意志才是坚定不移的,道德行为才能逐渐成为习惯与品质。

3. 严格要求,不能任意降低要求。对于教材中那些视障儿童学起来比较吃力的内容,教师要么不安排学这部分内容,要么降低要求。这样做的效果并不好,反而会引起他们的反感。认为这是对他们的不负责任和不尊重。这就要求我们根据他们的接受能力和认知规律,分层次分类提出不同的德育要求,满足不同层次视障儿童的渴求,使他们都有提高。

六、要注意知行统一的问题

1. 加强教材与现实生活的联系。《品德与生活课程标准》中指出,学生的品德源于生活,又用于生活。教师必须将教材内容与视障儿童的现实生活联系起来,创造一种"互动"的状态,实践知行统一。

2. 深化视障儿童的道德情感,以情促行。在道德认知转化为道德行为的过程中,如果没有道德情感作为桥梁,就会产生"知"、"行"不一的现象,远没达到"认同"和"内化"的阶段。在教学中,教师运用道德情感体验点,引导视障儿童通过想象、感悟、心理换位等途径,实现道德情感的共鸣和升华。如在对他们进行孝敬父母的教学中,教师可以采取多种手段激发他们的道德情感。可以先播放一首体现父母关爱的歌曲《母亲》,使他们在欣赏歌曲的同时,进入到一种情感氛围中。同时说说日常生活中父母的辛苦操劳以及平时家里人是怎么关心自己的。让他们体会到为了自己的成长,父母付出了比正常孩子更多的辛劳,感受父母长辈的养育和悉心照顾之恩。并以"家里人对你这么好,你又该怎样"为题展开讨论,使他们能够表示他们的感激、尊敬之情。让他们产生报答家人爱的欲望和行动。最后教师设置一定的情境,让他们进行相关的角色体验。让他们设身处地地为父母想想。教师通过一系列的手段将视障儿童的情感从"接受层"引向"体验层",从而达到"情通而理达"的目的。

3. 学做结合,做中导行。思品课教学要坚持知情意行统一。教师要注重视障儿童的实践体验,让其在参与丰富多彩的实际活动中情感进一步得到熏陶,品德得到发展,即让视障儿童在做中学、学中做。如当视障儿童在课堂上,涌动起孝敬父母的情感后,教师还要引导其情感转化为品行。在实际生活中尽量少给父母添麻烦,做自己能做的事等,同时组织开展"我给妈妈带来欢乐"等实践活动,通过活动让他们学会用语言、行动来让母亲感受欢乐,并从母亲的语言和评价中获得愉悦的体验,培养良好的道德行为。

七、注重照顾视障儿童的年龄特点与个别差异

1. 照顾视障儿童的个性特点。由于遗传、环境和教育的不同,每个视障儿童都有其各不相同的个性特点。因而同一德育要求和方法运用在不同视障儿童身上,效果就会不同,甚至相反。因此教师要区别对待,针对每个视障儿童的个性特点,提出不同的要求。

2. 照顾视障儿童的年龄特点。视障儿童在不同年龄阶段,身心发展上是存在差异的,教师在教学中要适应他们的身心发展水平,不断提高德育要求。

附:范例分析

《我真棒》

教学目的:

1. 能发现和欣赏自己的优点和长处,并能保持和发扬,有自信心。
2. 能正确对待自己的优点。

教学重点:引导视障儿童学会发现自己的优点,并能保持和发扬。

课前准备:视障儿童课前准备自己的奖状、手工作品等,会唱歌的准备一首歌,能跳舞的准备一段舞,会乐器的准备乐器等。

设计思路:本课的教学对象是二年级的视障儿童,他们能否正确认识与悦纳自己,直接影响着健康个性与心理的形成。因此,通过本课教学活动,帮助他们从对自己的表面行为的认识、评价,转向对自己的内部品质的更深入的评价,这有利于视障儿童自我意识的发展,培养他们积极的情绪情感,形成健康的心理。在本课教学设计中,充分渗透新课程理念,注重教学与生活实际紧密联系,选择适合学生特点的教学方式让其正确认识自己。教学活动由浅入深,环环相扣,让他们在参与体验中得到快乐,情感得到升华。

教学过程:

1. 启发谈话,导入新课。

上一节品德课我们学习了《你真棒》这一课,在课上,我们发现了同学们身上的许多优点。这一节课呢,我们来找一找,说一说自己身上的优点,用事实证明:你真棒,我也棒,大家都很棒。这一节课,我们来学习第二课《我真棒》。学习这一课,我们要学会发现、欣赏自己的优点和长处,并保持和发扬。同时还要虚心向大家学习,使自己的优点和长处变得越来越多。大家有这个信心吗?

2. 活动一:优点大展示。

师:刚才同学们已经看了教材上所列举的小朋友的优点。那么我们的小朋友有哪些优点呢?现在老师给同学们搭建了一个展示自我的舞台。(实物展台展示视障儿童的奖状、手工作品等。请同学现场跳绳、唱歌等)

师:老师发现原来我们班同学有这么多的优点。老师真为你们感到自豪!

3. 活动二:填句游戏。

师:现在,我们来做一个填充句子的游戏,看看你对自己的认识与别人对你的认识是不是一样的?方法是:请视障儿童在教师发下的纸上填完整句子,回答我是谁的问题。(然后教师把所有的纸条收齐后放进一小纸箱中,教师抽取一张纸,并念出纸上的句子)问:请你猜猜这张纸描写的是谁?为什么?

师:同学们对你的看法与你对自己的看法一致,说明你了解了"我是谁"以及你的外在行为表现出了真正的你,因此,大家都能够猜出来是你。同学们对你的看法与你对自己的看法不一致,说明了你还没有真正了解自己,或者是,你的行为没有表现出真正的你,以致大家都没有猜出来。

评析:通过这个游戏,视障儿童可以从别人的态度和评价来了解自己的长处与短处,形成对自己较正确全面的认识。

4. 故事明理:

(1)师:我们一起听故事《骆驼和羊》。(放录音)

(2)让视障儿童思考问题:

①骆驼和羊在争论什么?

②为什么骆驼和羊都认为它们自己说的是对的?

③骆驼和羊对自己的认识分别是什么?

(3)分组讨论并自由发言。

(4)教师总结:有了优点要注意保持和发扬,不然的话,原来的优点就会逐渐消失;在保持和发扬自己原有的优点的同时,尽可能地多向别人学习,自己的优点会变得更多,就会越来越棒,从而使自己更加完善。

5. 拓展延伸:

自由选择伙伴,与将要学习的人结对子。

评析:

这堂课目的明确,符合设计思路。具体特点:

1. 联系视障儿童实际进行教学,激发了他们的学习兴趣。

2. 注重创设活动情境,让视障儿童在活动中体验、感悟,提升自我。

3. 针对视障儿童的特点进行教学。

4. 注重教学活动的拓展延伸。

思考题：
盲校思想品德教学的基本教学策略有哪些？

第十九章 盲校小学其他学科教学法

盲校除语文、数学、思想品德之外的其他课程都是盲校必不可少的课程,是使视障儿童全面发展的重要组成部分,对于视障儿童的发展和缺陷的补偿而言,其教育价值是显而易见的。但由于视障儿童学习的特殊性,使这些学科在教材内容的选择和教学策略的运用上,都表现出了其特殊性。

第一节 盲校小学自然课教学

自然课的开设,使视障儿童获得浅显的自然基础知识,帮助他们正确地认识周围世界,培养和促进他们的观察和思维能力,促进了他们的缺陷补偿,扩大了他们的知识范围。

一、盲校小学自然课教材的特点

盲校小学自然课教材的特点体现在四个方面:不直接讲授理论知识,而是为学生提供自行探究知识的过程和方法,让学生从中学到知识;依据各类知识或技能的学习心理,设计教材内容的基本结构;教学内容与教学方法紧密结合,为教师教学和学生学习提供基本方法;在学生学习的基础上,各课的学习要点采用填空的形式加以明确。

自然课教学内容的特点:选取了周围常见的自然事物及人类与自然关系方面的科学基础知识;选取了与学生联系紧密的周围生活和生产实际内容;选取了能够向学生进行思想品德教育的内容;选取了便于学生观察、实验、操作和进行科学探究活动的内容;选取了符合学生的年龄特征,能引起学生的学习兴趣和求知欲的内容;适当介绍一些学生能够接受的先进科技成果和科技发展前景。

二、视障儿童学习自然课的特点

1. 直接经验范围狭窄,对自然课中许多周围自然事物没有正确感知。视障儿童由于自身残疾,对周围事物感知机会少,没有形成准确而全面的认知,直接影响到入学后的学习,因为教材中许多事物的认知需要直接生活经验的帮助,才能学好。

2. 形成概念有困难。从知识的角度说,盲校小学自然课的教学可以说是由概念教学组成的。科学概念是反映事物或现象本质特性的概括性的知识。它反映的本质特性是这种事物普遍的、特有的、别的事物都不具有的性质。而视障儿童不能通过眼睛直接观察形成概念，形成的概念往往不完整。

3. 需要视障儿童调动多种感官通道感知客观事物。健康的学生在学习中视觉起着相当大的作用，而视障儿童单单依靠视觉是不够的，在所有的学习中必须调动多种健康感官进行感知，形成对视觉功能的代偿作用。

4. 需要教师在教学中充分突出直观性的特点。自然课中有许多知识点可以运用直观教学法，但是也有许多事物是无法直观的，如较远的宇宙事物、太大的宏观物体、太小的微观事物，这些知识需要教师采用多种方法，尽量为学生提供直观条件。

5. 学生的残余视觉差异较大，学习需要和学习效果程度不同。视障儿童残余视觉的不同，导致了他们在学习过程中要求的不同，这种不同可能表现在对教师的、对教材的、对教具、对环境等方面。这些不同，直接导致了学生学习效果的不同，同样的教学内容，同样的教学方法，学生学习效果可能不同，教师在教学中要正确看待这些不同，允许学生学习中存在差异。

三、盲校自然课的教学策略

1. 利用教学资源，激发视障儿童学习兴趣

自然学科来源于生活，取材与生活，在生活中有许多教学资源可以利用，如学校里的自然教室、多媒体、学校周围的河流山川等，都是学习自然学科的丰富资源，能够充分激发视障儿童的学习兴趣。要使这些资源发挥良好的教学作用，教师要尽量创造条件，让他们亲自参与观察和实验活动，还应想办法改善办学条件，提高盲校办学资质，大力配齐各校自然教学所必备的仪器和教具，尤其是适合低视力学生所用的教学辅助设备。

2. 根据学科特点，选择最佳教学策略

教学方法不仅包括教师的教学方法，而且包括学生的学习方法，是师生之间的共同活动，是教师引导学生的学习途径，是教学工作的综和。

（1）教学策略的选择应遵循的原则。

根据认识对象、教学目标选择教学策略；根据教学过程中各阶段任务的需要选择教学策略；根据学生年龄特点选择教学策略；根据自然教材特点选择教学策略；根据每个学生的视力损伤程度选择教学策略；根据自然和环境条件选择教学策略。

（2）在自然学科中，运用比较多且效果好的一些教学方法。

观察法：在自然课中对动物、植物、自然现象的观察，对视障儿童来说，想让他们进行准确的观察困难较大，但是不能因为有缺陷就让他们省略观

察,即使是残缺的观察也是很大的收获,也能给视障儿童带来直观的学习效果。让他们利用残余视力及其他的感官去获取更多的感性材料。进行充分的观察,教学效果会比教师告诉他们答案好的多。

讲述和讲解法:要求教师语言生动形象直观,将无形的语言文字化为绘声绘色、形声兼备的情与景的描述,还要求教师能针对视障儿童的经验及理解水平,有针对性地进行教学,也可利用大量音像资料、创设教学情境,提高教学效果。

多重感官刺激法:是指在教学中同时提供多种感官的刺激,充分发挥各种健全感觉器官的能动作用,使盲生获得较完整的事物的概念。但是对于低视生,要充分考虑他们的视觉承受能力,以保护视力为前提,正确地运用此教学方法。

游戏法:在盲校教学中,游戏方法打破了传统的教学方法,寓知识于游戏中,可以让视障儿童主动参与,不仅学到知识,而且可以避免让视障儿童始终坐在指定的坐位上,对克服学习的疲劳和盲态也有一定好处。

3. 突破教学难点,促进视障儿童缺陷补偿

自然课中许多难以理解的知识,健全儿童理解起来都比较抽象,对于视觉障碍学生更是难上加难,要突破这些难点,弥补他们的视觉缺陷,就要采取一些有效的手段。

(1)尽量为视觉障碍儿童提供可触摸的实物。

实物可以是具体的,也可以是代替实物的图片、模型。如以蚂蚁为例,可以将其身体做成可活动的组合片,将头、胸、腹三部分分开,让视障儿童充分感知,把概念和实物充分联系,这样就会使他们充分理解概念,并且依据概念做有效的判断推理。

(2)尽量利用现代化教育技术进行辅助性教学。

现代化教育技术可以形象地为学生揭示事物本质特点,把知识的内部结构充分地向视障儿童呈现,从而让他们准确地接受信息。如《水能溶解别的物体》,视障儿童观察能力较弱,教师可以把盛有温水的烧杯放在投影仪上,把红糖或者其他可溶于水的物体溶于水,让学生充分观察其溶解过程,这样可以充分利用视障儿童残余视觉,收到良好的教学效果。

4. 注重教学设计,加强视障儿童全面发展

在盲校教学中,影响自然课教学设计的因素很多,教师在进行教学设计时,要充分考虑以下问题,促进视障儿童全面发展。

(1)注意全面体现本学科的目的要求。

自然学科不仅是知识教学,而且还包含培养视障儿童对科学技术的兴趣爱好,提高学科学、用科学的能力,养成良好的科学态度等方面的要求;

教师要在教学过程中，有计划地结合教学内容，通过启发、熏陶和实际锻炼，在视障儿童掌握知识、应用知识和发展能力的同时，潜移默化地全面实现这些目的要求，这些要求应贯彻在自然教学的全过程。

（2）必须考虑到教学对象的特殊性。

教师要了解视障儿童的致盲原因、现有视力状况及对学习活动的影响、原有的知识基础等，了解了这些才能制订出切实可行的教学方案，因材施教，实现教学目标。对低视力儿童和盲生实行分类教学，对他们的发展有很大好处。

（3）恰当掌握教学内容的深度和广度。

自然学科教学内容的深度和广度不能随意的提高，教学语言要生动形象精炼，提问要准确无误，正确运用直观教学手段，以弥补视障儿童感性认识的不足，帮助他们正确理解概念，掌握教学内容。对难度较大的知识点要降低难度，难以理解的知识不要过分要求，以免打消他们学习的积极性。

（4）积极开展课外活动，密切联系当地自然社会条件进行教学。

课外活动是学校课程计划的重要组成部分，要求学校必须按照培养目标的要求，有计划、有组织地开展各项活动，教师要鼓励视障儿童多参加课外活动，并力求把这种活动化为乐于从事的经常性的活动，使他们在活动中扩展知识，发展兴趣，锻炼能力。教学时可以根据当地的自然情况调整教学内容的顺序，或选择相应材料替换教学内容。

（5）要重视学习效果的考查。

对学习效果的考查，不仅可以检查视障儿童对知识的掌握程度，而且可以检查教师教学的效果，是对教师教学工作的有利反馈，所以在教学中教师和领导要重视对学习效果的考查。考查方法要灵活多样，应有利于帮助学生巩固所学知识，考查所用时间还要比健全学生的时间要长一些（一般是1.5倍的时间），允许他们在比明眼儿童较宽裕的时间里完成考查内容。

第二节　盲校小学社会课教学

小学社会学科是一门包罗万象的综合学科，内容所涉及的知识极为广泛，是一门很"活"的学科，盲校开设社会课，是初中历史、地理、政治学科的基础学科，可以为视障儿童未来学习打下良好的基础。

一、盲校社会课教材的特点

（一）社会课知识内容：使视障儿童初步认识常见的事物和现象，初步了解家乡、祖国、世界的历史、地理和社会生活方面的常识；初步培养视障儿童正确观察社会、适应社会的能力,受到爱国主义和法制观念的教育;对视障儿童进行改造世界、保护大自然的理想教育。为此,教材设置了"认识社会、认识家乡、认识祖国、认识世界"四大块知识。

（二）社会课知识结构:社会课教材除了课文之外,还有很多课文都附有"读一读"、"说一说"、"找一找"、"做一做"的内容。"读一读"对学生理解知识、吃透重点、增强体验都起到了导向作用；"说一说"的编排面很宽,几乎每册教材的每课课文都涉及到；"找一找"、"做一做"是为培养学生动手能力而设的栏目。

（三）盲校小学社会教学内容的选取

1. 教学内容应是视障儿童在社会生活所要涉及到的安全生活知识,以及他们应该知道的组成社会的各种机构单位的作用和性质。

2. 教学内容应该反映视障儿童生活的环境,他们的家乡,祖国的大好河山和人文地理概况。

3. 教学内容也间接地让视障儿童了解人类社会的发展史,理解伟大祖国各个时期的变化。

4. 教学内容应对视障儿童进行思想品德教育,便于他们观察、进行实地考察,更进一步地体会社会,了解我们祖国的文明与世界各国不同的生活习俗。

5. 教学内容应符合视障儿童的年龄特征。

二、视障儿童学习社会课的特点

1. 感知经验少,社会经验贫乏。

社会课的立足点是"社会",视障儿童虽然生活在社会中,但是他们对生活的感知经验很少,主要靠听觉和触觉来感知,感知的效果要比视觉感知的效果差得很远,这样就为学习社会课造成了不小的困难。

2. 动手能力差,自卑心理严重。

视障儿童在小学阶段普遍动手能力较差,而社会课又要求学生要勤于动手,如教材中的"做一做"、"找一找"等知识点,都要求学生主动探求知识,有的视障儿童有严重的自卑心理,总是觉得自己不如别人,在学习上表现出胆小怕事,不敢向前。

3. 概念形成困难,推理判断容易发生错误。

社会课中许多知识比较抽象,如许多历史、地理知识,需要学生有很好的抽象思维,视障儿童的抽象思维发展不好,直接影响到推理和判断,因而导致视障儿童容易发生推理和判断错误。

4. 没有良好的学习动机,缺乏学习的积极性。

小学阶段的视障儿童,大多无法和远大理想结合起来,对于学习社会知识的作用了解浮浅,因此缺乏良好的学习动机,有的视障儿童性格孤僻,对学习没有兴趣,学习积极性难以调动。

5. 时空能力弱,知识迁移困难。

社会课中涉及到历史方面、地理方面的知识,离不开时间的贯穿和空间的转移,对于视障儿童来说,了解历史时间的变化和地理位置转移,这势必是个难点,所以知识的迁移能力较差。

三、教学的基本策略

(一)认真钻研教材,拓宽学生知识面

1. 围绕教材内容,收集新鲜信息。盲校小学《社会》学科的教学内容取材于社会生活,但是这些内容都是相对稳定的社会知识,与生动活跃的现实社会总会有一定的距离。因此,就应该在认真钻研教材的基础上,补充一些社会现实生活中的新鲜资料,给视障儿童提供富有亲切感的感知材料,让视障儿童透过社会信息之窗,看到生机勃勃的现实社会,以提高学习兴趣。如在教《联合国和奥林匹克运动会》这一课时,教师应该事先准备好有关北京申办2008年奥运会的宣传资料,有了丰富的材料准备,课堂教学就变得充实、活跃。

2. 组织信息交流,加深对教材的理解。现代社会是一个开放的、信息化的社会,视障儿童每天生活在社会中,他们可以接触到很多新闻信息,特别是视障儿童爱听广播,有的视障儿童比教师知道得还多。教师有意识地组织他们进行交流,不仅可以促进他们对教材的理解,而且还能加深感受。

3. 借助电教手段,扩展知识视野。盲校小学《社会》课教材具有广泛的时空特点,很多内容都不是视障儿童的感官所能直接达到的,这就为教学带来一定的困难。充分运用现代化的电化教学传递教学信息,不仅可以克服教学的困难,而且可以扩展视障儿童的视野,推进他们个体社会化的过程。

(二)不同知识点的教材应采用不同的教法

教学地理知识要充分运用地图册及相关的图片,让视障儿童从了解周围社会开始,逐步贴近社会。

教学历史知识要讲清史实,并配之以生动场面的描绘,典型形象的刻画,特定背景的烘托,唯物史观的渗透,使视障儿童了解历史,以史励志。

教学传统文化及科学、文化名人一类课文,要阐明事件、揭示作用,唤起视障儿童对传统文化、科学、文化名人的热爱,激励他们为振兴中华而勤奋学习。

教学其他类型的课文,可以在视障儿童了解课文内容的基础上,通过有针对性的练习、参观、访问等活动,加深认识。

(三)充分发挥《社会》课的德育功能,寓品德教育于知识教学之中。盲校小学《社会》教材具有十分丰富的政治、思想、道德以及行为习惯等教育内容,具有特殊的德育功能

社会课教学,是从不同侧面、不同层次对视障儿童进行品德教育的。在《社会》课的教学中,要充分挖掘教材中的德育因素,不失时机地在传授社会知识的同时,对视障儿童进行品德教育,这是《社会》课教学应该特别重视的问题。如在《祖国的宝岛——台湾》一课教学中,要从"宝"字出发,介绍台湾的风景优美、物产丰富,告诉视障儿童这块宝地是我国领土不可分割的一部分,结合当前形势,告诉学生祖国统一大业一定会实现。

(四)提倡研究性学习,疏导视障儿童学习中的障碍

盲校小学社会教材的内容,包括社会常识、地理常识、历史常识和法律常识。视障儿童对一些地理、历史、法律知识,往往感到遥远、陌生、枯燥,如教师多采用以谈话、讲述为主的方法教学,很难调动视障儿童的学习积极性。在这种情况下,研究性课程正好给视障儿童提供了这样的一个空间,视障儿童查阅资料经过了与社会接触的过程,他们克服了很多意想不到的困难,开阔眼界,增长了见识,见到了鲜活的生活,锻炼了与人交流协作的能力。

在研究性学习中,教师要认真分析研究视障儿童存在的学习障碍,及时采取相关的策略,指导和帮助他们排除学习障碍。第一,及时排除视障儿童在学习中的思想障碍。他们生活在繁杂的社会之中,加上学生自身残疾的因素,有时一些小事都会引起思想上的波动,产生一些障碍,成为他们的思想负担。教师要有针对性地对他们做好深入细致的思想工作。第二,及时排除他们在学习中的障碍。视障儿童在学习知识过程中总会遇到一些知识上的障碍,不及时排除就会成为他们学习知识的难点,教师就必须及时加以学习辅导,使他们弄清每一部分的知识,让他们形成比较系统全面的知识体系。

(五)在教学过程中鼓励学生的学习热情

在教学活动中,教师要以满腔的工作热情热爱视障儿童,有意识地唤起和激励他们的学习热情和充沛的精力,投身于学习之中,以收到事半功倍的学习效果。

第一,激励视障儿童强烈的学习责任感。学习既是学生对社会负责,也是学生对自己负责,学生只有建立在这种认识基础上的学习义务感和责任感,才能成为学习的一种精神力量,并逐步转化为积极的学习热情和行为。

第二,调动视障儿童探求知识的积极性。培养视障儿童的理智感,使他

们能正确地控制自己的学习情绪和学习行为,正确对待困难和挫折,化精神负担为精神动力,勇往直前地去探究知识的真谛,取得学习的成功。

第三,平等的师生关系。谁先占有知识和学问,谁就首先有发言权。教师与学生一样是研究的同伴,教师与学生之间是一种平等的关系,一起讨论、一起商量。学生是主体,教学活动要遵从学生的意愿和思路,教师在学生眼中是可依靠的。

(六)注重社会调查,加强社会实践

翻开社会课教材,我们不难发现,课本中设了"说一说"、"做一做"、"讨论"、"活动"等小栏目,其中"活动"这一小栏目中有大部分内容要求视障儿童要深入社会,进行社会小调查。所以教师在教学中要注意与实践相结合,安排一定的时间,根据当地的实际情况,有计划、有组织地积极引导视障儿童参加课本中规定的社会调查等实践活动,让他们深入周围社会,通过亲身体验,具体感知,从而获得知识,提高认识。

第一,教师要结合课程的具体内容,组织视障儿童走出课堂,为他们提供广泛接触社会生活、参与社会活动的机会。

第二,教师在教学中要重视每一项教学内容,课内外结合,上好观察课,是达到这个教学目的的有效途径之一。如"学校的生活",就是让视障儿童学会辨别方向,培养他们认识和使用平面图的初步能力。教材在第一、第二课中间安排了一节"去学校的路上"的活动课,要求视障儿童走出课堂,实地体验。在教学中,把课内学习和课外观察有机地结合起来,使教学由易到难,循序渐进,使视障儿童具备观察社会事物的能力。

(七)正确评价视障儿童的进步,帮助视障儿童体验成功

成功经验能增强视障儿童的成就动机,而过多的失败,则会大大削弱他们的成就动机。因此,教师要注意创造机会,帮助视障儿童获得成功的体验。要指导他们进行积极的自我评价和鼓励性评价,使他们树立自信心,提高成就动机,主动发展内在的认知兴趣。在某种程度上,自我期望的形成与教师的期望和评价有关,教师的言行可以影响学生的自我认识。因此,教师含有期望的评语能鼓励视障儿童产生再接再厉,积极向上的力量;从而大大增强学习动机。

第三节　盲校小学认识初步与生活指导课教学

生活技能是人的最基本能力,是发展其他技能的基础,缺乏生活技能的人不仅无法独立生活,也不可能有正常的学习生活。视障儿童在入学之前,相对同龄普通儿童生活技能较差,如不会穿衣吃饭,不会独立整理自己的日

常用品,甚至不会上厕所,为此,在盲校的低年级安排开设认识初步与生活指导这门学科。

一、认识初步与生活指导教材的特点

(一)认识初步与生活指导课教材内容的选择

认识初步与生活指导课教材内容,大致是这样安排的:一年级的学生,应该学会的基本生活技能,有脱衣、穿衣、刷牙、洗脸、上厕所、简单整理床铺、洗刷餐具、按作息时间学习和生活,熟悉校园环境和自己的房间,各种生活用品的摆放位置,学会步测各种物体之间的距离,初步掌握定向方法及初步认识钱币;能用嗅觉辨别食物及物品的气味。

二、三年级的学生进一步培养其生活自理能力。使他们学会洗衣服、整理衣物、认识水果名称、会打扫宿舍、教室卫生,初步学会用盲人手杖走路和保护自己的方法,对环境的认识从小范围到大范围,会辨别各种车辆的声音,简单认识家畜与家禽,认识家用电器,知道其用法,能够感知四季的变化,根据天气变化增减衣服。

三、四、五年级为生活选修课。要指导视障儿童根据实际需要选择内容选修。学校始终应该把培养视障儿童的生活自理能力,强化他们的劳动观念,激发劳动兴趣,注重养成教育放在首位。

(二)认识初步与生活指导课教材编排原则

1. 在选择教学内容时,突出视障儿童特点。首先根据视障儿童的生活、学习及进行缺陷补偿教育的需要来选择教学内容。

2. 急用先学。根据视障儿童入学后在生活、学习中急需掌握的知识和技能选择教学内容。例如衣食住行是视障儿童入学后首先要面对的问题,因此把这些内容放在一年级先学。

3. 先易后难,由浅入深。在一般情况下,注意学习的难易程度,较易掌握的技能先学,较难掌握的技能后学,并尽量形成技能训练体系。如洗衣服,折叠衣服等都是按此原则安排的,有些内容,虽然视障儿童较难掌握,但是生活紧需,也安排在前面。

4. 避免和其他学科知识重复。由于课时有限,因此与其他学科类同的知识就不安排,如在数学和其他学科方面的知识不选择。

5. 留有机动内容,让各地根据自己的情况不同,安排教学内容。

二、视障儿童学习认识初步与生活指导课的特点

(一)学习基础薄弱,对环境适应能力差

大多视障儿童在上学前没有经过任何正式教育。有很多儿童到了适学

年龄,仍得不到教育的机会,而在家得到的是封闭式的管理。一个盲婴降生在一个家庭的时候,很多家长迟迟无法面对现实,甚至会把孩子藏起来不让邻居知道。有些家长又会觉得孩子可怜,过分溺爱,不让他们做家务,对于刀、火柴等这些稍有危险的东西只听过,没碰过,当然他们也就没有自理能力。当他们来到学校这个陌生的环境时,他们的适应能力极差。

(二)没有经过系统的训练,缺陷补偿差

视觉的损伤使视障儿童的信息或刺激来源大大减少,这就需要其他的感觉器官进行代偿。人的各种感官及机能的感觉补偿功能,都是在人的实践活动中,通过生理的代偿与主观努力而逐步实现的。而视障儿童的家长多数都没有经过系统的训练,无法对他们进行各种补偿训练,自身的主观努力得不到提高,所以导致了孩子的缺陷补偿差,从而产生各种盲态及各种不良心理。

(三)生活技能低下,依赖思想严重

视障儿童来到学校,刚开始生活能力很低,有的孩子对家长有过分的依赖心理,适应学校生活需要一个长时间的过度期,认识初步与生活指导课起着桥梁的作用,要求学校教育要帮助他们度过这个难关,帮助他们尽快适应学校生活,开始有规律的学习。

(四)儿童的心理水平与教育提出的要求发生了矛盾

社会对儿童提出的要求是让儿童进入学校从事正规学习,要求学生从认识事物和掌握生活技能开始,学习自然和社会的知识经验,并且养成自觉服从和执行集体行为规范的习惯。但视障儿童所达到的心理发展水平却不能完全适应于这些要求,无论有意识、有目的的观察、注意、识记能力,或者抽象逻辑思维和意志行为的能力都还很差。这样一来,教育的要求和视障儿童的学习心理发展水平产生了矛盾,给视障儿童的学习造成了障碍。

三、教学的基本策略

(一)准确把握教学内容,保证完成教学任务

对教学内容的理解如果是不全面或错误的,就会直接影响学生掌握知识的进度或效果。教学内容的准确把握是完成教学任务的保证,教师一定要注意这一点。

(二)打破框架式授课方式,理论联系实际

使用更多的寓教于乐的教学方法,倡导学生主动参与,培养学生收集和处理信息的能力,把视障儿童的个性释放出来。在教师尽量运用直观形象教学方法的同时,创造条件让视障儿童亲自体验、亲临其境,多种感官的积极参与,感知到足够多的信息,对事物的属性作更全面的认识,形成深刻的印

象,有利于形成概念。如:"禽流感"的来临,我们应该怎么办?怎么有效地预防?把这个问题交给视障儿童,让他们开动脑筋,积极地想办法,利用学校教学资源查资料,从而让他们通过实践,提出行动计划并实施,在不知不觉中他们已经掌握了传染病的传播、预防等知识,提高了自我安全卫生防护意识,认识到良好生活卫生习惯养成的益处和重要性。

(三)教学过程有所侧重,把握重点,突出难点

侧重点应该紧紧围绕以下几方面:

1. 熟悉校园环境。多数视障儿童的家里都有这样一个习惯,那就是家中物品的摆放是很固定的,很少改变位置。这样他们在家行走、生活都很适应,他们在陌生的环境中无法适应,盲校又多为寄宿制,学校将是他们未来几年生活、学习的主要场所。尽快地熟悉校园便成为认识环境中的教学重点。

2. 住校生生活自理能力训练。视障儿童离开父母,基本生活内容上的自我料理,也是认识初步与生活指导中的重点教学内容。

3. 触觉训练。视障儿童学习盲文、观察事物、自理生活主要依赖于触觉,故触觉的训练应及早进行。如通过触觉触摸可以分辨出自己要穿的衣服;辨别基本结构、形状、轮廓、大小、重量;区分方位;辨别从立体几何模型过渡到平面几何学图形;能够辨别盲文的字母、单词、句子。这是触觉发展的较高水平。

4. 听觉训练。视障儿童更多依赖听觉进行感知,对于学习活动来说,听觉比视觉更重要,如教材中"从热水瓶向水杯倒开水",视障儿童就要通过听觉来判断水是否倒满,各种交通工具的声音的辨别,也要让他们养成倾听的习惯,所以要十分重视视障儿童听觉能力的培养。听觉训练的途径与方法是多种多样的,在游戏、教学、生活、认识事物的活动中,都可以有目的地开展听觉训练。

5. 全盲生定向行走训练。安全行走,是进行社会生活的首要问题。在认识初步与生活指导课中的定向行走训练主要教授一些简单的技能,在几年的学习中能初步从学校内部,走向校外,形成心理地图,保证他们安全出入校门。

(四)重视认知特点,实现知识的正确迁移

视障儿童知识和技能的获得,更多地依赖于听觉、触觉、味觉等,对事物更着重于声、形、质等,所以教学中需特别注意避免观察感知的片面性。如在盲校一年级认识课上,老师在杯子里倒了一些香醋,拿到课堂上先把手指伸进去蘸一蘸感受一下,然后让大家闻闻,最后问大家知不知道它是什么时,只有一个同学说是吃螃蟹用的,其余的同学都不知道杯子里的是什么。

从这个例子中可以发现,如果观察感知产生了片面性,那么虽然学生的知识产生了迁移,但却是偏面的或不正确的迁移。

(五)要大力增设社会能力发展的内容

1. 促进视障儿童的人际关系。人际关系是人们生活的重要组成部分,也是视障儿童需要发展的社会能力之一,在认识初步与生活指导教材中,应该从以下几个方面来增加这方面的内容:全盲生的语言交往,语言模仿与鉴别能力;低视生的视觉交往,目光接触。另外,还要增设让视障儿童了解常规习俗方面的内容,如待人接物要有礼貌,言行举止要大方得体,要尊敬长辈,乐于助人等。

2. 增强视障儿童自我认识和自我保护意识。使视障儿童对自我的基本情况有较清醒的认识。如姓名、年龄、家庭背景、所在学校的基本情况等,并能识别自己的声音、录音;低视生应能识别自己及熟悉的人的照片、录像等。使他们了解自己残疾的基本情况如致盲原因、现有视力;不忌讳他人谈及目盲。帮助视障儿童识别危险的环境,以备不测,发展他们危急之中解决问题的能力和社会心理承受能力。如不在马路中央行走,割破指头怎么办?发现了火情怎么办?以及生活环境安全情况的要求,各类药品的妥善保管等。

3. 享受权利与应尽的义务方面。

使视障儿童了解自己与其他正常儿童一样作为社会的一员都应享有各类平等的人权,如生存权、受教育权、参加社会保险、分享社会福利、婚姻自由等权利。同时使他们了解社会中的每一员都有许多义务,如家庭义务,学校义务,社会义务等。

第四节 盲校小学劳动课教学

陶行知先生指出:"我们深信生活是教育的中心。劳动的生活即是劳动的教育。"(《陶行知全集》第4卷,第274页)陶行知先生的话深刻地阐明了劳动与生活是紧密相连的,生活即教育。小学劳动课是一门学习日常生活与简单劳动的常识、技能的课程。通过教学,使学生初步具有热爱生活、热爱劳动的思想感情。《全日制盲校课程计划》中明确提出了视力残疾学生要实施全面的基础教育,补偿缺陷,使他们在德、智、美诸方面得到发展,具有一定劳动技能。可见,在盲校小学对学生进行早期的劳动意识和劳动技能培养,与教学大纲的培养目标是一致的。

一、盲校小学劳动课教材的特点

1. 针对性。以培养视障儿童的劳动意识,树立正确的劳动观念为教学目的。通过劳动课的学习,使视障儿童在家里和学校里能养成热爱劳动的好习惯,在集体劳动中能够遵守劳动纪律,懂得珍惜自己和别人的劳动成果,懂得劳动是优良的品质,劳动可以创造财富。

2. 浅显性。以浅显的劳动知识为基础,适当增加劳动技能的学习。教材内容由浅入深,由易到难,让视障儿童掌握浅显的劳动知识的同时,学习一些劳动技能,是课程发展的综合体现。

3. 适用性。劳动课教材以培养视障儿童的生活自理能力为主,通过劳动掌握自我服务的技能技术,在思想上形成独立意识,逐步做到能不依附于他人独立生活,具有一定的适用性。

4. 灵活性。教材充分考虑视障儿童的缺陷补偿,根据他们的特点发展视障儿童的感知觉能力,定向行走能力,灵活性很强。

二、视障儿童学习劳动课的特点

1. 依赖思想严重,劳动意识薄弱。很多视障儿童在家里没有参与劳动的机会,认为劳动是家长的事情,是正常儿童的事情,劳动意识非常薄弱,不会主动要求劳动和参加劳动。

2. 生活自理能力低下,适应劳动能力差。入学后,视障儿童要在学校独立生活,以完成学习任务,由于生活自理能力差,对劳动能力的锻炼和形成需要很长时间来适应,逐步提高。

3. 视觉缺陷,许多劳动主要依靠触觉帮助。全盲学生没有视觉参与,只能依靠触觉和其他感知器官来感知,触觉和听觉成为用来完成劳动的主要感知器官。

4. 观察范围的局限性,精细劳动难以完成。视觉观察效果欠佳,许多精细的劳动难以完成,一方面是手的协调功能不好,另一方面可能是缺乏对事物的整合能力。

5. 感知能力差,劳动任务完成缓慢。视障儿童感知能力比正常学生要差一些,因此完成劳动任务往往比较慢,需要经常锻炼才能提高劳动效率。

6. 自卑心理严重,劳动信心不足。视障儿童大多自卑心理严重,对自己办事能力低估,对自己很好地参加劳动,很快地完成劳动任务,信心不足。

三、教学的基本策略

1. 利用有效方法,培养视障儿童的劳动意识。

劳动课的教学,首先要引导视障儿童认识劳动的意义,激发他们学习劳动课的兴趣,使劳动实践意识深入孩子们的心灵。通过一切有效的教育手段和方法,让他们在认知中明理。同时,教师在劳动课中要本着"以人为本"

的教学原则,对他们尽职负责,在劳动课教学中,要注意以下几个方面的问题:

(1)切合视障儿童实际。教学劳动课必须符合他们的年龄特点和接受能力。要严格依据大纲和教材,分低、中、高三个学段组织教学。

(2)根据视障儿童的实际情况,对教学目标不任意拔高或降低要求。

(3)教学方法灵活多样。劳动课教师应根据教学内容,把知识性和趣味性结合起来,以培养视障儿童对劳动的兴趣,使他们学到一定的劳动知识和技能。切忌用单一乏味、照本宣科的方法进行教学。

(4)不能把视障儿童放任自流。劳动课教师应对他们进行严格的纪律教育,切忌放散鸭子,影响教学效果。

(5)劳动要有益健康。组织视障儿童劳动,要做好劳动保护,注意劳逸结合。切忌选择劳动强度过大,甚至有毒害、有危险的劳动项目进行教学。

教师每上一节劳动课时,要专门给视障儿童讲解劳动的意义,激发学生的学习兴趣。没有劳动的创造,就没有今天幸福的生活。劳动,包括体力劳动和脑力劳动,是人类社会活动的基础。劳动人民是创造历史的主人,热爱劳动是一种美德。我们小学生要通过参加力所能及的劳动来了解社会,学好本领,将来为社会服务。在教学过程中,让视障儿童明确学习的任务、意义,渗透思想教育,激发他们学习的欲望,调动他们学习的积极性和主动性。

2. 在引导视障儿童想象的基础上激发视障儿童的劳动热情。

实施素质教育的主渠道是课堂教学。所以,教师认真做好课前准备、精心设计教学过程,是上好每堂劳动课的关键。教师要从视障儿童可以感知到的周围环境和有声传播媒体,选择能让视障儿童展开想象的资源,让他们感受劳动创造了美丽的事物,劳动创造了物质。如每天我们要打扫教室,摆整齐桌椅,这是劳动。每次做完值日后,看到干净的地面,整齐的课桌椅,宽敞明亮的教室,你心里是否觉得甜滋滋呢?让学生一起来观赏一些投影片:想象葡萄沟五光十色的串串葡萄、巍峨壮观的万里长城、为中国夺得奥运会首枚金牌的许海峰……告诉他们这些都是劳动的结果,劳动创造了世界。这些都可以在课堂教学中,教师通过口语讲解,边辅导学生进行手工美工制作,边讲给学生听,鼓励学生动手进行小型的劳动制作,有了兴趣,学生就会有了劳动的热情,为成功奠定了基础。

3. 发挥环境作用,创造条件体验劳动。

盲校小学劳动技术课除了要上好劳动课之外,还要在学校课外活动以及家庭教育环境中,为视障儿童创造条件,让他们进行体验劳动的乐趣,劳动的成功。在有残疾儿童的家里,残疾儿童的家长可能不会像我们正常孩子的家庭,他们的企望定位也许不会很高,奢望自己的孩子考上北大、清华,但是他们很容易犯的错误是对孩子过分的溺爱和保护，担心孩子会在劳动中出什么意外，其实这些担心是多余的。全国少工委举办的"新世纪我能行"体验教育，为教育工作者指明了方向。我们通过下列活动指导学生体验生活：一是"大追踪"——跟爸爸妈妈上一天班或干一天活，了解父母的职业特点，体验劳动的艰辛；二是"大交流"——我和父母谈谈心，了解家庭经济状况，了解父母的期望，密切亲子之间的感情；三是"大展示"——星期天我当家，体验父母在家庭中的角色，学习安排全家人的生活。上述三项活动旨在通过校外的实践，加强亲子之情，体验到生活的艰辛。作为教师，不但要通过各种方式及时与家长取得联系，共同协作，完成体验任务，而且要开展形式多样的活动将体验成果汇总展示：写体验感受，做体验游戏，认认妈妈的手；开小小交流会，畅谈体验的酸甜苦辣……体验贵在坚持，需经过反复的实践，才能引导他们去体验，学生心灵中那份对父母长辈的亲情必然被激活，为培养他们的劳动意识创造条件。

4. 展评劳动成果，加强实践，强化劳动。

在劳动课教学过程中，不仅要让视障儿童通过各种感觉器官进行观察，还要着重培养视障儿童的动手操作能力和创新能力。如四年级《折叠衣裤》、《洗餐具》等课，在教师讲解、演示的过程中，让学生仔细观察，还需要让学生动手操作练习，使每一位学生掌握方法。只培养学生操作能力还不够，还要注重培养学生的创新能力。如在讲授《制作储蓄罐》一课时，先拿出课前做好的储蓄罐问学生，这只储蓄罐漂亮不漂亮。同学们，想不想自己亲手做一个呢？这时，同学们的兴趣很浓，都想亲手做一个储蓄罐。然后再结合教材，边示范边让学生根据制作材料操作。要求学生回家制作各种各样的储蓄罐，带到课堂上展出，教师对学生的制作效果进行合理评价，给予充分鼓励，还要想尽办法为视障儿童提供施展才能的舞台。例如：定期把学生的作品进行展览。

实践能力有着丰富的内涵，在儿童身心发展的过程中，有意识地培养他们的劳动意识，是促进学生成为"社会人"的必不可少的条件之一。视障儿童结束了学校教育，走向社会成为一个独立的人，是教育的最终目的，培养视障儿童的劳动意识，要通过一定的劳动实践来进行，光说不练是不行的。每天给孩子安排一定量的劳动，一个时期内安排孩子劳动实践的内容固定下来，由简单到复杂。不光强调"自己的事情自己干"，还要求"家里的事情主动干"，"不会的事情学着干"，"集体的事情抢着干"等。

第五节 盲校小学音乐课教学

音乐,是盲校的一门必修课程,是学生全面发展的重要组成部分。音乐艺术主要包括听、唱、弹等内容,视障儿童在听、唱、弹的过程中,锻炼了听觉、触觉等健全器官的灵敏性,补偿了他们的视觉缺陷,而且,还可以掌握一技之长,拓宽了就业渠道;音乐是人与人、人与社会沟通的媒介,为大多数视障生所爱好,各种表演给了他们接触社会、走向社会的机会,音乐是他们平等参与社会的桥梁。

一、盲校音乐课所选教材内容应体现的特点

音乐的材料要短小有趣,形象鲜明,易于记忆与模仿。内容尽量贴近儿童生活,易于感知和体会,要有教育和审美价值。唱、弹、演结合,便于挖掘视障儿童的潜能、补偿缺陷、提高能力。

二、视障儿童学习音乐课的特点

1. 视障儿童感受声音和表达感情是没有障碍的。音乐是通过声音进行表达和感受的艺术,它首先诉诸于人的听觉,音乐能直接地、迅速地通过耳朵传达到人的大脑,作用于心灵和精神,唤起感官美的感受。音乐这种依靠听觉来感受,通过语言、声音来表达的艺术,对于视障者来讲,是可以顺利进行的。视障生在学习音乐的过程中,通过听、唱不同性质的音乐和歌曲,可以树立正确的审美观,培养欣赏美和创造美的能力。

2. 视障儿童活动范围比较狭小,感知经验贫乏,对客观世界的认识较为肤浅,学习音乐过程中,表现为理解歌词和进行表演较为困难,可以通过音乐艺术的途径,借助生动、鲜明、具体、富于想象、充满激情的艺术形象来开阔他们的视野,加深他们对客观世界的认识。音乐作为一种表演的艺术,在感受、酝酿和表演的过程中,需要各种感官协同活动才能完成,是促进人的智力发展的有效途径。

3. 视障生大多个性孤僻、自卑,在音乐学习过程中,表现为合作意识差。音乐有助于陶冶他们的情操,培养优良的个性品质。音乐作品的题材内容是非常丰富的,音乐是最能引起人们情感共鸣的,音乐具有极强的感染力和教育作用。那些描写美好生活或鞭挞丑恶的优秀的音乐作品,确实有助于视障生良好个性品质的形成和发展。

4. 视障儿童学习音乐可能缺乏灵感和激情。音乐可以丰富其感知,使其形象思维能力得到提高,在此基础上,他们可以借助具体形象进行想象和

创造。音乐是富有灵感和激情的艺术,而灵感和激情是创造的前提,音乐可以让人的思想任意驰骋,音乐艺术对人的创造力的培养和激发具有不可估量的作用。

三、盲校音乐教学的基本模式

1. 盲校小学音乐教学的基本模式有两种:一种是音乐课堂教学活动,这种教学活动要符合新课程的理念与价值取向,新课程的理念与价值取向是关注人的全面发展。那么在新课程实施的背景下,盲校小学音乐教育必须面向全体学生,开发其潜能,培养其特长,补偿其缺陷,使每位学生都具备一技之长,使全体学生各自走上不同的成长之路,成长为不同层次、不同规格的有用人才。另一种是音乐课外活动,课外活动的设计情况决定着它的教育效果。盲校音乐课外活动的设计,要以学校课外活动计划为基础。

2. 课外活动的设计原则:(1)以视障儿童的年龄特征、缺陷状况、实际需要、个性化发展需求为基础;(2)以培养视障儿童的参与意识、合作精神、活动能力、创新意识、个性健全发展主要目的;(3)以知识性、趣味性和实践性为基础。

3. 课外活动的指导原则:(1)尊重视障儿童的个人意愿,以他们的兴趣、爱好、特长为依据;(2)重视视障儿童的平衡发展,既注重音乐特长的培养,又重视他们的全面发展;(3)要注意寓教于乐,以游戏和自由活动为宗旨。

四、盲校音乐课教学的基本策略

1. 利用多媒体辅助教学。盲校多媒体音乐教学能满足视障儿童的特殊教育需要,最大限度地发挥他们的视、听功能,符合现代特殊教育的理念;盲校多媒体音乐教学是特殊教育现代化的标志,是特殊教育发展的需要;盲校多媒体音乐教学是开阔学生视野、实现素质教育的重要手段;盲校多媒体音乐教学可以补偿视障儿童的视觉缺陷,锻炼他们健全器官的功能,促进他们的全面发展。

2. 以游戏形式组织教学:游戏是儿童最感兴趣的活动,游戏活动本身就具有趣味性,儿童在游戏过程中能获得身心的愉悦和满足。游戏能充分调动儿童各种感官的积极性。视障儿童大多自卑、孤僻、动作缓慢而不协调、有盲相,通过游戏形式组织教学,无疑可以帮助他们克服这些不足,促使他们获得良好的发展;游戏还具有竞争性,视障儿童在活动的过程中能体会到成功的快乐,激发他们热爱生活的情感;游戏还具有表演性,视障儿童通过扮演各种角色,能加深他们对客观事物的认识和感受。丰富他们的想象,促进他们智力的发展。

第六节　盲校小学体育课教学

体育活动不仅是视障儿童身体锻炼的最佳途径，也是锻炼他们心理素质和坚强意志品质的良好途径；盲校小学体育教学对补偿视障儿童视觉缺陷、锻炼和提高他们健全器官的功能、增强体质、矫正盲态有着极其重要的价值。盲校小学体育教学是国家发展残疾人体育事业的基础。

一、盲校体育课教材的特点

1. 盲校体育课教材内容选择的依据。目前，由于盲校没有统编的体育教材，因此，教师在教学时的困难是显而易见的。对于那些新参加工作的盲校体育教师来讲，感到无从下手。一般情况下，盲校的体育教师都是自己选编教材，选编时应依据以下原则：首先要依据体育课程的性质、目标、要求进行选择；其次要依据视障儿童的实际情况科学、合理、自主地选择教学内容；最后还要依据党和国家提出的"学校体育要树立健康第一"的指导思想选择教学内容。

2. 盲校体育课所选教材内容应体现的特点。教材内容要难易适度，要注重实效性，要充分考虑视障儿童的年龄、个体差异、接受能力；教材内容要将健身与补偿缺陷有机结合；教材内容要力求丰富多彩，为学生提供较大的选择空间；教材内容要重视科学性与可接受性的有机统一，尤其在修改活动规则和技能技巧时要考虑这一点；教材内容要加强与普通小学体育教材内容的横向联系；教材内容要在实践中逐步改进；教材内容要尽量选择那些不需要有更动的活动。

二、视障儿童学习体育课的特点

1. 视障儿童的恐惧心理比较严重，不敢独立活动，这限制了他们的活动范围。和同龄人相比，在身高、体重、肺活量、运动能力等方面，都存在明显的差异。体育课一般从对视障儿童进行基本的站、立、走等内容开始，使他们逐步克服因视障残疾造成的缺陷。

2. 视障儿童缺乏正确的空间概念，盲校体育教学可以帮助其建立正确的空间概念。空间概念的形成是一个复杂的心理过程，是体育教学中的难点，空间概念的形成对他们独立、自主的活动及参与社会有着积极的意义。

3. 由于视觉缺陷限制了视障儿童的活动范围，他们对体育活动缺乏兴趣，盲校体育教学可以培养他们对体育活动的兴趣及竞争意识，激发他们对美好生活的热爱和向往。

4. 视障儿童的身体协调能力和运动技能较差，盲校体育教学可以发展他们身体的协调能力和各项运动技能，提高他们的身体素质。

5. 视觉缺陷使视障儿童无法进行难度较大和较复杂的体育活动，教学内容需要变通。

三、盲校体育教学的基本策略

1. 教学开始阶段，教师要用生动、形象、规范的语言，向视障儿童介绍相关的概念、重难点、要求及完成动作的基本方法，便于他们有一个良好的心理准备。在具体教学过程中，可采用分步教学法，对所要学习的内容进行分解示范，然后让他们模仿练习，一定要注意边示范、边讲解、边让他们模仿。

2. 利用游戏的形式进行教学。体育游戏是儿童体育活动的一种主要形式，游戏是儿童的天性，体育游戏形式活泼多样、内容丰富，适合儿童的身心特点，特别易于激发儿童的兴趣和积极性。体育游戏并非单纯的娱乐性游戏，它是一种以发展儿童身心、促进儿童健康的、有目的、有规则、有结果的各种动作的组合。

体育游戏一般具有竞争性，视障儿童在比赛中获得成功，可以帮助他们克服自卑心理，增强学习和生活的信心。体育游戏的趣味性可以帮助他们克服由于个体差异造成的对体验活动的恐惧与反感情绪，使他们乐于学习。

体育游戏在视障儿童的体育教学中主要的作用是强健体魄，这是符合党和国家提出的"学校体育要树立健康第一"的指导思想的。体育教师要根据不同学段学生的具体情况有针对性地选择或改编一些适用性强的体育游戏进行教学。

3. 还可以根据视障儿童的具体情况进行分层教学。不同的个体在身心素质、现有基础、缺陷程度等方面的差异比较大，因而无法统一教学时，要进行分层教学。一是依据教学对象的差异将他们分层或分类；二是制定相应的教学目标和计划；三是在具体的教学过程中，依据分层教学目标和计划对不同层次的教学对象进行分层教学。如教学中对于全盲儿童要注意语言的运用和手把手地指导，一定要让他们对每个动作技能进行触摸感知；对于低视力儿童要根据他们的视觉范围，让他们尽量靠近教师，以便于看清楚教师的动作示范，必要时也可以让他们对动作要领进行触摸。当然，相应的教学设施也应该是分层的。

教学中要重视视障儿童的听觉训练；教学内容的安排要由易到难、逐步提高；教学中要重视学生之间、教师与学生之间的多边互助活动；教学中要特别注重教法的研究和学法及练习方法的指导;要指导视障儿童做好课前准备活动;要加强保护并鼓励视障儿童克服困难,增强自信心;要及时纠正错误的动作;要根据视障儿童的具体情况合理地安排运动量;要注意发现有体育特长的视障儿童,便于对他们进行专项运动能力或技能的训练培养,为他们参加国家及国际的比赛奠定基础。

第七节　盲校小学美工课教学

一、盲校美工课教材的特点

1. 盲校美工课教材一直没有一个系统的安排和要求,一般学校都是任课教师依据自己的专业特长和视障儿童的实际状况自行设计教材内容,一般应包括木工、编织、纸工、泥工、缝纫、金工、绘画等。

2. 盲校美工课教材内容的选择依据的是视障儿童的年龄、缺陷状况、现有认知水平和接受能力;依据的是教师自己的实际教学能力和专业特长;依据的是当地或学校的资源状况;还要依据当地或社会需要。总之,要因人、因地选择教学内容。

3. 盲校美工课的教材内容要难易适度,要将培养能力与补偿缺陷有机结合,要注重实效性,为视障儿童提供较大的选择空间,要关注视障儿童的兴趣、爱好,要和培养视障儿童的生活自理能力和职业技能相结合。

二、视觉障碍儿童学习美工课的特点

视障儿童主要通过触觉和听觉进行美工课的学习,他们的想象力和表现力不够丰富,他们需要专门设计的便于操作的课桌和操作盘或操作板。他们的学习要循序渐进、小步子进行,他们的观察能力较差。

三、盲校美工教学的过程和基本策略

1. 激趣导入或介绍新授课的内容,这是非常关键的一步,教学时要注意语言的运用,对于教学内容的介绍一定要有趣味性,便于在导课时就抓住视障儿童的注意力,激发其学习兴趣和积极性。如泥塑课上要制作玩具小狗,以介绍小狗的顽皮、可爱、淘气为突破口引发其兴趣,使其产生积极主动的制作欲望。

2. 指导视障儿童通过触摸物体或模型进行仔细观察或感知,并在头脑中形成事物的具体形象,便于掌握物体的外部形态特征和材料,要求教师要采用边讲解、边示范、边让他们触摸的教学方法进行教学。

3. 介绍制作材料、步骤和方法。

4. 指导视障儿童尝试制作，要注意运用分步教学，让其边感知边模仿制作，教师一定要及时指导、纠正、帮助。

5. 让视障儿童体验成功的快乐，教师要及时的表扬、鼓励，其重大意义就在于可以帮助其克服自卑心理、充满生活信心、激发创新灵感。因此，在课堂教学中，教师要鼓励每个视障儿童在主动参与学习活动中体验成功的喜悦，并在此基础上产生获得更大成功的愿望。

6. 激发创新意识，要培养视障儿童的想象力和创新精神，可以启发他们根据自己的想象和经验进行创造性的制作。美工教学要从多方面培养视障儿童的观察能力、思维能力、想象能力、操作能力和审美情趣。进行美工制作是一项"艺术"活动，更是一种心智活动，因此教学要立足主体，呵护童心，补偿缺陷，激发创新意识，这些应该成为美工教学的主旋律。教师一定要清楚，为视障儿童创设宽松的课堂教学氛围是激发他们创新意识和创新灵感的前提和保证，他们在浓厚兴趣的支配下学习，其思维是活跃的、观察是敏锐的、想象是丰富的、记忆是深刻的、心情是愉快的，此时，个体会表现出前所未有的的积极性和创造性。

7. 制作完成后，还要组织、引导视障儿童进行讨论、交流。教学中教师的任务是适时地启发、引导，教师应尽可能多地给视障儿童提供参与、成功的机会；教师语言指导要讲求规范性，语言要精练，用词要精确、恰当；教学中还要重视培养他们的语言能力，如在制作的过程中，要有意识地让他们说出观察、制作的顺序、感受等；引导视障儿童观察和制作时，一定要注意顺序性，便于使他们在感知事物先后的过程中，养成他们有先有后做好一件事的良好习惯；教学时，可以通过多媒体辅助教学，如播放相关内容或音乐（低视生欣赏、全盲生听解说），便于最大限度地调动他们的主动性，激活其创造思维，挖掘其创造潜能；教师要努力创设民主、自由、和谐、大胆质疑的教学氛围，在课堂上以激发视障儿童的创造思维活动为中心，使他们在愉悦中主动参与教学的全过程，这也就是寓教于乐的教学策略；教学形式要灵活多样，要最大限度地调动他们的主动性。

第八节　盲校小学定向行走教学

定向行走是盲校小学阶段必不可少的一门学科。定向行走教学对视障儿童的生活和学习有着重要的价值。

一、盲校定向行走教材的特点

《定向行走》教材有"通用教材"和"选用教材"两种类型,这是因为我国疆域辽阔、民族众多而导致各地教学情况不同所致。所以既要有国家统一的教学内容的教材,也就是"通用教材";还要有符合当地区或学生实际需要的教学内容的教材,也就是"选用教材"。

1."通用教材"是对全国各地盲校《定向行走》教学统一要求必须完成的内容。包括"基础篇"和"应用篇"两部分。"基础篇"又称"基础教学与训练",这部分内容很明显就是进行"相关基础知识的教学"和"相关基本技能的训练"。初入校的视障儿童在陌生的校园中会感觉无所适从,不知所措,恐惧心理严重,不敢自由活动。就是最基本的生活和学习问题也因不熟悉周围环境而难以解决,这就需要首先进行基础教学与训练。以满足他们最基本的生活和学习需要。如学校的各种建筑物的朝向、方位、路形路况等都迫切需要了解。这样他们在熟悉了各方面情况后,就能消除恐惧心理,准确定向,安全行走。通过基础训练,可以使他们掌握正确的行走姿势和步伐以及各种行走方式,就可以矫正他们过去由于不正确的行走而导致的异常步态,使他们具备自信、自强的良好心态。

"应用篇"又称"应用教学与实践",这部分又分"应用教学"和"应用实践"两部分。其内容主要有"应用定向、盲杖的应用、校外道路的定向"等应用教学和"校外行走"的应用实践。通过应用教学,可以使视障儿童学会正确使用盲杖,并在此基础上掌握常用的几种定向方法,这样,视障儿童就能利用盲杖在校内外进行实践训练,获得在陌生环境中准确定向和自然、安全行走的能力。使他们能从学校走向社会,了解社会,增长见识,促进全面发展。盲校定向行走教学的最终目标是使视障儿童走出校门融入社会,走向新生活。校外行走教学,正是实现此目标的重要一环。

2."选用教材"是要求各地盲校要根据视障儿童各方面的实际现状和《定向行走》学科的教学内容特点,自行选编教学内容。

二、视障儿童学习《定向行走》的特点

恐惧和自卑心理较重,影响定向行走的学习;空间概念形成较为困难;身体协调能力较差,影响定向行走的学习。

三、《定向行走》教学的基本策略

1.理论联系实际。定向行走教学是实践性很强的一门学科,在学习的过程中,一定要坚持理论与实践相结合的方法,对每项教学内容教师一定要

边讲解边指导学生训练。

2. 由简单到复杂，循序渐进安排教学内容。视障儿童从不能独自行走到能够单独、自由、安全地出行，要经过一个从简单到复杂的学习训练过程，这就要求教师要由简单到复杂、循序渐进地安排教学内容，才能使视障儿童逐渐克服恐惧心理，牢固掌握定向与行走的技巧。

3. 引导视障儿童积极主动参与"定向行走"教学的全过程。如何引导视障儿童具有积极的态度和兴趣参与定向行走的学习，是"定向行走"教学的第一步，也是能否顺利完成"定向行走"教学任务的重要保障。教师首先要对视障儿童讲清楚"定向行走"教学的重要价值。如列举生活中由于缺乏定向技能而导致悲剧发生的真实的事件，说服教育他们。还可以从熟练掌握定向与行走的技能，能够增加生活经验，加深对现实世界的真实体验，建立科学完整自我观念，培养自信心，维护心理健康，提高自己适应社会生活的能力，能真正的参与社会生活，增加就业机会，提高生活质量，实现自身的人生价值。

四、影响视障儿童定向与行走的主要因素

1. 视力损失程度。视力损失程度的差异是影响视障儿童定向行走的主要因素。全盲儿童对基本的概念很难理解，很难进行准确定向和安全行走。而低视力儿童学习的过程比较轻松，因为他们有视物能力，较易掌握概念，只要在可视范围内接受正确的引导，他们学习定向行走的速度和效果是很理想的。

2. 个体间的差异。不同的个体在身心等各方面的差异也是影响他们定向行走的重要因素。不同个体的身体素质是有差异的，体格健壮及协调性好的视障儿童，学习速度较快，效果较好；而体格和协调性较差的视障儿童，学起来较费劲，影响定向行走能力的形成。从心理上来讲，心理素质好的视障儿童，会很快克服恐惧心理，较快进入角色，大胆实践，较好地掌握行走技能；而心理素质差的视障儿童，恐惧心理严重，缺乏自信心，不敢独立行走，学习的速度很慢，影响训练的效果。就智力而言，智商高、悟性好的人，学习效果较好；相反，则学习效果就差一些。从个体的认知水平上看，能客观看待自身残疾状况的视障儿童，会积极主动地进行学习，获得满意的效果；相反，则以消极的心态对待生活和学习，自卑心理严重，直接影响学习效果。

3. 家长的影响。心态良好的家长，能客观看待孩子残疾的事实，能以理智、积极的态度努力给孩子创造各种学习和锻炼的机会，不过分保护他们，而是鼓励他们大胆锻炼，获得自理生活的能力。而缺乏正确残疾观念的家

长,会过分保护他们,或认为他们是家庭的包袱,而漠视他们的成长,这样就会造成视障儿童依赖性强和缺乏生活信心的情况,影响其学习效果。

4. 教师的影响。导盲教师的工作态度、教学方法、技能熟练程度,也是影响视障儿童学习定向行走的因素。因此,在定向行走教学中,教师必须掌握正确的教学方法,具有认真负责的工作态度和娴熟的技能,才能促进定向行走训练的顺利进行,获得最佳效果。导盲教师还要注意对视障儿童思想上的鼓励和引导。

教学中要充分发挥低视生残余视力的作用,指导他们用目光去浏览各处环境,判断物体的大致方位,在可视的范围内组织他们搜索看到的相关事物或人物,并要求他们当场讲出所能看到的环境状况,尤其是在校园环境教学过程中,教师尽量进行语言提示,让他们通过自己的现有视觉去感知。还要根据他们残余视力的程度,有针对性地提高他们对光线、阴影或已知方向的物体进行辨别的能力。通过逐步的训练,低视生视觉的感知功能会不断提高,有利于促进他们在各种环境中自由定向行走能力的提高;对全盲儿童,教学时要采用导盲随行的方式,带领他们了解和熟悉整个校园环境。还要有意识地及时让全盲儿童根据方位去接触所指定的内容。教学时还要尽量多设置各种性质和形式的障碍物,指导他们逐一探索。要指导他们如何采取正确的应急措施;在进行校外道路教学时不能忽视那些来自山区的视障儿童,对他们应加强农村或山区各种特点道路的教学。

思考题:

1. 视障儿童学习自然课和社会课的基本策略有哪些?
2. 视障儿童学习认识初步和生活指导课的特点是什么?
3. 影响视障儿童定向行走的因素有哪些?
4. 你认为盲校小学音乐、体育、美工教学的教材内容应如何选编?
5. 请分别设计音乐、体育、美工综合性教学实践活动。

主要参考文献

1. 崔峦、蒯福棣:《小学语文教学法》,人民教育出版社,小学语文室,北京,2002年6月。
2. 中国教学资源网:《新课程背景下如何备好课》,2006年5月17日。
3. 《义务教育课程标准盲人学校实验教科书·盲校小学语文各年级教材说明》,人民教育出版社。
4. 《全日制义务教育 语文课程标准》(实验稿),北京,北京师范大学出版社。
5. 徐白伦《金钥匙文从·视障儿童随班就读教学指导》,北京华夏出版社,1996年。
6. 腾伟民、李伟洪:《中国盲文》,北京华夏出版社,1996年12月。
7. 《现代汉语知识》,北京人民教育出版社,1999年4月。
8. 高文军、刘岩华:《盲童学习盲文的准备与阅读训练》,北京市盲人学校网。
9. 韩红学:《关于段落教学的思考》,中心路小学高青教研网,2005年11月28日。
10. 李炎发:《谈自然段教学的三个基本步骤》,小学语文教学论文网。
11. 李贞祥:《关于段落及其教学》。
12. 《小学语文朗读教学存在的问题及对策》,免费教育资源网,2005年12月25日。
13. 候秉琛:《浅谈阅读教学一般过程与方法》,新课标在线,2005年3月18日。
14. 倪文锦:《小学语文新课程教学法》,北京高等教育出版社,2003年9月。
15. 《义务教育课程标准实验教科书》,(语文三年级上册教师教学用书),人民教育出版社,2003年6月。
16. 中国特殊教育网,河南省安阳特殊教育学校,2006年2月28日。
17. 沈云棠、汪文娟、李锦芬、赵玉洁:《盲童学校小学语文教材教法》(初稿),1986年7月。
18. 刘艳:小学语文网,《小学语文综合性学习初探》。
19. 任根良:《小学语文综合性学习的操作感悟》,浙江省临安市锦城镇石镜小学中搜网。
20. 冯克诚、于明:《课堂教学过程操作策略全书》,国际文化出版公司,1996年5月。

21. 李秉德:《教学论》,人民教育出版社,1991年。

22. 沈家英、陈云英、彭霞光:《视觉障碍儿童的心理与教育》,华夏出版社,1993年2月。

23. 赵树铎:《特殊教育课程与教学法》华夏出版社,1991年。

24. 教育部师范教育司组编:《盲童教育学》人民教育出版社,2000年4月第1版。

25. 彭霞光:《视力残疾儿童的教育理论与实践》,华夏出版社,1997年10月第1版。

26. 刘全礼:《特殊教育导论》,教育科学出版社,2003年3月第1版。

27. 《小学语文教学法》,人民教育出版社,2002年6月。

28. 周立群、庞车样:《语文新课程教学论》,广州华南理工大学出版社,2005年。

29. 朱水根:《新课程小学作文教学》北京高等教育出版社,2006年。

30. 义务教育课程标准实验教科书,《语文》,北京人民教育出版社。

31. 义务教育课程标准盲人学校实验教科书,《语文》北京,人民教育出版社。

32. 语文课程标准研制组:《语文课程标准解读》,武汉,湖北教育出版社,2002年。

33. 陈树悟:《扬长补短——视障学生作文训练的实践与思考》,《南京教育》2002年3月。

34. 方淑娟教案集网:《口语交际教学设计》,2006年12月6日。

35. 朴永馨:《特殊教育概论》,华夏出版社,1992年。

36. 兰继军:《盲校德育实践中的问题及其改进策略》,《盲人月刊》,2002年第91期。

37. 钱志亮:《盲童的人格特点及其教育对策》,《心理发展与教育》1998年2月。

38. 张玉华:《盲校视障儿童的不良品德行为的起因与纠正》,《南京特院学报》2002年第2期。

39. 刘飞:《低视生学习与环境的整合》2005年6月14日。

40. 梅雪:《盲校直观教具的认识和制作》2006年6月21日。

41. 教育部师范教育司组编:《盲童心理学》,人民教育出版社,2000年9月。

42. 殷志杰:小学《自然》,人民教育出版社,2000年。

43. 李培实:小学《自然》教材,人民教育出版社,2001年6月。

44. 李铁钢:小学《社会》教材,地质出版社,1999年6月。
45. 劳动教材编写组:小学《劳动》教材,北京教育出版社,2001年6月。
46. 吴立岗:《小学语文教学研究》杂志,2006年第十期。
47. 陈定华《小学教学研究》杂志,2006年第八期。
48. 鲍珑:《认识初步和生活指导用书》,人民教育出版社,2001年3月。
49. 全优资源网,钱志亮:《谈盲校增设社会能力发展之课程》,2006年7月。
50. 李仲汉、郭福荣、李宏泰:《盲校教学文萃》,北京,中国盲文书社,1997年7月。
51. 林洲:《盲校多媒体音乐教学初探》,广州市盲人学校网。
52. 国家课程标准专辑,《体育与健康课程标准》,惟存教育实验室网。
53. 何东星:《浅谈盲校体育教学的特殊性及对策》,中国特殊教育网,2006年9月8日。
54. 宋宝芹:《盲校体育教学中的分层教学》,沈阳市盲校。
55. 威海特教网,威海市盲童学校:《浅谈游戏在盲校体育教学中的运用》,2005年9月29日。
56. 杨枫、百花:《现代儿童游戏教育》,明天出版社,济南,1998年5月。
57. 李善军:《现代特殊教育》,《盲校美工创新教学初探》,李炳俐,2003年第二期。
58. 庄雪萍:《福建教育》,《让美工制作成为创新灵性的写真》,2003年第五期。
59. 曹莉:《会说话的小青蛙》,大连沙河口区学前教育网,2005年12月17日。
60. 顾焕祥:《盲校教学文萃》,《影响盲人定向与行走的因素》,中国盲文书社,北京,1997年7月。
61. 《定向行走》,人民教育出版社,2001年3月。
62. 中华人民共和国教育部制订:《数学课程标准》(实验稿),北京师范大学出版社,2002年。
63. 刘兼、孙晓天:《数学课程标准解读》(实验稿),北京师范大学出版社,2002年。
64. 金成梁:《小学数学课程与教学论》,南京大学出版社,2005年。
65. 《义务教育课程标准盲人学校实验教科书》,《数学》(1~4年级),教材说明,人民教育出版社。
66. 刘凤翥:《小学数学教学与研究》,人民教育出版社,2003年9月。
67. 《视障儿童学校小学数学教材教法》(上、下),北京市教育局师范处、天津教育局小教科主编,1984年7月。

  68. 教育部师范教育师组编:《智力落后儿童学校数学教学法》,人民教育出版社,2000年。

  69. 郭根福、陆丽萍、姜家凤:《小学数学新课程教学法》,东北师范大学出版社,2006年6月。

  70. 马忠林:《数学学习论》,广西教育出版社。

  71.《小学数学教材教法》,人民教育出版社小学数学室编著,人民教育出版社,2001年6月。

  72.《教育学》,福建教育出版社,1995年。

  73.《小学数学课堂教学技能训练》,东北师范大学出版社,1999年。

  74.《上海市盲校教育经验论文选》(共两册),内部交流。

  75.《小学数学教学法》,文化教育出版社,1983年。

  76.《小学数学教材教法》,人民教育出版社,1998年。

  77.《中国著名特级教师教学思想录　小学数学卷》,江苏教育出版社,1996年。